中传博士文库

从互动到精准

中国广告主数字营销传播变化研究

方贤洁 ◎ 著

中国传媒大学出版社
CUCP
·北京·

前　言

知识社会的演进使得人类社会劳动生产的形式与内容不断更迭。公众对信息的接收与再传播，同样也是社会运行的历时性的可塑产物和共时性的意识聚合，其建构的过程不仅在阿尔都塞所言的“意识形态国家机器”内运转，还渗透进营销传播等先锋实践的齿轮中。换言之，广告主的营销传播模式不仅作为一种吸纳消费者的展演，更具备引领社会整体行动方向的重要作用，极具学界与业界重点研究的价值。

当下中国的社会情境、传播模式都发生了变迁，中国广告主的营销传播也已进入数字营销传播阶段。本书基于CiteSpace可视化软件梳理国内外文献，并在结合大量文献精读的具体分析后发现：当前我国数字营销传播理论与实践体系尚未得到历时性整理，属于较新且意义重大的研究领域。本书选择以中国广告主为研究对象，以其数字营销传播发展为研究内容，将1995年中国第一条数字广告的出现作为中国广告主数字营销传播元年，论述1995年至今中国广告主的发展演进特征，提出中国广告主数字营销传播社会情境—传播模式—数字营销传播矩阵—人性化补偿的“四力进化论”。

本书基于文献资料法、问卷调查法与深度访谈法的实证研究，通过自1995年至2024年长达30年的一手资料占有，并基于广告主定量问卷数据与定性访谈内容，从系统论的动态逻辑、历时性与实效性相结合的连续研究时段、定量与定性相结合的科学研究方法三个创新角度呈现广告主数字营销传播的历史进程，总结数字营销传播分阶段特征以及演进进化论，并提出其未来应发挥相应的社会引领作用。

本书根据社会情境、传播模式、广告主数字营销传播矩阵、人性化补偿机制四个影响广告主数字营销传播进程的子系统，结合具体年份中的典型案例，将广告主数字营销传播发展演进过程界定为三大阶段：（1）从互动到互构：数字营销传播的传统与面临的冲击（1995—2009年）；（2）从互构到互融：新型社会网络的形成对数字营销传播的重构（2010—2015年）；（3）从互融到精准：社会加速对数字营销传播的深化（2016年至今）。未来我国广告主数字营销传播应防止景观异化，并明晰定义与制造信任的核心使命。

本书认为中国广告主数字营销传播的演进特征为：不同阶段的广告主数字营销传播都存在社会情境、传播模式、传播矩阵、人性化补偿机制的四个子系统作用力，但不同阶段的主导作用力不同。第一，社会情境之于广告主数字营销传播的作用力从主观制约到为其服务，并在第一阶段（1995—2009年）作用力显著；第二，传播模式之于广告主数字营销传播的作用力从微弱影响到自主引导，并在第二阶段（2010—2015年）作用力显著；第三，传播矩阵从不适到和谐，并在第三阶段（2016年至今）作用力显著；第四，人性化补偿机制贯穿于各个阶段始终，在当下及未来逐渐凸显其张力。可见，广告主数字营销传播不仅仅是吸纳消费者的展演性标出，更是建构社会信任与安全感的辨识性城墙，未来广告主数字营销传播应当承担起引领社会方向的重大责任。

目　　录

第一章

从发轫到建构：理论缘起与体系生成

当我们体察到传播环境的变迁时，实际上整体社会情境已然发生显著的转型。本部分梳理了社会生态发展造成的社会情境、传播模式的变迁，结合了广告主营销传播矩阵新里程碑式的“组合拳”模式，通过对研究对象中国广告主的框定，提出了本书待解决的研究问题：何为数字营销传播？广告主数字营销传播的地位如何？广告主数字营销传播的历程如何？合理化的广告主数字营销传播系统应如何构建？进而得出本书的理论意义与实践意义。

第一节　数字时代的广告主角色转型

托夫勒曾描绘农业文明、工业文明的社会结构，并构想出“第三次浪潮”所带来的信息文明社会的蓝图，强调技术发展会带来诸多方面的社会变迁。这种20世纪70年代的社会构想如今已成为现实，如SOHO（居家办公）的工作方式、产消合一制度的实施等[①]。技术的突飞猛进往往是为了解决已有的困境，正如蒸汽机和发电机的发明弥补了彼时产能不足的缺陷一样。数字技术的最初使命也是如此，是为了应对未来社会核战争一旦爆发，摧毁基建后网络通信不能正常使用的局面。但当数字的浪潮裹挟一众产业融合发展时，营销、广告产业也迎来多维变迁。从近年来数字营销突飞猛进的发展轨迹来看，有必要对其运行机理进行合理观察与总结，这不仅可以反映广告主数字营销共时性和历时性的战略逻辑，厘清广告主数字营销的发展脉络与线索，更能为广告主数字营销

① 托夫勒．第三次浪潮［M］．黄明坚，译．北京：中信出版社，2018：293.

传播的发展提供借鉴。

一、时代浪潮与个人困惑的交织

从环境而言，通过对传播模式、营销传播实践举措变迁的梳理可知，当下的传播生态已然发生质变；从机遇而言，实际上中国广告主营销传播已然进入主体为数字营销传播的重要阶段；从动机而言，就目前的理论和实践总结而言，数字营销传播概念未清，历程总结未明。故而，如何理解广告主数字营销传播的合理性与合法性，成为摆在我们面前的迫切课题。

（一）环境：传播生态发生质变

传播生态是媒介与媒介、媒介与人、媒介与社会关系的产物。① 显而易见，互联网的介入重塑了传播样态，伴生的高维媒介功能更是对既往传统媒介功能的多重跃迁。在继承既有"组织式"传播格局的基础上，互联网成功建构出物理空间重塑后的新话语时空与资源配置方式。传播生态的质变表现在以下三方面。

首先，媒介间的互补关系越发紧密。新的媒介诞生后，早先存在的媒体被划分为传统媒体，这就导致既有媒介研究常将电视、报纸、广播、杂志等大众媒体称为传统媒体，而将依托数字技术、互联网技术等具备终端承载的新兴媒体称为新媒体。新旧媒体的关系并非全盘取代，而是在历时性的发展中互为补充。变迁中的媒介关系表现为传统媒体不再呈现出一家独大的情境，而更大范围内的报纸、广播、杂志融合了新媒体的特征进而转型，新媒体也依托传统媒体的成功经验打造自身专属的运营逻辑，传播介质发生了属性变迁。

其次，媒介与人的单向传受模式越发松动。随着互联网的发展，信息传播由定向单向转至多向互动，打破了强势群体的话语权垄断局面，话语权沉降使得普通公众获得媒介发言的主动权，主动介入的趋势越发明显。虽然在新媒体时代，话语权不平等的现象仍然存在，公众的话语权仍被媒体平台和具有相当影响力的"意见领袖"压制，但是话语权沉降给予了弱势群体更多权利，使媒体不再占据话语权的强势垄断地位，舆论不再始终保持风向一致，由此创造出多元繁荣的传播生态。

最后，媒介与社会互嵌越发深刻。每当社会开发出可以使自身延伸的技术时，社会

① 阿什德．传播生态学：控制的文化范式［M］．邵志择，译．北京：华夏出版社，2003：12.

中其他一切功能便会改变，以适应新的技术形式。一旦新技术深入社会，就会立刻渗透到社会的一切制度中，因为新技术是革命的动因。① 从口语传播时代，到印刷传播时代、电子传播时代再至如今的数字传播时代，迭代周期不断缩减。当下尤以大数据、5G（第五代移动通信技术）、AI（人工智能）、AR（增强现实技术）技术对媒介生态的影响显著，作为“人的延伸”的媒介也已进入生产领域，从而提升了人类感知外部世界信息来源的广度、深度和准确度。② 以上皆表明，广告主营销传播无论是理论研究还是实务践行，皆应进入新阶段。

（二）机遇：数字营销传播的基建储备成熟

诚然，数字技术的发展造成传播生态的变迁，导致信息的分层③。菲利普·科特勒认为在向数码时代转型的适应期中，我们需要一种新的影响方法来引导营销人员驾驭和平衡新兴技术④。也就是说，新的数码环境会为营销传播赋能，包括内容形式、创意模式、传播媒介，甚至是效果测量与评估等多方面。

在新媒体尚未蓬勃发展的 19 世纪末，营销传播的优质载体即受众覆盖范围广且忠诚度高的媒介，如电视、广播、报纸、杂志、户外灯箱或路牌等。例如，一句“今年过节不收礼”的脑白金电视广告成功影响了彼时消费者的心智。自 1994 年我国接入世界互联网布局开始，基建的指数级提升加之网民数量的不断攀升，PC（个人计算机）端互联网、移动互联网为数字营销传播提供了新的物质载体。广告主营销传播也主动借数字技术发展迈入更为广泛、透明、高效的跃迁阶段。⑤ 显然，中国广告主的营销传播已然把握住了基建从无到有、从弱至强的脉络，跨越到主体为数字营销传播的崭新阶段。

传统营销框架中带着预算成本的广告主有着品牌曝光、流量转化等需求，媒体利用强曝光、多触点、宽覆盖的沟通渠道进行有效的消费者接触，广告公司则依托创意及数字技术的双重业务赋能串联起广告市场、营销活动的全链路。数字营销的崛起导致整个广告市场的主动性和施行逻辑被打破与再构建，因互联网的全面覆盖和移动终端的普及

---

① 麦克卢汉．理解媒介：论人的延伸（增订评注本）［M］．何道宽，译．南京：译林出版社，2011：172.

② 夏瓦．文化与社会的媒介化［M］．刘君，李鑫，漆俊邑，译．上海：复旦大学出版社，2018：21.

③ 杨名皓．奥格威谈广告：数字时代的广告奥秘［M］．庄淑芬，高岚，译．北京：中信出版社，2019：47—49.

④ 科特勒，卡塔加雅，塞蒂亚万．营销革命 4.0：从传统到数字［M］．王赛，译．北京：机械工业出版社，2018：93.

⑤ 张晓静．推进·跃迁：中国广告产业发展阶段研究［D］．武汉：武汉大学，2015.

泛在化，随时随地接入移动互联网成为现实，促使媒介生态环境发生了显著变化，表现为以下四点：第一，广告主的需求可以细化至具体指标，进而可精细化选择；第二，媒体选择变得多样，且多类目媒体间的相关性正逐渐消弭；第三，越来越多的互联网公司与数据公司、技术公司开始进入广告公司的业务跑道，甚至超越其固有地位；第四，技术造成的时空加速使得“传者为中心”“受者为中心”的模式转变为“传受一体化”的产消者模式①，用户不仅是信息的消费者，而且是信息的生产者和参与者，自媒体、微信公众号、博客等 UGC（用户生成内容）实时传递、共享，不仅提供了广泛的信息，也拓宽了信息传播与反馈渠道，重塑了传统媒体的运作流程与生存空间。也就是说，随着用户主体意识的凸显，人们对互联网世界的依赖日益加深，海量内容的供给增强了用户黏性，而匿名性进入方式弱化了实感世界中的界限与身份感，使得用户趋向于自我表现和发声，这种主体的自我表现意识逐渐内化为人的行为习惯，使其在网络空间中的表现更加主动、积极和热情。李普曼所言的“拟态环境”和清水几太郎的“拷贝世界”逐渐与现实世界重合，并完整再现、反建构现实世界。

人人皆节点、处处皆传播的全新传播模式带来的变革是潜移默化且影响深刻的。数字营销传播在改变人类生产方式、生活方式的同时，也自然而然地成为消费者学习、生活、人际交流、认知社会和感知外部环境时必不可少的重要组成部分。当前，无论是从基建建设方面还是从理念构建方面，数字营销传播都已渗透并深刻地影响着消费者的需求表达与品牌认同，具备成熟的研究机遇。

（三）动机：数字营销传播的演进特征和趋势发展亟待梳理与研判

约翰·沃纳梅克提出的广告营销界的“哥德巴赫猜想”——“我明白我的广告费一半是浪费了，可问题是我不知道是哪一半”（意译）成为萦绕在营销人、广告人头顶上百年来挥之不去的阴影。诚然，浪费的基础建立在目标对象界定、渠道分配、分发节点、内容把控等多维面向上，但大数据时代数字营销传播可以深刻改变此种局面，数字营销传播可以让广告主描摹消费者画像，匹配得当的营销矩阵，促使传播效能最大化。显而易见的是，中国化的数字营销理论与实践体系已初具规模。主流学者丁俊杰、黄升民、星亮、王赛、姚曦、廖秉宜等都对数字营销进行过理论阐述，业界数据公司，如CTR、秒针、艾瑞等都进行过广告主战略调研，但结合理论与实践现状的整理者寥寥可数，更多的边缘研究学者仅从形态发生学角度观察数字营销传播中的媒介载体，而忽略

① 托夫勒 A，托夫勒 H. 财富的革命［M］. 吴文忠，刘微，译 . 北京：中信出版社，2006：323.

了系统论的辩证演进视角。阐述广告主数字营销传播的演进特征与趋势研判是本书的撰写动机。

（四）经验：既有实证数据与长期观察的前置基础

首先，笔者所处的中国传媒大学广告主研究所至今已连续二十一年进行中国广告市场生态调研，积累了大量的调研数据与访谈基础，这作为本书的重要奠基石；其次，笔者自博士入学以来连续三年全程参与并执行导师负责的多项广告主营销调研课题任务（2018—2021），与广告主密切交流行业研究热点与面临的困局，在理论学习与业界实践方面保持高敏感度；最后，基于以上调研的户外媒体使用、广告市场新生态等相关成果均已发表，更加深了笔者对广告主数字营销传播的特征与趋势的把握。

基于以上四点，笔者选定中国广告主为研究对象，力图基于持续多年的定量与定性基础数据，结合自身的实证调研经验，梳理出广告主数字营销传播的阶段特征与演进趋势，并为广告主数字营销传播的合理性和合法性正名。

二、中国广告主调研库选定

广告主在市场经济中的重要性不言而喻，其作为社会经济发展的动力与源泉、营销传播行为的初衷发起者、广告活动的主要推动力，无论是商业模式、营销矩阵还是广告效果等，都在商业价值创造与社会责任践行等方面承担着调和与平衡的作用。研究中国广告主，其实就是回到商业发展的逻辑原点。

中国经济正处于新旧动能转换的调整期，处于从成本优势向技术优势高质量增长阶段转换的阶段，技术优势的形成还需长期扎实推进。中国传媒大学广告主研究所与CTR联合发布的2020年中国广告主营销传播趋势调研结果显示：近75%的广告主近两年（2019—2020）对经济大环境抱着不太乐观的态度，认为整体经济运行、行业发展态势、本企业发展前景等方面的不确定性增强，对中国经济发展继续处于调整期的这种认知判断在2019年已经产生，2020年的突发事件在一定程度上影响了广告主的认知，更激发了广告主迫切需要解决销量增长的变革心态。

人类历史进程的发展从历史周期来看，皆呈螺旋式上升态势，每经历一定阶段都会有所调整，或因经济周期而调整，或因突发社会事件而调整。同样，人类社会的发展是通过问题的解决而不断前进的，问题的存在是一种常态，积极面对才是应然举措。我们不仅要看到技术带来的鲜花与簇拥，更要洞察其中的荆棘与离散。

以中国广告主为研究对象，则在一定程度上框定了研究样本的选取与调研的实证路径。本书选择在国家统计局公布的十二大类行业下（见表 1.1）框定当年 / 前一年有媒体营销和广告投放行为的企业，调研被访者皆为企业内负责营销或广告投放的中高层管理人员。具体调研对象框定见下文研究思路与方法的相关论述。

表 1.1　行业界定表

序号	行业	说明
1	食品饮料	• 食品，如零食、乳品、速冻、熟食、食用油、调味品、保健品等 • 饮料，如固体饮品、包装饮料、茶等 • 酒，如白酒和啤酒
2	药品	• 药品及保健品
3	商业及服务业	• 电商、文化教育、医疗、卖场、酒店等
4	交通	• 汽车、二手车、租车、自行车、航空、物流
5	互联网及 IT（信息技术）	• 门户、资讯、垂直网站 • 视频、直播、移动支付 • 电脑、软件开发
6	房地产	• 房地产、建筑工程、二手交易、房地产网
7	日用品	• 服装、鞋、珠宝手表 • 家居用品，如家纺、家具、卫浴 • 个人用品
8	金融保险	• 银行、保险、证券、基金、投行、互联网金融
9	日化	• 清洁用品、洗护用品、化妆品
10	家用电器	• 黑电、白电、小家电、空气净化器、热水器等
11	邮电通信	• 运营商、手机
12	其他行业	• 餐饮、化工、农业

三、构建体系与问题脉络

数字营销传播作为市场经济发展的必然产物，有其产生与发展的线索脉络。本书的核心内容是中国广告主数字营销传播的阶段特征，并基于既有大量实证调研数据判断未来广告主数字营销传播的发展走向。本书的主要研究问题有以下三点。

（一）广告主数字营销传播的概念与地位

一般意义上的营销传播研究多归属于管理学或传播学等学科，而数字营销传播研究更多地结合了软件工程学、市场营销学等，呈现出跨学科的多维视角。故而清晰地界定出数字营销传播的定义，并解决中国广告主数字营销传播的起点等问题，对学科发展、后期实践提升都有所裨益。通过标志性事件和学者既有的研究基础可知，学界较为认可的两个节点为 1995 年和 1997 年，本书勘定的时间节点为 1995 年。只有明晰我国广告主在何种具体时间节点上进入数字营销时代，才能研判数字营销传播在广告主营销传播战略中的地位与作用。

（二）广告主数字营销传播的阶段性特征

厘清概念后，便可梳理数字营销传播的演变与进化过程。从系统论与结构分析的视角，笔者构建出社会情境、传播模式、传播矩阵和人性化补偿机制四个子系统，并分别进行阶段特征分析与论述，总结出广告主数字营销传播四大发展阶段特征，进而对未来数字营销的趋势发展提供预见性的研判。

（三）合理化的广告主数字营销传播机制与路径

通过历时性梳理，为我国广告主数学营销传播寻找适应路径。布尔迪厄曾在《区分：判断力的社会批判》中认为，人们对于市场的好恶并不完全取决于这个市场给自己带来了多么丰沛的收益，而是取决于市场能够在多大的层面将自己卷入和卷入他人。[①] 正如经济学家波兰尼所言，市场是一种媒介。也正如传播学者彼得森所说，媒介带有强烈的交流意愿，所以市场又是交流的媒介。在把数字营销传播看作市场即一种交流性媒介时，它的意义远远比只给我们带来资本上的收益要更大。那么从这一角度进一步往下延伸就会发现：其作为交流性媒介的意义提供了作为主体和他者之间的可能产生的互动性，也就是说，数字营销传播市场首先应该体现的是数字营销传播需求主体和他者之间的共在交流性，通过数字化达成共同体的构建。上升到传播哲学角度来看，此种共生状态被视为主体和他者之间的一种共生，也就是说，数字营销传播市场中的任何一方主体，如广告主、媒体（平台）、消费者、广告公司（数据公司等其他第三方公司）都必须关注他者特征，进而形成需求供给相互调和的共同体。

---

① 布尔迪厄．区分：判断力的社会批判［M］. 刘晖，译．北京：商务印书馆，2015：145.

第二节　理论传统的承接与价值转向

通过梳理广告主、品牌、品牌传播、营销、营销传播、数字营销传播这几对关联名词在国内外的研究现状，笔者将广告主数字营销传播作为本书的研究内容，进而阐释研究的目的与意义。

一、数字传播思想的全球演进

笔者在界定多重概念后，又对关键词进行拆分，对中文文献的检索主要依赖 CNKI（中国知网）、中国近代报刊数据库、万方数据库、百度文库等，对外文文献的检索主要依赖 Web of Science（科学引文索引）和 PQDT（数字化博硕士论文文摘数据库）。本书采用 CiteSpace 知识图谱进行文献分析。CiteSpace 是一款由陈超美博士开发的文献可视化软件，可将节点文献与关键词进行聚类分析与时区划分，进而可视化地反映出当前学科的研究前沿与研究热点，较易发现人工检索与研读过程中被忽略的研究突变节点，其严谨性早已被学者们验证，并发布了大量成果。

（一）广告主研究

《中华人民共和国广告法》明确将“广告主”界定为“为推销商品或者服务，自行或者委托他人设计、制作、发布广告的自然人、法人或者其他组织”，本书对广告主的界定即沿用此观点。对中文文献进行引用网络分析得到见图 1.1：聚合度 A 的引用内容为广告主付费广告机制研究（付费拍卖、关键词拍卖、供应商竞合策略），次中心 B 为广告主的社会化媒体运作策略，次中心 C 为媒体对广告主的作用力影响研究。根据图谱可见，学者间的引用方向较为聚合，多数研究集中于广告主购买决策的行为分析。

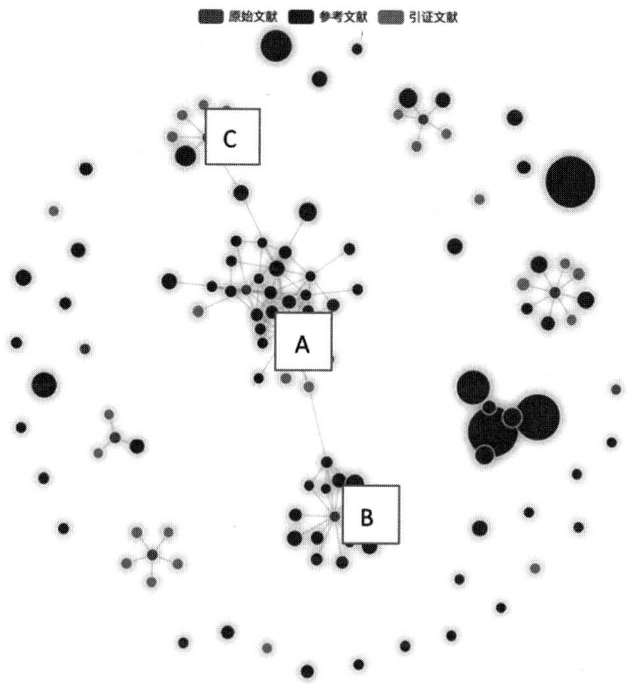

图 1.1　广告主研究文献引用网络

对关键词进行聚类分析（见图 1.2），得出六组主要共现词组：主行为、竞价策略、广告监测数据、媒体策略、广告效果、合同订立，针对共现文献中较聚合的文献进行精读，发现其主要存在以下三种研究视角。

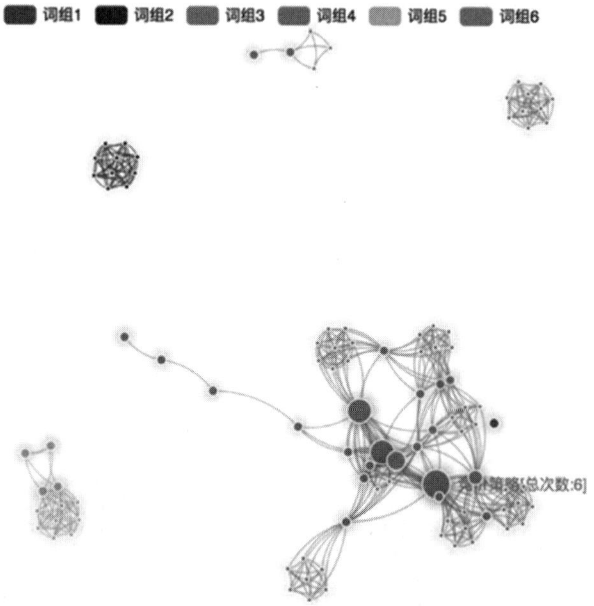

图 1.2　广告主研究关键词共现网络

其一为广告主采买关键技术的攻克研究，如刘勇等运用纳什均衡讨论广告主搜索引擎中关键词拍卖的竞价行为模型，认为无论广告主是主观追求风险还是厌恶风险，关于搜索引擎的上界收益都是对称平等的，但其下界收益则由风险追求和厌恶的程度决定，这为广告主搜索引擎采买提供了科学验证；① 王宗军等运用最小二乘法计算广告主关键词搜索的最优选择路径模型，引入内生努力水平变量，进而观测关键词拍卖过程中的最优保留价，为广告主的关键词竞拍提供了优化路径；② 韩帅运用对称纳什均衡模拟预算约束计量基于搜索广告投放的广告主收益模型，认为无论广告主是否偏离原位，都应满足约束条件，进而进行广告采买等。③

其二为单一/行业广告主的营销活动研究，如杜国清针对快消品行业广告主营销实证数据，提出了“广告即战略”的企业战略观；④ 肖玲论及使用搜索引擎的广告主地域分布与行业分布特征；⑤ 王伟论述广告主体育营销的特征为契合、整合、集中化，并提出了以赛事为中心，遵循两大原则和定位、整合、评估的三大环节模型；⑥ 董楠对广告主影院广告投放进行了策略研究，分析了广告主特定广告形式投放的需求与策略平衡；⑦ 崔嘉美将动画电影《姜子牙》视为广告主，运用 AISAS 模型（即：注意、兴趣、搜索、行动、分享）进行策略分析，提出了人性化情怀的营销助推力；⑧ 陈凌对广告主的作品（1978—2018）进行分析，论述了广告生产的社会再造过程与集体意识—个人意识—重塑生活方式的阶段性图景。⑨

其三为产业闭环中的广告主生态位研究。陈培爱等在 2012 年广告产业发展年度综述中提到了产业构成主体的广告主危机事件；⑩ 张晓静针对广告产业发展阶段性数据建

---

① 刘勇，刘树林．广告主是风险厌恶和风险追求的关键词拍卖［J］．系统工程理论与实践，2020，40（2）：309—323．

② 王宗军，杨琴．基于广告主内生努力水平的付费搜索拍卖研究［J］．技术经济，2018，37（11）：96—101．

③ 韩帅．预算约束对广告主收益的影响［J］．山西财经大学学报，2016，38（S2）：39—41．

④ 杜国清．广告即战略：品牌竞合时代的战略广告观［M］．北京：中国传媒大学出版社，2004：33．

⑤ 肖玲．搜索引擎广告主研究［D］．北京：中国传媒大学，2009．

⑥ 王伟．广告主体育营销传播活动研究［D］．北京：中国传媒大学，2012．

⑦ 董楠．广告主影院映前广告策略研究［D］．北京：中国传媒大学，2017．

⑧ 崔嘉美．网络时代动画电影《姜子牙》的营销传播策略［J］．出版广角，2020（23）：75—77．

⑨ 陈凌．个人意识、自我认同与日常生活再造：广告生产的社会过程（1978—2018）［D］．上海：华东师范大学，2020．

⑩ 陈培爱，李阿嫱．2012 年中国广告业发展综述：新媒体广告蓬勃发展成为今年新热点［J］．编辑之友，2013（2）：48—51，68．

模，构建了广告主等因素下的产业发展“推动·跃迁”模型；[①] 陈怡阐明了作为广告市场三方主体之一的广告主，其数字媒体营销从战术形成到战略执行的发展历程。[②] 此外，数据公司、媒体公司，如艾瑞、CTR、群邑、易观等都纷纷与高校合作，开展广告主营销趋势和发展前景调研，洞察连续自然年间广告主对市场信心、媒体使用、营销观念等方面的变革与形成动因。

以上学术成果，无论是微观研究还是宏观产业研究，都呈现出一定的学科局限性。纵观学界与业界的既有成果，国内较为系统研究广告主的论述为黄升民、杜国清等合著的“广告主蓝皮书”系列，该系列先从当年广告主的营销传播投入与媒介细分使用现状进行全盘论述，再分行业（食品、汽车、房地产等）、分营销类型（广告传播、公关传播、新媒体传播等）进行广告主营销策略与活动的论述，详尽深刻地记录下广告主的产业发展轨迹。综上，中国广告主的研究主要停留在较为微观的研究视角，无论是关键技术还是具体营销模式的论述，鲜有系统性的广告主研究。

（二）品牌传播研究

1950 年，广告大师奥格威（David Ogilvy）首次提出“品牌”这个概念[③]，他认为品牌即一种形象。品牌学的第一篇奠基性文献是加德纳（Gardner）和利维（Levy）于 1955 年在《哈佛商业评论》上发表的论文《产品与品牌》（*The Product and the Brand*），由此拉开了品牌科学研究的序幕。[④] 如果说品牌学是专业性的学术研究，那么品牌传播研究则更倾注了企业实战研究的期待。将视角切换至历史长河中，品牌研究既是一种显学也是一种隐学，它既具备应用实践性，又掌握社会发展规律下品牌运动的基本规律。它受外在环境、内在网络的多重制约，在知识迭代、演进的变化中不断被体认。其概念的界定、操作模型、动力机制也因变迁历程形成了“理论丛林”[⑤]，而品牌理论因受跨学科交叉渗透的影响，不仅指导实践，也不断地被实践倒逼更新。

国外品牌研究的火热阶段聚焦于国际大型企业的品牌并购事件的发生发展过程（如莫里斯公司对卡夫公司品牌 5 倍溢价的收购等）。对于中国而言，自品牌理论研究与建设实践被引入后，如何恰逢时宜地沿用、发展已成为本土化、在地化性研究的必经之

① 张晓静 . 推进 · 跃迁：中国广告产业发展阶段研究［D］. 武汉：武汉大学，2015.

② 陈怡 . 广告主体育营销传播活动研究［D］. 北京：中国传媒大学，2011.

③ 奥格威 . 奥格威谈广告［M］. 曾晶，译 . 北京：机械工业出版社，2003：14.

④ GARDNER B B，LEVY S J. The product and the brand［J］. Harvard business review，1955：33—39.

⑤ 张锐，张燚，周敏 . 论品牌的内涵与外延［J］. 管理学报，2010，7（1）：147.

路，成为国内外学者皆关注的领域。当品牌研究引入中国环境后，多面向提升成了品牌迅速崛起与发展的重要体现。

一方面是国家层面宏观政策推动，自“九五”计划以来，品牌建设规划的顶层设计和实践路线越来越具体。“九五”计划建立品牌战略，“十五”计划直至“十三五”规划都明确提出对品牌的培育与质量标杆的示范建立，强化企业主体品牌意识的建立与维护，并设立质量奖励机制，通过奖励高创新、高质量的产品引导企业建立良性生产与创新体系。此外，政府在国家形象传播中明确了品牌的力量与价值，通过对中国故事的构建与传播，希望将中国品牌从知名度、美誉度、忠诚度等多方面进行全球传播。在宏观驱动下，各职能部门配套出台一系列分地区、分行业的品牌建设规划与实施细则，如品牌作为职业的考量，从 2006 年国家劳动和社会保障部首次发布“品牌管理师”职业类目标准可见，2011 年国家质量监督检验检疫总局、国家标准化管理委员会制定了《商业企业品牌评价与企业文化建设指南》，2012 年商务部对相关行业从业人员进行了行业标准规范，发布了《品牌管理专业人员技术条件》。此外，自 1990 年开始，国家即从战略角度出发，将品牌研究的重要程度置于国家自然科学基金和社会科学基金的衡量之下，先后资助学者符国群、卢泰宏、王兴元、范秀成、张燚等完成品牌理论、品牌商标、品牌产品战略管理、品牌权益管理等多达数百项的支撑性研究。

另一方面是学术与实战人才培养机制推动，如 20 世纪 90 年代初，以符国群为代表的学者在《外国经济与管理》一刊中界定品牌、品牌忠诚的边界与定义。发轫于 2002 年的学术培养机制更是提供了强力的研究动力，各大高校和科研机构开始成立品牌研究中心，如中国传媒大学 BBI 商务品牌战略研究所、北京大学中国品牌研究中心、清华大学城市品牌研究室、中国人民大学中国商标品牌研究院、首都经济贸易大学中国品牌研究中心、厦门大学深圳研究院品牌与广告研究所、上海交通大学品牌战略研究所、华中科技大学品牌传播研究中心、中山大学中国品牌战略研究中心、华南理工大学品牌研究所等 100 余所。同时，提供品牌服务的各种商业机构不断涌现与迭代，如埃森哲、麦肯锡、英特品牌咨询、欧赛斯、华与华、叶茂中战略营销策划等机构。作为品牌持有主体的品牌主、广告主个体和组织，如中国品牌协会、分地区品牌协会等也积极融入品牌研究与推动进程，它们积极举办品牌学盛会，设立品牌工作岗位，聘请专职人员从事品牌工作，不断完善品牌实践职位的职业规划，如从品牌专员、品牌经理、品牌主管、品牌总监到首席品牌官的企业品牌研究架构。高校则不遗余力地开展品牌学课程的构建，如中国传媒大学设立的“品牌研究”课程，是广告学、新媒体技术、艺术设计本科生与研究生的必修专业课，东北大学的“品牌学”首创国家精品课程，等等。

国内品牌与品牌传播的研究论述较分散，值得一提的是黄升民团队对中国品牌传播四十年的史实梳理成果《中国品牌四十年（1979—2019）》。研究团队基于长达四十年的史料积累，客观描绘了改革开放红利期后中国品牌的波澜演进史，通过对破冰萌芽、野蛮成长、升级竞争、繁荣发展与转型突破等五个时段的梳理，创见性地串联起企业、品牌、媒介、广告四者，对宏观市场环境、媒介变迁、广告生产宏观业态的洞察细致入微。

（三）营销传播研究

国外营销研究的重磅成果当属菲利普·科特勒提出的“营销 4.0”（见图 1.3），通过对不同营销阶段的剖析，将营销传播划分为产品、品牌、客户、价值、价值观与共享五个阶段。技术变动不居的背后是营销本质的持续性与有效性。

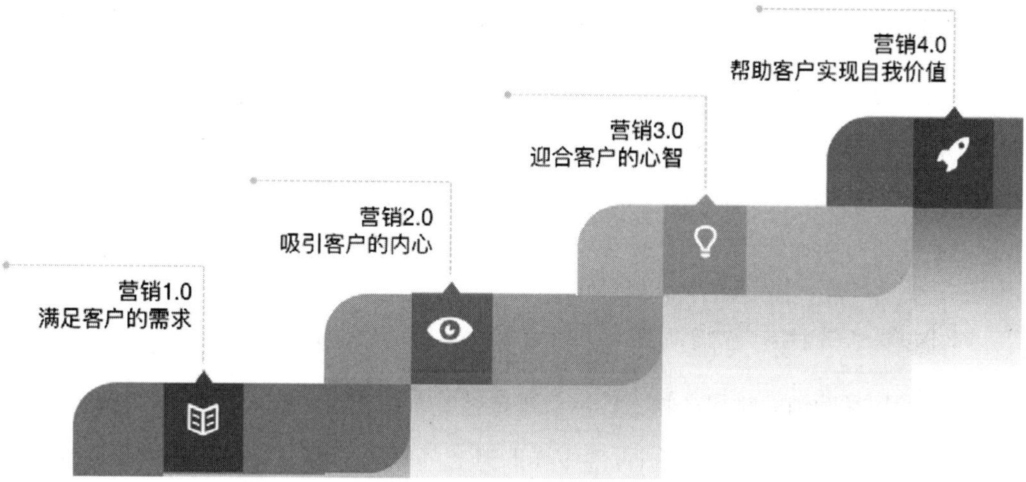

图 1.3　营销 4.0 发展轨迹

追溯我国 21 世纪初的营销研究发展历史，可从何佳讯与卢泰宏合著的《中国营销 25 年（1979—2003）》中厘清脉络。作者通过把脉二十五年来的经济环境与消费者跃迁，总结出加速的营销进程和转型的营销环境，从总体营销组织到渠道组织再至具体行业分析，全面详尽地刻画了从冉冉升起到独成一派的我国营销发展路径，且全书无一不渗透出作者对各阶段营销特征与经典案例广告的高度凝练，可借鉴内容颇多。随着营销趋势的不断演变，对新阶段的总结与凝练成了此书读者的新期待。

其后，卢泰宏又根据中国市场的差异度出版了《解读中国营销》一书，依旧是通过把脉 1979—2003 年长达二十五年的中国转型期市场变革，来论述转型中的企业营销观念变迁。全书的理论总结与国内外营销案例的对比剖析深入浅出，但由于其论文集的形式，章节关联性较弱。

李传屏在科普性读物《营销论语》中，从描摹分代际的中国市场地图、剖析品牌与人链接关系的实际案例、提炼创新品牌路径与营销类型四个维度对中国营销现状进行总体论述，涉及面广。但是，作者最后将提升营销效果的路径落脚至政策端与制度的重构，略缺战略性思维与布局。可见，营销研究多集中在营销活动本身和营销战略体系的搭建思维上。

再看营销传播研究，此领域的研究成果多集中于理论概述的相关梳理，历时性研究也多依靠二手资料的文本分析或内容分析等方法。例如，周凯主编的《营销传播》通过对营销传播主体——企业的角色定位，探讨企业营销传播的概念、作用与特征，虽创新地引入中程功能理论，但对我国营销传播的发展阶段并未进行实地调研与阶段性论述；张宇丹、单晓红在其合著的《营销传播：策略与经营》一书中，将营销传播的基本概念与理论、广告流程、经营形态进行了营销传播类型与手段的区分，为读者提供了教科书般的入门理论与实践视角；李晨宇的《中国企业营销传播的发展轨迹研究》结合理论与案例，较为通透地剖析了初期实践、理论导入、整合创新三个阶段的中国企业营销传播特征，美中不足的是，其较多依靠《人民日报》的广告内容进行文本分析来总结特征，较少对企业进行实地调研，因此缺少有力互证。

（四）数字营销传播研究

数字营销是营销的时代产物，数字营销传播是营销传播的对应性升级。因为其处于蓬勃发展的阶段，所以关于数字营销传播的概念界定目前众说纷纭，但由概念梳理可知，学界、业界都对其核心特征达成了高度共识。

因数字技术的发展是数字营销传播的动力与基础，故而早期国外研究多采用“网络营销”“数字整合营销”等概念用以与传统营销概念进行区分。尽管 20 世纪 80 年代已经出现了营销数字化的相关研究①，但数字营销受到重视并成为真正的研究领域则得益于 20 世纪 90 年代美国互联网的发展。直到 2011 年国外才对此有了较为清晰的界定，2011 年国际数字营销协会（International Digital Marketing Association）提出，数字营销即运用数字技术，创造一个整合的、有目标的、可测量的传播，通过传播可以获取、维

① 张延茂 . 网络营销［M］. 石家庄：河北人民出版社，2000：291.

系客户，建立深层的关系。[①] 美国市场营销协会对数字营销的定义：由数字技术驱动的，能够创造、传播、交付价值给消费者和其他利益相关人的所有活动、机制和过程的总称。此外，部分学者提出运用数字化技术连接消费者的营销手段即数字营销。[②] 总结而言，国外学者对“数字营销”的定义强调其是一种过程或机制，能够产生并传递价值，创造、维持和发展关系。

通过梳理文献可知，我国对数字营销的概念界定经历了从数字营销本体论到关系论、生态论的研究演化。2015 年郑丽勇等指出，数字营销传播即以互联网、手机和其他互动渠道为基础，利用数字化的信息和数字媒体的交互性来辅助营销目标实现的一种新型市场营销方式。[③]ICDL 基金会所著《ICDL 数字营销》一书，则将数字营销定义为互联网营销或在线营销，指利用互联网技术与技巧，通过多种在线渠道向消费者推广品牌、产品及服务的活动。[④]2019 年赛迪研究院（中国电子信息产业发展研究院）提出，数字营销不仅是一种营销方式，更是一种解决方案，其用“技术 + 数据”对传统营销进行在线化改造和智能化改造，使得传统营销从粗放转为集约，使得决策从经验转向智能。[⑤] 颜佳钰对营销传播、广告、市场营销三大理论交织视角下的数字营销进行了概念考古，认为数字营销是以技术为背景，以生产者与消费者间的供需管理为基础，基于数字化传播工具实现双向沟通的传播过程，是围绕信息分发、品效合一、关系维护、营销升级四个维度互相连接的循环过程。[⑥]

学者们的观点虽不能达成一致，但关于数字营销的特征是具备一定共识的。首先，数字营销以技术为导向和依托，如张金海认为技术是各类理论诞生的重要标志。其次，营销成为企业的战略中心，黄升民认为理解数字营销的核心即理解营销，其他都属于衍生概念或旁生概念。最后，营销与传播的地位处于同一水平。在传统营销时代，传播是一种营销手段，而随着数字化的进程，二者的主辅位置已不明显。

数字营销传播作为营销传播的数字化发展阶段，抛开数字化技术的外衣，其本质依旧是解决传受双向信息交互的对称问题。因此，本书将数字营销传播的概念界定为营销

---

① WYMBS C. Digital marketing：the time for a new “academic major” has arrived［J］. Journal of marketing education，2011，33（1）：93—106.

② KANNAN P K，LI H. Digital marketing：A framework，review and research agenda［J］. International journal of research in marketing，2017，34（1）：22—45.

③ 郑丽勇，陈徐彬 . 2015 中国数字营销白皮书［M］. 北京：中国人民大学出版社，2016：10.

④ ICDL 基金会 . ICDL 数字营销［M］. ICDL 亚洲，译 . 南京：东南大学出版社，2019：2.

⑤ 资料来源：《2019 年中国数字营销解决方案市场白皮书》。

⑥ 颜佳钰 . 数字营销传播理论溯源与概念界定研究［D］. 广州：暨南大学，2020.

效果可监测、可量化的循环型传播行为，凡是以营销效果为中心，兼顾产品升级、信息传输、关系构建、品效合一的高层次链接型营销传播行为，皆可被认定为数字营销传播。

本部分文献数据的来源分为国内和国外两部分。国内文献数据来源于 CNKI 和 PQDT。以“网络营销”“数字整合营销”“数字营销”“数字营销传播”为主题，时间设定为“XXXX–2021”进行高级搜索，搜索结果为 4066 篇文献，剔除一些无用文献，如关键词涉及新闻和工作会议的学习心得等文章，将有效数据 998 篇文献作为国内数据来源进行可视化分析。

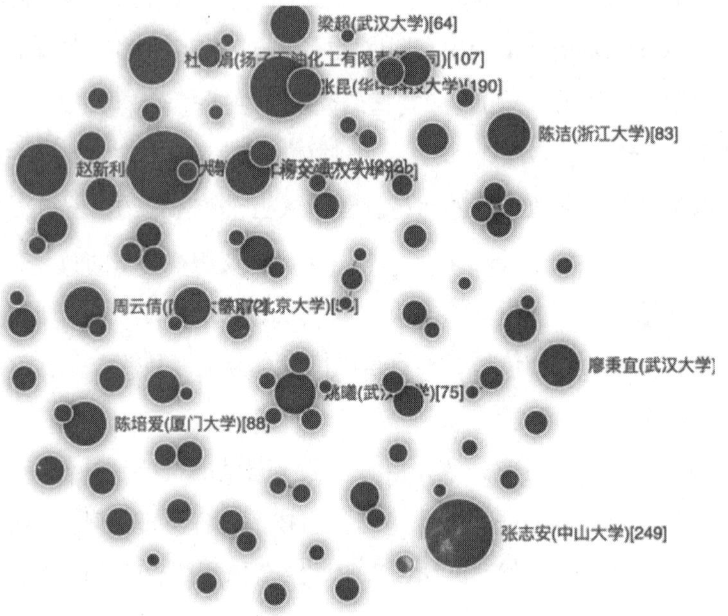

图 1.4　中文文献合作者网络

首先对中文文献进行合作者网络、关键词词频共现和关键词时区聚类的分析，如图 1.4 所示。中文文献合作者网络共存在 109 个节点，277 个连接，网络密度为 0.0006。可见，学者间的合作松散且协作水平低，其中陈宏民（上海交通大学）、张志安（中山大学）、张昆（华中科技大学）、赵新利（中国传媒大学）、杜雪娟（扬子石油化工有限公司）、杨文（武汉大学）、陈洁（浙江大学）、高丽华（北京工商大学）、陈培爱（厦门大学）、姚曦（武汉大学）十位学者为主要合作网络枢纽节点，但彼此所处的科研组织与机构并未有明显的合作关联，若机构间联动合作或能激发更多创新成果。

其次对关键词进行词频统计，筛选了中心度前 20 的关键词（见表 1.2）。数据显示，该领域研究主要集中在数字营销（622 次）、消费者（47 次）、动态能力（36 次）、数字化营销（31 次）、数字化战略更新（31 次）、运营能力（30 次）、能力构成要素（30 次）、大数据（29 次）、数字化转型（29 次）、营销策略（25 次）、程序化购买（22 次）、社交媒体（21 次）、人工智能（21 次）、整合营销（20 次）、数字时代（19 次）、广告投放（18 次）、内容营销（17 次）、数字营销传播（17 次）、CEO 营销（16 次）、智能营销（13 次）这 20 个关键词。

表 1.2　关键词词频、中心度统计（1 ~ 20）

序号	数量	中心度	时间	关键词	序号	数量	中心度	时间	关键词
1	622	0.22	2003	数字营销	11	22	0.03	2014	程序化购买
2	47	0.12	2009	消费者	12	21	0.55	2012	社交媒体
3	36	0	1980	动态能力	13	21	0.02	2016	人工智能
4	31	0.05	2010	数字化营销	14	20	0.03	2011	整合营销
5	31	0	1980	数字化战略更新	15	19	0.3	2010	数字时代
6	30	0	1980	运营能力	16	18	0.07	2008	广告投放
7	30	0	1980	能力构成要素	17	17	0.18	2013	内容营销
8	29	0.11	2014	大数据	18	17	0.02	2009	数字营销传播
9	29	0.23	2013	数字化转型	19	16	0.05	2011	CEO 营销
10	25	0.07	2009	营销策略	20	13	0.14	2017	智能营销

最后对关键词的时区与关键词共现图谱进行分析，得出如图 1.5 所示的 18 个大类：① 社交媒体；② 拼多多；③ 品牌传播；④ 互动性；⑤ 供应链优化；⑥ 数字时代；⑦ 消费者；⑧ 原生广告；⑨ 人工智能技术；⑩ 移动互联网；⑪ 大数据营销；⑫ 广告市场；⑬ 营销策略；⑭ 影响深远；⑮ 营销；⑯ 人工智能；⑰ 公关公司；⑱ 敏捷营销。通过时区图可见，中文文献明确提到数字营销的供应链优化研究始于 2002 年，而在 2008 年研究达到高潮，如拼多多、数字时代、消费者、原生广告、营销策略、敏捷营销六类研究进入热度第一梯队。其后一年，公关公司、互动性、品牌传播进入主要研究范畴。2010 年开始，社交媒体、移动互联网、互动性、人工智能技术、大数据营销进入主要研究范畴。虽然人工智能技术的研究首次提及在 2010 年，但直到五年后的 2015 年，关于人工智能的研究才呈现出聚类效应。既有文献所呈现出的阶段性研究特征为本书阶段划分提供了重要依据。

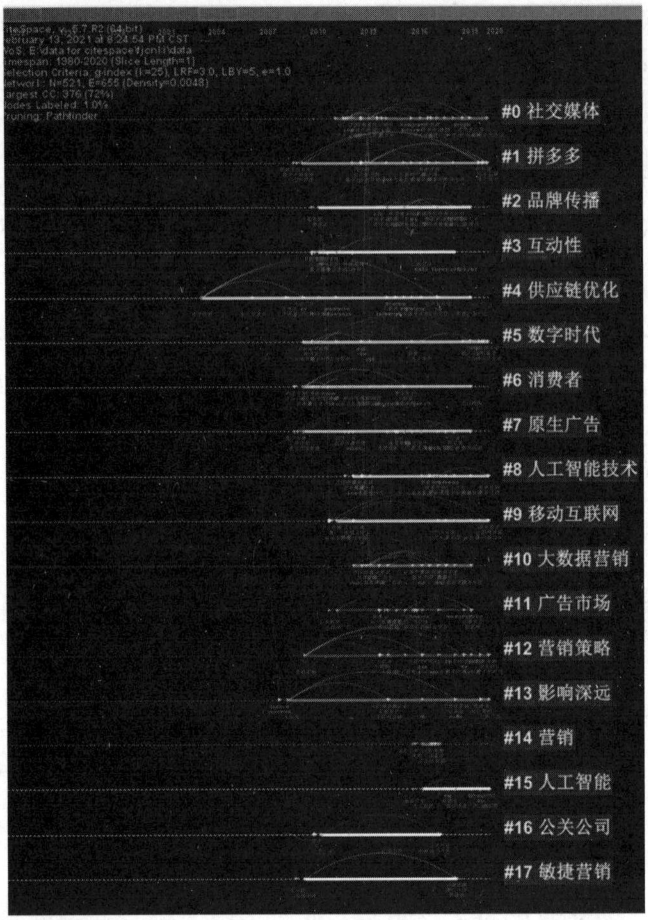

图 1.5　中文文献关键词共现时区

具体而言，研究视角主要集中在以下四类：第一类研究集中数字营销的概念与沿革。早在 1999 年，《数字技术与营销革命》一文就提出了营销业界需要将思维数字化，可以在三个方面进行革新，包括网上自我宣传、推行实时运作的营销模式、通过建立内部网革新企业管理。①姚曦等在论述数字营销归根结底还是一种虚拟体验营销，它带给消费者的是一种增强后的虚拟感官体验，它会与传统营销并驾齐驱，成为消费者在数字化生存中接触到的常见形态。②沈虹针对数字营销的概念，拆分出具有自有、付费、可挣取三种功能的平台。③郑丽勇等界定出实际进入数字营销的时间节点为 2015 年，传

① 刘林森 . 数字技术与营销革命［J］. 电子外贸，1999（9）：42—43，17.

② 姚曦，秦雪冰 . 技术与生存：数字营销的本质［J］. 新闻大学，2013（6）：58—63，33.

③ 沈虹 . 论数字营销的三种媒体传播形态［J］. 现代传播（中国传媒大学学报），2013，35（9）：167—168.

统广告衰退的背后是以数字广告为主的数字营销的发展机遇期。① 简予繁开创性地引入社会资本理论，分析其对数字营销研究的合理性与合法性，为其后研究提供新理论视野。② 初广志在《数字营销：挑战与对策》一文中提出，数字营销发展的障碍多源自营销本身，并针对115家调研企业，总结了数字营销中媒体使用的概况。陈怡的《中国广告主数字营销传播发展研究》论述了1994—2012年广告主的数字营销的战术形成—战略初探—战略跨越的多阶段特征，创新地提出了广告主数字营销传播的创新—模仿螺旋模型。以上论文均属早期研究，涉及数字营销价值与流程的特征表述，因近年来数字技术的更迭，需作更深刻的洞察与总结。2019年，周茂君的《中国数字营销20年研究》通过个案与访谈结合的研究方法，聚焦数字营销公司的专业性重塑，论述中国数字营销产业中越发凸显的专业数字营销公司的作用力。中国商务广告协会数字营销委员会和虎啸奖组委会联合撰写了《中国数字营销十年风云录》，通过爬梳2010—2019年的三十种主要的营销工具和技术特性，总结出“万物生长”的数字营销传播十年黄金期。

第二类是数字营销领域人才培养的相关研究。陈刚提出了为应对数字营销的深入发展，新闻传播学科应当建立起应对实战的广告教育模式，即通过实战演练、专业团队磨合、相关技能提升的“课堂+模拟+实习”模式进行人才培养改革。③ 胡振宇通过整理数字营销公司的定量问卷与定性访谈结果得出，未来人才输出的理想模式为“扎实专业基础+创新思维方式+良好专业伦理”。④ 赵新利提出了新文科培养思维，如中国传媒大学“校企合作、交叉学科、新专业创立”三种模式，提倡改良人才输出环节。总体而言，人才培养的创新主要依托市场需求的增加。

第三类为企业或非营利机构的数字营销战略分析。李欣分析了数字营销的优势，提出了数字出版业的4R提升路径，即用户识别、数字触达、建立联系、完成回馈。⑤ 王亚卓提出了农村合作社的数字营销管理模式，即通过搭建互联网和移动终端平台，完成农产品产业链流通、产品推广、渠道扩充的营销管理道路。⑥ 梁赛平将科技期刊作为研究对象，结合数字营销流程提出要从出版业务、盈利模式开启数字出版进程，用以在

---

① 郑丽勇，陈徐彬．2015：传统广告与数字营销的分水岭［J］．编辑学刊，2016（3）：50—55.

② 简予繁．以关系洞察效果：社会资本理论在西方数字营销研究的应用述评［J］．新闻界，2016（3）：4—13.

③ 陈刚．走向数字营销实战的广告教育创新［J］．青年记者，2016（25）：67—68.

④ 胡振宇．数字营销时代高校广告人才的培养策略：基于人力资源需求的实证考察［J］．青年记者，2017（24）：111—112.

⑤ 李欣．数字环境下出版企业4R营销策略研究［J］．出版科学，2018，26（1）：60—62.

⑥ 王亚卓．农民专业合作社数字营销管理模式研究［J］．山东社会科学，2009（12）：129—131.

媒体融合的激烈碰撞中立身。[①] 周云倩等提出美剧的数字营销策略，认为通过开展数字媒体传播“术”层面的活动，可以提升美剧受众的自主化传播能力。[②] 数据咨询机构皮尤、秒针、CTR、华扬联众等，以及中国广告协会等也都针对行业内部进行过年度数字营销调研，主要集中在消费者变迁、生态环境变革、整体市场数字广告投放份额等维度，并总结出当年热点与新营销模式。此类研究无论主体为何种组织或法人，其数字营销战略的分析都较少引入新的理论思维与实战工具。

第四类为数字营销效果研究，包含了正向营销效果提升和负向效果欺诈。姚曦等论述了数字营销传播效果的达成，建立在互动、卷入的基础上，进而通过鼓励消费者参与完成购买进程。胡振宇基于 28 家数字营销公司的执行访谈结果，提出了数字营销传播的八大弊端，如虚假 KPI（关键绩效指标）、恶意比较、无底线营销、侵犯隐私、商业贿赂等，由此引发了全行业他律与自省的一番争论。效果研究的导向是人的服务，是为优化产业结构和提升传播效益而做的努力。

国外文献数据来源于 Web of Science 数据库，检索式为“TS=（Digital Marketing）”，语种设定为 English，文章类型设定为 Article，时间节点为“XXXX—2021”，在 Web of Science 核心合集进行高级检索，检索结果为 7764 条，剔除一些无用记录，如仅将“Digital Marketing”做概念性的提出，并未以对象的方式进行研究。再如，专注事件描述和医学健康领域研究等，最终将 851 条有效记录作为国外文献数据来源进行可视化分析。

首先对关键词进行词频和中心度的辨识（见表 1.3）。研究主要集中在 digital marketing（92 次）、social media（61 次）、impact（36 次）、internet（33 次）、technology（30 次）、innovation（29 次）、marketing（29 次）、strategy（25 次）、performance（23 次）、management（20 次）、digitalization（19 次）、consumer（19 次）、online（19 次）、digital economy（18 次）、big data（17 次）、word of mouth（16 次）、model（15 次）、facebook（14 次）、market（14 次）、platform（14 次）这 20 个关键词。

表 1.3　关键词词频、中心度统计（1 ~ 20）

序号	数量	中心度	时间	关键词	序号	数量	中心度	时间	关键词
1	92	0.07	2015	digital marketing	11	19	0.07	2016	digitalization

① 梁赛平．媒体融合发展对科技期刊创新的影响与数字营销的应对措施［J］．编辑学报，2016，28（4）：320—323．

② 周云倩，杨娜．新媒体时代美剧数字营销探析［J］．电视研究，2014（3）：78—80．

序号	数量	中心度	时间	关键词	序号	数量	中心度	时间	关键词
2	61	0	2015	social media	12	19	0.11	2017	consumer
3	36	0.05	2015	impact	13	19	0.11	2016	online
4	33	0.07	2015	internet	14	18	0	2016	digital economy
5	30	0.05	2015	technology	15	17	0.05	2015	big data
6	29	0.07	2016	innovation	16	16	0.01	2016	word of mouth
7	29	0.08	2015	marketing	17	15	0.05	2015	model
8	25	0.14	2015	strategy	18	14	0.06	2016	facebook
9	23	0.04	2016	performance	19	14	0.12	2016	market
10	20	0.15	2017	management	20	14	0.12	2017	platform

其次通过对关键词的时区与关键词共现图谱进行分析，得出如图 1.6 所示的 13 个大类：① digital business；② data；③ e-commerce；④ word of mouth；⑤ practice；⑥ young adults；⑦ content marketing；⑧ fourth industrial revolution；⑨ digitalization；⑩ industrial business；⑪big data；⑫digital literary sphere；⑬advertising channel friction。

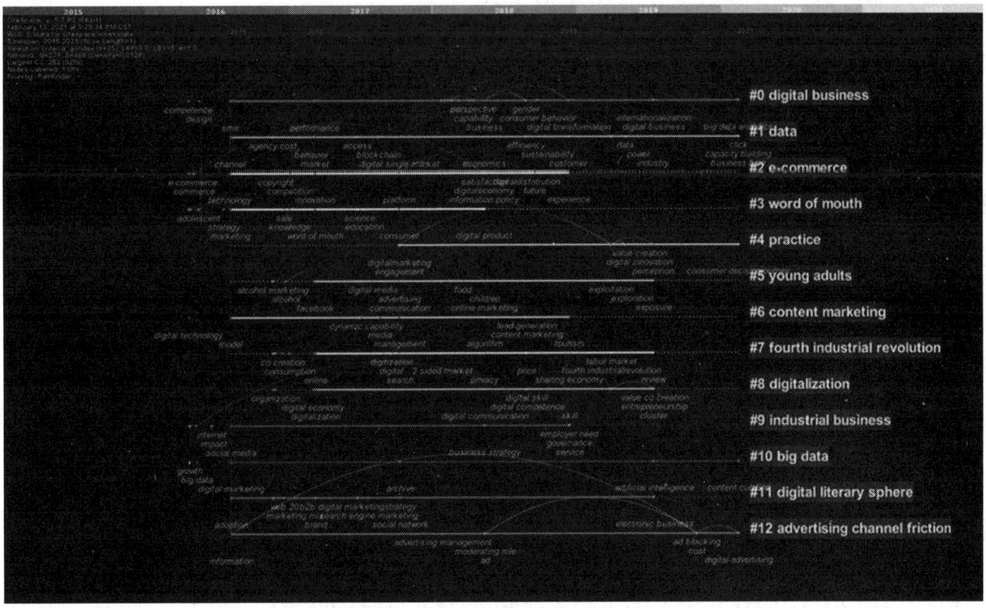

图 1.6　外文文献关键词共现时区

2015 年为国外文献研究的关键词突变时间点，无论是中心聚合度最高的“数字营销”，还是低聚合度的“广告渠道重构”都始于此。此外，大数据、电子商务、口碑、内容营销、工业商业、数字文化研究也都如火如荼。从 2016 年开始，研究转向年轻世代、第四次工业革命和企业数字化。2018—2019 年，研究重点开始转向数字化创新和价值创造，这与国外政治、经济发展形势密切相关。具体而言，主要为以下两大研究视角：

第一类，探讨数字营销在企业 / 组织 / 机构中的运用现状。Jam Lies 回顾了数字应用领域的发展过程，梳理了数字营销的形成格局，并从营销技术的角度创造了术语“营销智能”。通过回顾数字 IT 和大数据营销，进而说明作为数字化信任营销的当今营销 5.0 时代，最终得出营销正在见证一场方法论、技术和文化范式的转变的结论，即用入站营销来增强和放大传统的出站营销。① Dennis Herhausen 等通过对 169 名管理者进行在线调查，用以分析渠道、社交媒体、数字关系、数字技术对当前和未来营销能力需求的影响，最终提出了实践差距即管理者“当前”实践与其“理想”数字营销能力之间的差距，以及知识差距即企业的数字营销变革与支撑这一变革的现有学术知识之间的显著差异。②Antonia Correia 等通过撰写综合基准模型，探讨了全球 DMO（目的地营销组织）为与游客交流而采用的 Web 2.0 和社交媒体应用程序，并论证了沟通的杠杆效应在世界范围内产生的效果并不尽相同，杠杆效应效果最弱的国家为澳大利亚。③ Catalina Gutiérrez-Leefmans 等探讨了企业的动态能力与数字营销的关系，证明了数字营销直接支持了企业所要求的动态能力，因此支持了旨在提高企业绩效的商业战略等。④ 这些从正面证明了数字营销对于企业发展的不可取代的作用。

第二类，数字营销在现代教育中的应用。Ryan Langan 等选定 529 个本科课程内容，通过定量研究的方式探讨教育中数字营销的应用与地位。他们认为分析能力是数字营销人才的稀缺能力，并提出了多维进阶型的人才培养框架，用以应对逐渐复杂的市场挑

---

① LIES J. Marketing intelligence and big data：digital marketing techniques on their way to becoming social engineering techniques in marketing［J］. International journal of interactive multimedia and artificial intelligence，2019，5（5）：134—144.

② HERHAUSEN D，MIOČEVIĆ D，MORGAN R E，et al. The digital marketing capabilities gap［J］. Industrial marketing management，2020，90：276—290.

③ CORREIA A，KOZAK M，FYALL A，et al. Digital marketing technologies and new markets：from embryonic markets to digital marketing［J］. Anatolia：An international journal of tourism and hospitality research，2016，27（1）：1—3.

④ GUTIÉRREZ-LEEFMANS C，NAVA-ROGEL R M，TRUJILLO-CEÓN M A. How are dynamic capabilities and digital marketing related?A reflection from literature［J］. Revista eletrônica de estratégia & negócios，2018，11（3）：265—283.

战。① Scott D. Roberts 等认为与传统商品和服务相比，数字产品对营销人员来说代表着不同的挑战，他们将数字营销思维引入课堂教学，为作业和课堂讨论提出了具体建议，以培养和激发学生对数字营销含义的批判性思考。②

综上所述，数字营销传播作为营销传播崭新的发展阶段，研究结果多聚焦于微观层面的考量，学术界的历时性研究较少，而商业机构的报告性总结较易缺少理论支持与依托。关于广告主数字营销传播的研究更为稀缺，故而需要进行多面向的整合与归纳。

二、价值坐标从媒介中心到主体实践

通过以上文献的梳理，我们可以清晰地判别既有研究的微观性。无论是数字营销技术本身的研究还是数字营销发起主体的研究，都呈现出个案研究的独立性。技术不断塑造着新的传播环境，那么广告主启用数字营销传播的起点为何？每一次重大数字营销传播转型的节点和特征又存在怎样的变迁过程？这些都需要进行细致的梳理与回应。

（一）研究目的

本书从学理范畴认知广告主数字营销传播进程，从实际产业运行中总结广告主数字营销传播的应用工具与发展现状。通过传播学、广告学、计算机科学等跨学科视角，充分做到历时性与共时性相结合地还原我国广告主数字营销传播理路。

（二）研究意义

在理论意义层面：研究我国数字营销传播发展至今二十六年的发展脉络，首先可以对营销传播理论、数字营销传播理论进行阶段性总结；其次可以摸索出广告主数字营销的进化历程，延展媒介进化论的国别特殊性面向；最后可以尝试提出我国广告主数字营销传播模型，对现有理论进行补充。

在实践意义层面：当业界不断提出数字营销的地铁图、甬道图、拓扑图时，在看似实践出真知的背后，是新一代数字营销学专家们在理解理论后指导实践的产物。摸清数

① LANGAN R，COWLEY S，NGUYEN C.The state of digital marketing in academia：an examination of marketing curriculum's response to digital disruption［J］. Journal of marketing education，2019，41（1）：32—46.

② ROBERTS S D，MICKEN K S. Marketing digital offerings is different：strategies for teaching about digital offerings in the marketing classroom［J］. Journal of education of business，2014，90（2）：96—102.

字营销传播特征与推动机制，可以更好地指导数字营销产业向着多元和谐航道前行。

在笔者能力层面：本科阶段的广告学基础和硕士阶段的社会学研究背景使得笔者对人文学科领域的研究关怀较为深刻。笔者获得国家级数学建模比赛等级奖的理科思维是此论题采用定性与定量研究结合方法的重要基础。跨学科的研究思维和数据处理能力将为笔者能力与问题意识的提高提供突破性价值及意义。

第三节　演进逻辑与章节铺陈

一、三阶段演进的历史逻辑

本书的研究对象为在中国境内从事营销传播活动的广告主，论述的阶段节点为1995—2024年。本书通过对中国广告主数字营销传播发展的脉络梳理，结合政策背景、经济背景、文化背景，以广告主调研问卷与访谈内容为主要依据，辅以二手资料，归纳出广告主数字营销传播的阶段性特征与标志性节点，进而为当下及未来的问题提供相应的策略建议，最后总结出良性数字营销传播对于社会实在和社会建构的重大意义。

二、从互构、互融到精准的结构展开

第一部分绪论主要论述研究缘起与研究问题，通过对广告主、品牌传播、营销传播与数字营销传播的文献占有，界定本书数字营销传播的定义与特征，进而叙述技术路线与具体研究方法。

第二部分是文献综述与理论梳理。笔者对理论基础进行总结，主要是对数字营销传播和媒介进化论的梳理，并针对相关领域分期标准进行了综述。因为后期不同阶段特征与此息息相关，故而本部分是本书合理性和合法性的主要依据与来源，起到了科学划分发展阶段的指导作用，进而提出了广告主数字营销传播“四力演进”模型。

第三部分是阶段特征的具体论述，包括划分出的三个阶段及三阶段的不同特征与表现：①从互动到互构：数字营销传播的传统与面临的冲击（1995—2009年）；②从互构到互融：新型社会网络的形成对数字营销传播的重构（2010—2015年）；③从互融到精准：社会加速对数字营销传播的深化（2016年至今）。各阶段的主要区分维度因社会情

境、传播模式、广告主数字营销传播矩阵、人性化补偿机制四个面向的强弱拉扯而呈现出差异。

第四部分为总结与讨论，通过三阶段的梳理总结出广告主数字营销传播的发展趋势，并尝试提出数字营销传播的发展演化路径，指出用传播学、社会学理论梳理数字营销传播对于社会建构和社会实在的重要意义与价值（见图 1.7）。

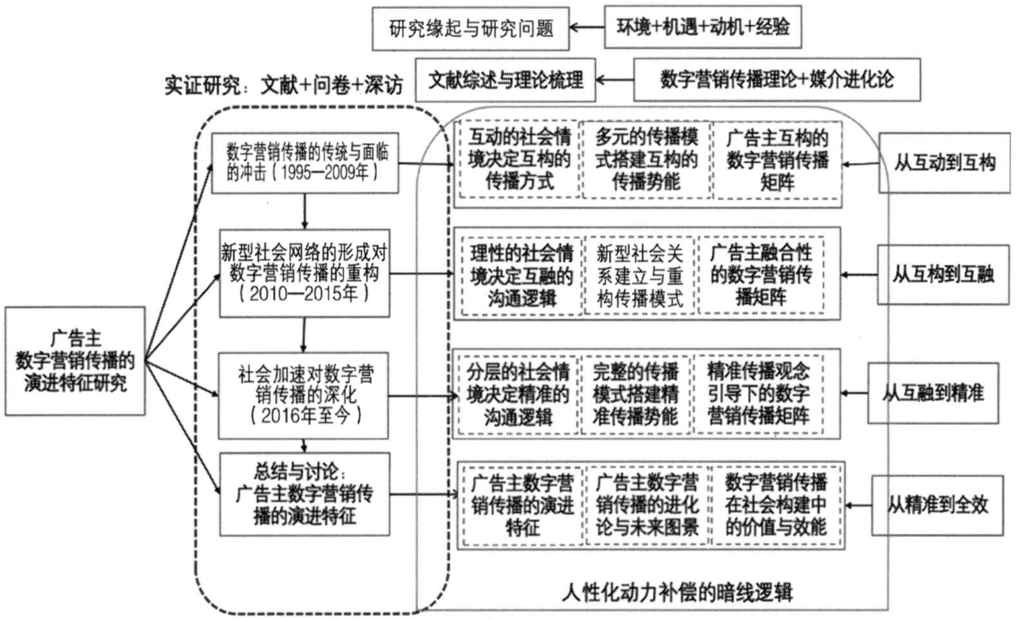

图 1.7　研究框架示意图

第四节　技术路线与方法

对广告主数字营销传播演进趋势的梳理主要通过实证调研方式完成，一手资料通过定性访谈和定量问卷发放相结合的手段获得，访谈用以弥补半开放式问卷填写的不严谨性；二手资料通过经典文献占有。

本书主要采用定量问卷与定性访谈相结合的实证研究方法，通过阅读传播学、营销学、管理学等多学科文献，尤其对数字营销传播相关研究成果加以梳理，厘清广告主数字营销传播的发展特征和分阶段特征。

笔者通过文献梳理，界定出广告主数字营销传播的进入节点。本书认为自 1994 年中国接入互联网开始，数字营销传播的基建就已完成，而 1995 年我国出现了第一条数字广告，故界定 1995 年为广告主数字营销传播元年。1995—2000 年的资料多为对二手资料的整理，2001—2017 年的论述内容则基于笔者所在的广告主研究所调研的一手资料，笔者于 2018 年 7 月至 2021 年 2 月参与项目调研，调研为本书提供了重要基础。本书针对广告市场中的三方主体（广告主、媒体、广告公司）进行独立问卷设计与发放回收，发放形式为线上发放和线下邮寄或登门拜访。样本库中广告主单年总量不少于 110 份；媒体单年总量不少于 140 份；广告公司单年总量不少于 150 份。

在问卷基础上选择典型样本进行深度访谈，访谈内容围绕数字营销传播的营销战略、媒介使用、投放类型等方面进行深入研究。访谈的目的在于进一步细化不同阶段数字营销传播的特征，以及不同行业广告主、媒体、广告公司对数字营销传播观念的共性与个性认知。广告主访谈样本单年总量不少于 15 家；媒体访谈样本单年总量不少于 15 家；广告公司访谈样本单年总量不少于 15 家。

此外，针对节点性的重要案例进行具体剖析，选取各行业数字营销传播中尝试创新举措且取得了较好社会效果与经济收益的案例进行辅助论述。

第五节　创新点及重难点

本书的创新点也是研究的重难点，在于系统论的进化研究视角、连续性和实效性的研究节点、研究内容的创新三个方面。

一、系统论的动态逻辑

物质世界存在的方式虽独立呈现，但整合于系统构建中。自柏拉图开始的哲学家已观测到“整体与局部”的系统逻辑。① 系统与部分的逻辑关系体现了系统论的进化演进视角，还原出部分的存在模式和整体的运行机制，主要包括以下内容与特质：

（1）系统边界。每个系统是区隔其他系统的特殊存在，其所处边界即严格将其内在元素和其紧邻系统分离，是具有明确边界的。

（2）要素集合。完整系统必须存在两个及以上的要素集合，而非由单一要素构成。

（3）要素关联。系统内的要素彼此间需要区分，但同时需要满足互相关联的作用

① 杜特兰 . 哲学的故事［M］. 蒋剑锋，张程程，译 . 北京：新星出版社，2013：24.

力，如制约、调和、依存等。

（4）结构层级。系统中也存在一定的顺序与层级，系统由下一阶子系统构成，子系统又可以由多要素支撑构建，而不同系统的组合就形成了上一阶超级系统框架。

（5）动态目的性。系统的存在是合乎目的性的必然，通过信息交互、能量生成、功能传递的动态循环，完成系统的构建与不断的调适。①（见图 1.8）

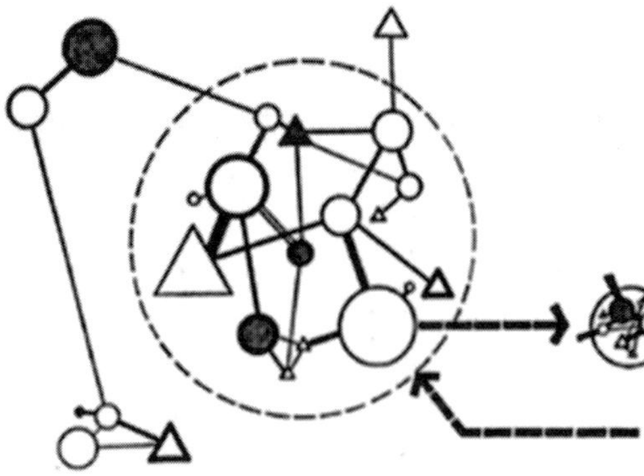

图 1.8 系统论示意图②

本书将广告主数字营销传播看作一个母系统，这就意味着系统运行时，子系统发生变化会引发整体的变化，故而应观测到其中子系统变化所导致的整体变迁。本书构建了母系统下以社会情境、传播模式、广告主数字营销传播实际矩阵和人性化补偿机制四个二级子系统组成的支撑系统。根据系统论的进化研究视角形成了：①四个子系统的作用力构成了广告主数字营销传播系统，与其他系统相互区隔。②子系统间的关联性较强，呈现出既相互依赖又彼此制约的特性。③子系统中的各要素具备一定的层次性，如社会情境又包括经济环境、政策环境、文化环境等构成要素。④广告主数字营销传播系统具备特殊性，从而区别于其他系统。⑤系统自身保持着动态、平衡的自适应。

二、连续性与实效性的交汇节点

当前广告主营销传播研究的时间节点多集中于 1979—2005 年，紧随其后的互联网时代更新了营销传播模式的固有理路，值得深入梳理与总结。笔者选择 1995—2020 年的时间节点是基于我国第一条数字广告诞生至今的发生学逻辑，不仅具备了时间的连续

① 魏宏森，曾国屏 . 系统论：系统科学哲学［M］. 北京：清华大学出版社，1995：99.

② 麦克洛克林 . 系统方法在城市和区域规划中的应用［M］. 王凤武，译 . 北京：中国建筑工业出版社，2015：39.

性，也因 2010 年后的历时性研究鲜有记录而具备了高度实效性。

三、史实呈现与广告主数字营销传播进化论的提出

对数字营销传播的研究，多集中于理论的梳理及数字营销市场中主体的变迁，较多采用单一定量问卷、单一定性访谈或二手资料内容分析法、文本分析法等。本书采用定性访谈和定量问卷相结合的实证研究方法，深入广告主营销传播活动前沿，搜集珍贵的一手资料，辅以二手资料，具备严谨的科学性，通过对广告主数字营销传播的分阶段特征梳理，构建出我国广告主数字营销传播的演进模型，构建出广告主数字营销传播进化论与未来图景。

第二章

中国广告主“四力演进”模型的提出

时代为指示性符号提供了一种共时性语境，产生了一段历史切片。但无论是哪个时代，如最早的面对面物物交换和当今远距离的无接触交易，营销的实质都是互动，它们都是互动的某种形式。因而营销的概念化就是互动，数字营销的概念化即数字互动。数字就是信息、讯息，数字营销的本质即数字信息互动，数字营销传播则是信息互动传播的崭新形式。

如前所述，我国当下数字营销传播理论是一种理论引入后的在地性发展成果，但广告主的数字营销传播实践走出了独特的道路，其作为营销传播的新阶段产物，自然有其理论发展的脉络。本章的主要理论来源为数字营销传播理论与媒介进化论，基于此，观察我国广告主的数字营销历程存在哪些异化或改进，这就需要对数字营销传播理论进行溯源，并基于此提出媒介进化论视角下的数字营销传播演进模型。

第一节　数字营销传播理论的引入

在我国的营销传播概念研究中，学者较认可的观点当属舒尔茨的“营销即传播，传播即营销”。实际上，“营销”涉及更多的是产业链生态中的产品生产、推广销售、售后反馈；“传播”更多体现为技术加持下媒介内容流动的互动性更新。但此二点对于时代发展而言，已然产生了相互依存、互相嵌入的态势，即营销传播是一个品牌的营销组合，是通过建立品牌与品牌客户或客户之间的共识而实现价值交换的所有要素之和。[①] 从社

① 辛普．整合营销沟通［M］. 熊英翔，译 .5 版 . 北京：中信出版社，2003：4.

会学角度，营销传播也是社会建构中的重要一环，是意义的生成、共享、传递、认同、再造。[①] 数字营销传播更是在此基础之上的进化产物。

一、数字化的赛博空间从想象变为现实

笔者将其划分为三阶段：其一为初创期；其二为摸索期；其三为构建期。

首先是 20 世纪 30 年代至 70 年代的初创期。在军事目的的推动下，计算机基础硬件被创造出来，启发了学者进行更为广阔的互联性实验，如分发文件、颁布内部条例的互联需求。主要运用国家为经济背景较为殷实的资本主义国家，应用范围也局限于大学科研与政府日常办公，虽无法达到大规模信息传送，但使用局域网络的参与用户已经可以完成基本信息交互，这是一大创举。

其次是 20 世纪 70 年代至 90 年代的摸索期。ARPANET（阿帕网）的建立、TCP/IP 协议（传输控制协议 / 因特网互联协议）的运用使得简单局域网沟通、复杂交互网沟通成为可能。正如约翰・诺顿所论述的，它（网络）可以把世界上任何地方的一名普通人变成一名出版商、现场记者、倡议者、组织者、学生或教师……你可以用它组织一场运动，做一笔交易……

最后是 20 世纪 90 年代初至今的构建期。赛博空间的开放性使得参与主体无论是用户还是运营者，都迫不及待地进行需求更新，民用途径的开放更使得商业催化剂的作用效果显著。需求型的网络应用研究成为主流，如依靠社交关系构建的社交平台、依靠主动搜索构建的个性搜索引擎平台等，E-mail、网络购物等接踵而来，虽带来匿名制失序、网络隐私侵犯、非法数据黑客入侵等黑色问题，但对用户日常生活的增益效果明显，赛博空间成了直接构筑公众日常生活的不可或缺且依赖度极高的交流场域。

具体来看赛博空间的技术轨迹与成果运用。北美算是数字化研究的先驱之地，作家 William G（威廉・吉布森）在其科幻小说中创造了“赛博空间”一词，指的是一种抽象的、立体的、由程序员建构的数据空间。令其无法想象的是，二十余年后的现实世界，已然被数字化构建出了新的交流场域。

赛博空间的范围随着技术的推动逐渐延展，哲学家海姆曾用“界面”与“空间”的二维和三维概念形象地描述其变迁过程，其发展也逐渐脱离了此前词源的范畴，即一种

① 瓦雷．营销传播：理论与实践［M］．范红，译．北京：清华大学出版社，2011：18.

控制论观点，在人类控制范畴具备高度的可操作性与技术发展的偶然性。从当下来看，此空间变得野蛮、不易控制。数字营销传播的土壤即赛博空间的建立，所以需要界定出清晰的传播节点，用以界定广告主数字营销传播的起点。

1936 年，英国数学家图灵破解了第二次世界大战德军英格玛密码系统，为盟军取得最终胜利贡献了巨大的学术智慧，战后他在复原学术研究轨迹时，基于英格玛机创立了图灵机，二进制的图灵机成了电子计算机诞生的先驱产物。1946 年 ENIAC（埃尼阿克计算机）诞生，这是一台可完全编码的通用计算机，这台计算机成了当今智能计算的源头，图灵也因此被称为计算机科学之父。1969 年在前人研究的基础之上，阿帕网诞生，虽说阿帕网是应对冷战的军事产物，但其分布式局域网络的构建为其后广域互联网的诞生奠定了重要的基础。1984 年互联网诞生，运用 IP 协议传输构成了互联互通广域网络，应用的领域也从先前的军事领域延展至社会生活的方方面面。再至 1989 年万维网的诞生，科学家蒂姆·伯纳斯·李将人类带入了崭新的全球互通时代，依托万维网技术可以实现全球民用网络的构建与信息传输。1991 年 Web 浏览平台诞生，使网页可编辑修改并被商业利用成为可能。彼时，即时通信技术、交互网页游戏技术都具备了萌芽性诞生的可能，为后期社交平台的建立和电子竞技游戏的兴盛奠定了技术基础。1994 年 IBM 公司发布 IBM Web Explorer 产品，为网络用户提供免费的浏览器接入服务，其不仅可以完成信息检索，还可以通过点击链接的形式进入新闻页面和查看邮箱。这为数字广告史上的第一条浏览器横幅广告提供了载体（见图 2.1）。1998 年，复杂网络技术被广泛应用，其中多节点的小世界模式、BA 无尺度模型、ER 随机网络模型为后期社交媒体的研究打下了坚实的技术基础。2004 年，Web2.0 时代的到来真正宣告用户自由时代的来临，因为 Web1.0 时代构建的只是单向传输的广域路线，而 Web2.0 技术构建的是一种双向互动的产物，美观的用户交互界面、多样化的搜索应用、去中心化的信息聚合等功能将用户的主动性和个性极大调动，博客、社会网络（SNS）、共创性百科全书等技术都应运而生。紧随其后的是学者提出的 Web3.0 时代的构想，是基于网络货币、智能匹配、个性互动等技术的开放网络场域。

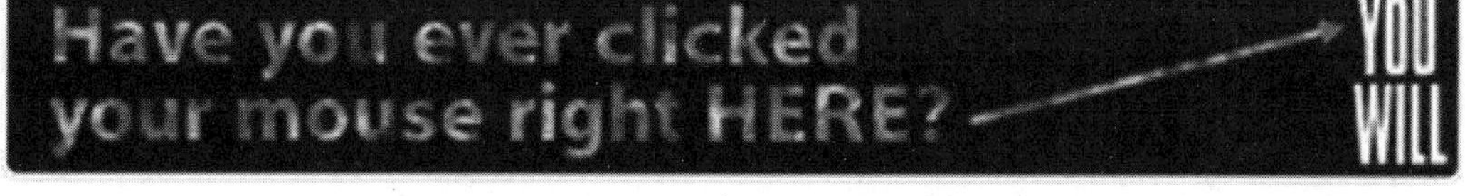

图 2.1　世界上第一幅互联网广告

二、数字营销传播理论的研究起点为网络的商业化

如前所述，数字营销传播的起点在于数字技术的使用，所以理论与实践的发展必然与网络社会构建出的赛博空间息息相关。数字营销传播理论是以数字广告为脉络推进的，这也与本章论述的开始节点有关。随着数字化工具数量的增多和数字化技术的掌握程度的加深，数字营销传播理论也产生了纷繁复杂的脉络。起初数字营销传播可理解为传统营销传播理论伴生进化后的网络营销传播，关于早期的数字营销传播研究可被视为网络广告诞生后的延迟性研究。其实作为网络营销传播的试水者，网络广告被学者们最先关注到的还是作品呈现形式，学者们开始通过简单的互联网广告类型介绍彼时的关键技术与工具手段，而忽略了其作为营销传播形式的先河作用，广告学研究若在此时洞察出网络广告背后的深刻隐喻，可能数字营销传播研究体系会更早更完整地得以呈现。

开启数字营销传播理论研究的节点当属营销学研究中的电子商务理论研究。吉姆·麦克格尔恩（1994）提出了“网络营销”的概念，戴维·博顿斯（1995）在《连线》杂志上提出了“数字营销”概念，但无论是研究者还是作为美国互联网研究的排头兵期刊《连线》，其对数字营销传播的观察都聚焦于某一具体传播工具或传播要素的考量之上。

真正预见数字营销传播未来发展的学者当属丹·斯坦博克，作为活跃于理论研究和受雇促进企业营销传播的一线专家，他在与英特尔公司的合作中出版了《网络营销传播的诞生》（2000）一书，该书虽未引入新的营销传播观点，但直观呈现了彼时新兴的营销模式，如关系营销、B2B 营销、网页推广、虚拟社区、门户网站等。其通过列举网络营销的新模式，论述了传播对于营销的重要性，进一步肯定了营销传播的商业价值。

更为严谨的数字营销传播研究还需要关注杰里·温德和维贾伊·马哈詹基于多年实践对营销传播提出的洞见，他们作为美国顶尖的营销学大师，集合了相关项目中的所有论文，出版了论文合集，其中最具创见性的观点：数字营销传播脱胎于传统营销传播，但是刷新此前传播模式的全新方式，不能将其简单理解为增强性创新渠道。[①]

英国学者约翰·迪顿与帕特里克·巴维什（2001）作为以上两位研究人员的合作伙伴，也敏锐捕捉到了研究的新趋势，在其合著的书中提炼出数字媒体的交互性、碎片化

① WIND J，MAHAJAN V. Digital marketing：global strategies from the world’s leading experts［J］. Bussiness，computer science，2001（2）：21.

关注和工具性特征，并用未来学的眼光归纳了新媒体广告的载体变迁，勾勒出广播—寻址—交互—数字化交互的路径，提出了广告主—广告公司—媒介三主体对数字营销产业的推动，并认为未来的数字营销传播范畴将超出传播学和商业研究范畴。① 这些观点的有力总结与预判，于当下而言极为精准与深刻。

英国学者詹妮弗·罗利也于同年默契地发表了一篇论文，总结了未来网络营销特征为互动、即时、不间断、泛在、个性乃至全球性的“e–communication”模式，广告主在实现以上模式时，其发起任务和运营业务流程都有别于既往的传统营销传播。②

作为数字营销传播研究的前驱，以上学者敏锐的洞察力已为后继学者对此领域的研究打下了基础，彼时技术发展的局限和营销实践的相对缺失，也昭示着伴随着技术发展、赛博空间建构的完善，营销传播理论的梳理将会更为细致与具备针对性。

三、数字营销传播理论的系统建构多由欧美学者推动

如果说在此之前的学者的研究内容多为概念和现象的总结，那么随着网络社会的发展以及相关理论的完善，加之商业模式日益多样化，数字营销传播理论的归纳已具备极强的现实基础。

吹响第一轮号角的是学者莫滕·巴赫·詹森夫妇（2006），他们大胆宣告彼时盛行的“整合营销传播理论”已无法解释其提倡的“在线营销传播理论”，论证了在线营销传播于媒介功能、工具属性两个维度的颠覆性，提出了在线营销传播是传统媒介传播渠道的升维，在工具属性上也完全颠覆了传统广告、促销推广或公关行为的呈现特征。③ 他们虽没有在理论层面提出新的视角与研究范式，但开创性地提出在线营销传播模式的行为已宣告数字营销传播研究的正式到来。

商业发展繁荣的法国也加入了这场新战略传播布局的研究，学者卡森·古劳于2008年提出了“整合在线营销传播”理论，这是基于整合营销传播理论和以上两位学者研究后的新视角，他提出正因为互联网的介入，受众对信息传播的接收方式由单项变成多项、由被动变成主动，所以优化路径也必须从以下六个维度进行调整：①从整合

---

① DEIGHTON J，BARWISE P. Digital marketing communication［M］. New York：John Wiley & Sons Inc，2001：42.

② ROWLEY J. Remodelling marketing communications in an internet environment［J］. Internet research，2001，11（3）：204.

③ JENSEN M B，JEPSEN A L. Online marketing communications：need for a new typology for IMC?［J］. Journal of website promotion，2006，2（1/2）：20.

营销传播的观点出发，协同在线营销传播的多种形式，达到同一性的传播模式；②针对先前传统媒介单一传播形态整合新媒体形态，进而输出协同媒介传播模式；③保持企业内部信息流的网络通畅度；④提高记录与更新消费者数据的动态能力；⑤深化对消费者群体的熟悉和提高开拓新市场的营销传播能力；⑥优化消费数据库的更新迭代能力。[①] 他还针对企业全球化的趋势，提倡企业提高公关能力和跨文化传播能力，进而提出整合在线营销传播的甬道图（见图 2.2）。

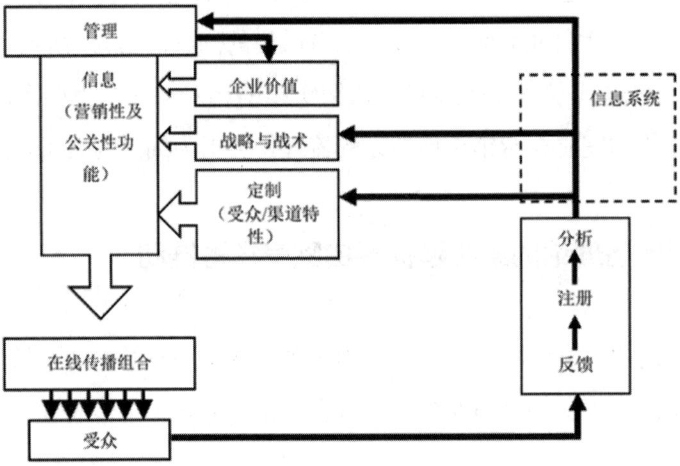

图 2.2　整合在线营销传播甬道图

虽然其提倡的整合在线营销传播是一种脱胎换骨的营销创新，但从其提出的理论框架中，仍旧可以看到整合营销传播对该理论的重大基础作用，也就是说，在阐明研究对象、营销传播困局、媒介解决方案、战略战术实施等层面，该理论迈出了创新步伐，但仍旧有更多需要提升的关键部分未涉及。随着赛博空间的不断完善、商业模式的不断更新、营销传播实践的不断更迭，湿营销、大数据营销、营销 3.0、4.0、5.0 理论等对其进行了更深层次的总结。

“湿营销”由汤姆·海斯等（2010）提出，他们认为目前的营销传播相对传统阶段已经进入了“湿”态[②]，提出了自营销起点、营销过程至效果的多维变迁，营销传播的起点不再是商业竞争的虎视眈眈，而是关注细分诉求的软创意、软合作；营销传播的过程也不再是简单的粗放投放，而是关注群体主动传播与创造信任的社会化通路；营销传播的效果更是兼顾了口碑满意度与整体销售的促进，形成了一种新的营销传播闭环，使

① GURĂU C. Integrated online marketing communication：implementation and management［J］. Journal of communication management，2008，12（2）：169.

② 海斯，马隆 . 湿营销：最具颠覆性的营销革命［M］. 曹蔓，译 . 北京：机械工业出版社，2010：11—14.

消费者愉悦、自觉、主动参与到下一轮的传播行为中。全书列举了较多社会实践中的商业创新，并给予社会学的相关深度剖析，但在营销传播层面并未给出策略类实施路径的改良方案，不可否认，“湿营销”的提法在当时引起了巨大的商业颠覆，注重碎片经济和消费者社区构造的想法受到重视。

大数据营销是维克托·迈尔－舍恩伯格和肯尼斯·库克耶（2013）共同提出的，他们认为消费者数据的存储已经呈现出“一九定律”，即不满一成的数据处于报纸、杂志、书籍等实体媒介中，而超过九成的数据已经存储于互联网端的虚拟媒介中。所以需要对整个营销流程进行改造，从而完善营销传播的整体链路。大数据营销通过收集、分析、执行大量数据结果，用以鼓励客户参与、优化营销效果、评估内部责任等。[①] 大数据可以完成：①消费者洞察；②产品定制化；③推广精准化；④改善用户体验；⑤维护客户关系；⑥发现新市场。其提出的大数据营销传播数字挖掘流程为其后在产业实践中程序化购买、数据中台的建立提供了重要依据（见图 2.3）。

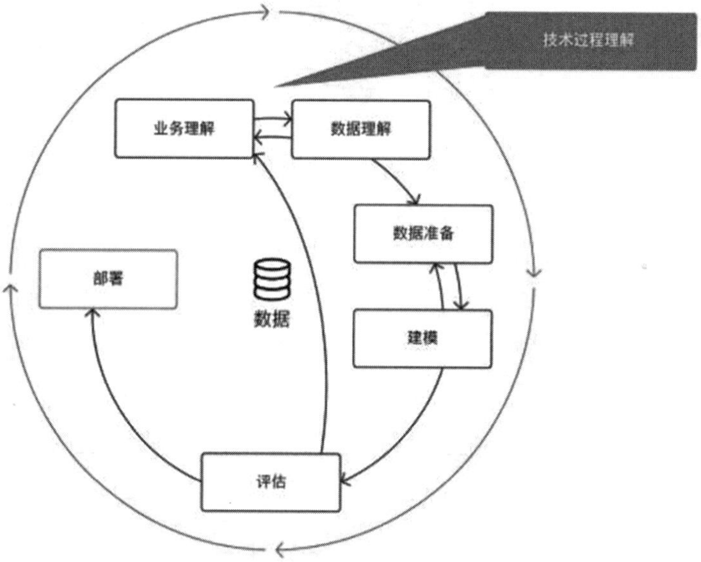

图 2.3　数据挖掘跨行业标准 CRISP-DM 模型

营销 3.0、4.0、5.0 理论是营销学大师菲利普·科特勒与其研究团队提出的。营销 3.0 理论探讨了已经走过的营销 1.0 产品时代和 2.0 客户时代，而迈进了新兴的人本时代，营销传播向着更为人性化的追求和精神满足的层面进发，由于用户的参与性被激活，营

① 迈尔－舍恩伯格，库克耶．大数据时代：生活、工作与思维的大变革［M］. 盛杨燕，周涛，译．杭州：浙江人民出版社，2013：97.

销传播的特征会更多呈现为合作、文化、精神管理。① 无论是针对企业内部员工还是在对外传播层面，都需要将营销传播的重点与中心上升为精神面向的输出。研究团队基于此提出了促成销售的3I理论模型（见图2.4），即通过品牌道德、品牌形象、品牌特性的三边能力构建数字化运营优势。由此可见，当数字营销传播先驱们不断强调数字营销传播与传统传播的差异性时，科特勒首次将品牌的价值进行归纳总结，不但弥补了先前研究中忽略品牌主体性的缺陷，还通过理论的梳理延展了整合营销传播理论，标志着数字营销传播理论的合理化构建。

图2.4　3I理论模型

营销4.0理论则是在此基础上更加强调数字营销传播理论对传统营销传播理论的改造，提出了营销传播的新理论框架，即5A漏斗和3O区域理论②，构建了创新的营销生产力指标PAR(购买行动率)、BAR(品牌推荐率)。5A漏斗理论是在学者E.圣埃尔莫·刘易斯的AIDA模式和学者德里克·D.拉克的4A（了解、态度、行动、再购买）模式之上的了解、吸引、询问、行动、拥护模式。其强调了互联网时代用户与消费者对品牌的好恶不仅在于企业的营销传播，还受到其他消费者、所处物理空间社区、虚拟空间社区的影响，传统意义上的品牌忠诚度、美誉度也进化为了一种拥护的行为模式。从了解到拥护的路径结构可以被具化为3O模式（见图2.5），即通过外部环境、他人因素和自我因素完成5A过程。此内外部高度耦合机制在场景化的移动互联网时代得到了回应与验证。

① 科特勒，卡塔加雅，塞蒂亚万.营销革命3.0：从产品到顾客，再到人文精神［M］.毕崇毅，译.北京：机械工业出版社，2011：39.

② 科特勒，卡塔加雅，塞蒂亚万.营销革命4.0：从传统到数字［M］.王赛，译.北京：机械工业出版社，2018：57—58.

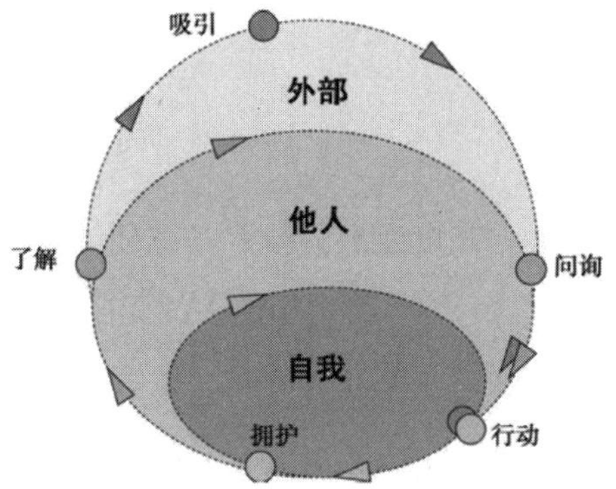

图 2.5　从了解到拥护的品牌：消费者沟通 3O 模式

营销 5.0 理论是科特勒及其团队提出的数字营销传播新理论，他们将 2020 年后的数字营销定义为 DTC（Direct to consumer），即直达消费者的营销时代，基于理论框架 CCDV（Create，Communicate，Deliver Value）和 TM（Target market）为目标市场创造、传达与提供卓越价值，提出了最新的数字营销传播的观点：推动盈利和负责任的公司增长的商业准则才是营销的本质。他们还总结了十项新营销工具，如触点营销、自动化营销、AI、角色营销、内容营销、精益营销等。本书提到未来数字营销传播需警惕景观社会的构建，也受到了触点营销、精益营销的影响。

阳翼所著的《数字营销》一书通过数字营销的概念梳理、发展历程回顾和其价值的论述，融合成功行业案例，详细剖析了作为工具的六种营销方式：社会化媒体营销、移动营销、微电影营销、虚拟游戏营销、搜索引擎营销、电子商务营销。该书作为综述类和教材类读物极具参考价值，也为本书的写作提供了重要的理论支撑。

第二节　媒介进化论的相应延展

谈及传播，自然跳脱不出媒介载体的实在性研究，同样，数字营销传播也跳脱不出数字媒介载体的诞生与演化。当互联网技术与交互电子计算机碰撞后，赛博空间产生，互融的趋势更加紧密。其后，传输基建技术与智能手机的结合更是为个性化精准传播提供了实然载体。传统媒介生态开始松动，融合了新技术的新媒介生态乃至新新媒介生态构建出前所未有的互通路径。[①] 若要观测与研判广告主数字营销传播的演进特征和进化轨迹，必然需要对传播学者保罗·莱文森提倡的系统论进行理论溯源。

① 莱文森．新新媒介［M］．何道宽，译．上海：复旦大学出版社，2011：3.

一、媒介进化论的逻辑起点

在网络原住民时代的今天，高度发展的技术与基建铺设使得信息传播通路多样化，便捷的自主选择成了媒介运用的标配。技术和硬件的无比便捷使我们忽略了物质化的重要性与传播过程的荆棘坎坷，忽略了基于媒介技术的本身特征去探求信息传播的本质，而此点正是媒介进化论的逻辑起点。媒介进化论作为媒介环境学派的重要理论，不仅揭示了媒介作为某种特性与偏向的特征，更揭示了隐藏在具体的技术和传播形态背后的文化权力的斗争与规律。

传播学中关于媒介研究主要存在两大分支：其一为媒介作为载体的中介性研究，此种研究将媒介作用力放大为影响传播效果的主要因素，旨在为传受双方间的交流通路寻找有利的平衡点；其二则将媒介作为主体研究对象，认同媒介自身蕴含的逻辑力量。换言之，则为“媒介技术的产生和发展、各种媒介技术的特性及作用、媒介技术及其发展史同人类社会变迁和文明发展史的关系等”①。因此研究的思想脉络便有了分野，媒介环境学即采用了第二种逻辑起点，将媒介作为本体进行研究。

关于媒介环境学的理论研究可从林文刚的《媒介环境学：思想沿革与多维视野》一书中探寻。媒介环境学的研究对象是具体媒介，研究内容为媒介本身及其所处生态的变迁与规律，也就是说，它弥补了经典传播研究范式中的媒介中性泛化，具象研究某一种或多种媒介及媒介通过技术、渠道、方式、过程及主体人的内部感知与外在行为产生的互动。媒介在此处不仅可以被理解为传播的工具，用以传递信息，更被看作塑造了一种令主体人产生感知、思索、体验、确认的拟态环境。

媒介环境学派发轫于20世纪30年代的美国，直至20世纪50年代才形成研究的初级体系，前期在语言学家本杰明·李·沃尔夫、符号学大师苏珊·朗格和社会学家刘易斯·芒福德的推动下得到了众多学者的关注。因奠基者们有多学科的研究背景，便注定了媒介环境学派的多维视角。媒介环境学派的第一代旗手是哈罗德·伊尼斯和马歇尔·麦克卢汉。他们关注媒介及其携带的信息，并将具体媒介归类为带有指向性的偏向媒介，如在《传播的偏向》中，伊尼斯具体分析了媒介的时间偏向与空间偏向，时间偏向的媒介作为记载历史的传承性媒介促进社会人对既往的研究，空间偏向的媒介易传输但较难长久贮存的特征，昭示着共时性知沟的存在其实是有一定消弭渠道的。正因媒介

---

① 张咏华. 媒介分析：传播技术神话的解读［M］. 上海：复旦大学出版社，2002：1.

偏向的差异，媒介传播也分为了书面传播与口头传播两种形式，前者侧重于时空偏向，后者侧重于空间偏向。所以在《帝国与传播》一书中，伊尼斯反复强调社会的发展应当协同两种偏向媒介，否则既不会带来帝国长久时间内的稳定执政，也不会带来帝国疆域领土与子民臣服的双重扩张，这种媒介的时空逻辑也深深影响着其后该学派学者的学术观点建构。

作为伊尼斯学术观点的忠实支持者，麦克卢汉更是为其理论作出了科学性的延展，在《理解媒介：论人的延伸》一书中提出了感官偏向论，即根据媒介与受众之间互动需要调动的感官差异，而将具体媒介划分为“冷”与“热”。冷媒介指的是因为媒介自身信息的模糊性与携带信息量小，从而需要调动受众更多感官的参与，如电视、电话等媒介；热媒介则指的是因媒介自身信息的清晰性和携带信息量大，而较少需要调动受众感官参与的媒介形式，如广播、电影、照片等媒介。此种媒介分类的方式是在对立的比较视角中形成的，自然因传播内容的差异、相互对比的媒介差异而造成冷热媒介划分的边际模糊，这也是后世对其媒介分类产生怀疑的原因。但其开创性地提出“媒介即人的延伸”“媒介即讯息”（1964）等观点，为其后媒介环境学派学者的研究夯实了理论基础。

媒介环境学派的第二代旗手则为尼尔·波兹曼与詹姆斯·凯瑞等人。1970年时任教授的尼尔·波兹曼在纽约大学建立了第一个媒介环境学博士点，标志着媒介环境学专业学术地位的合法性的确立。尼尔·波兹曼在充分理解电子技术对社会推动的同时，从技术悲观论的视角在《童年的消逝》《娱乐至死》等书中抒发及缅怀传统印刷媒介时代的美好，并警示电子媒介所带来的人与社会的某些异化。詹姆斯·凯瑞也深入剖析媒介特性，在伊尼斯与麦克卢汉的研究基础上，他更关注媒介背后的技术隐喻，认为媒介技术不光可以被实体化工具性利用，还可以作为具有框架的文化系统进行研究，进而提出“传播的仪式观”[①]，认为传播不仅是信息传递的过程，更是维系社会关系变迁与推动社会生活进程的重要仪式。但他们的研究多是对前任学者已有研究领域的细化，所得出的创新性观点只是对前人研究的某些改写，在充分肯定其有创见的研究成果之上，还需要认识到由于表述方式与论据链的略有不完整，而产生的后继学者研究的偏差与误读[②]。

---

① 凯瑞．作为文化的传播：“媒介与社会”论文集（修订版）［M］．丁未，译．北京：中国人民大学出版社，2019：77.

② 郭建斌，程悦．“传播”与“仪式”：基于研究经验和理论的辨析［J］．新闻与传播研究，2020，27（11）：21—36.

第三代旗手则为梅罗维茨、保罗·莱文森和林文刚等人。梅罗维茨在《消失的地域：电子媒介对社会行为的影响》中提出了媒介情境论，在充分吸收了拟剧理论的基础上，他认为媒介的变迁塑造了社会环境的变迁，进而对人的互动行为产生了影响，由此勾勒出了电子媒介与社会行为互动的紧密性①。保罗·莱文森是梅罗维茨的同门，师从尼尔·波兹曼，他以《人类历程回放：媒介进化论》而大放异彩，究其本源在于他引入了生物学的进化论观点，通过梳理人类进程中的媒介发展，归纳出玩具—镜子—艺术的进化路线。此外，他预判性地提出了媒介的三大趋势：其一为越发贴合人性的趋势；其二为媒介的"补偿性"，一种新的媒介产生会对前一种媒介的某些特性进行补偿②；其三为软媒介决定论，即媒介往往较少直观地促进社会事件产生变革，它们只能为事件的发展提供某一方面的助力基础，而不能起到决定性作用。林文刚在先前学者的基础上编纂了媒介环境学派的人物简史与研究结果汇编，总结归纳了三大媒介环境学派的研究命题③：其一为媒介的物质结构与符号特征的作用；其二为媒介的偏向性；其三为媒介的偏向性的作用后果与产物。

综上所述，媒介环境学派对具体媒介的关注和审视以及对媒介史的梳理与观照都对本书起到了重要的借鉴作用。

二、保罗·莱文森媒介进化论的内涵

作为尼尔·波兹曼的学生，保罗·莱文森在吸收老师和老师挚友兼前辈麦克卢汉的思想精华后，对既有理论进行了批判与革新，他也被美称为"数字时代的麦克卢汉"。麦克卢汉以其惊人的明喻与暗喻能力提出过几大重磅观点，如"媒介即讯息""地球村""后视镜"等，而擅长逻辑推演的保罗·莱文森依据时代发展的规律对其进行了相应改造。他延展了"媒介即讯息"的适用性，提出了网络媒体是多维媒体的组合，不仅网络媒介是讯息内容，参与上网行为的网民也是讯息内容之一，同时他摒弃了麦克卢汉的技术决定论观点，认为人的主体能动性超越了技术的支配力。此外，他认可"地球

---

① 梅罗维茨 . 消失的地域：电子媒介对社会行为的影响［M］. 肖志军，译 . 北京：清华大学出版社，2002：10.

② 莱文森 . 思想无羁：技术时代的认识论［M］. 何道宽，译 . 南京：南京大学出版社，2003：284.

③ 林文刚 . 媒介环境学：思想沿革与多维视野［M］. 何道宽，译 . 北京：北京大学出版社，2007：30.

村”的说法，但因互联网技术的介入，又提出互动的多元地球村模式。如果说，麦克卢汉强调的是媒介带来的单向传播部落，那么保罗·莱文森所认同的则是更为高阶的主动参与者的多元互动传播村落。通过梳理保罗·莱文森的学术轨迹和基本逻辑起点与理论基调，媒介进化论的核心观点有以下三点。

（一）媒介补偿性理论

在庞杂的媒介生态中，信息从生成、扩散到尘埃落定的过程并不因受众的态度和心理变迁而变化，而是媒介的传播节点、叙述方式和证据链的搭建完成了一整套意义的输出与共享。公众对公共事件的判断与推论，除体认外皆基于媒介信息的供给，媒介构建出的生态环境中信息的需求不能被当下受众所完全满足，因此会出现需求—满足之间的差距，此时就会伴生所谓的“补偿性媒介”。

保罗·莱文森用窗子这一物质性媒介形象地描绘出补偿性媒介的产生与变迁。远古时代的先人们为了躲避风、雷、雨、电等自然灾害而建立了房屋这一媒介，房屋可以满足人类遮风避雨、存储食物、休憩休闲的诸多需求，但是封闭的房屋又有其不好的一面，那便是关闭房门后，阻隔了外界的光、气与视线，于是先人们在房屋中挖凿出一块通风的洞口，用以连接外界世界。但问题接踵而来，洞口既无法阻挡暴雨与天气潮湿的蔓延，又无法阻止刺目阳光的入侵和高温的暴晒。经过了一轮又一轮的试错与调整，窗子这一媒介诞生了，“它为房屋做了洞所能做的一切，但在天气恶劣时，却没有洞所带来的任何问题”。这样创新的结果往往带来更多的问题，窗子虽可以自由控制开关，灵活解决流通空气还是封闭环境的多样选择问题，但透明的结构又给房屋内的居民带来了困扰，透过窗子外部可以清晰地观察屋内世界，也就是说隐私在此毫无避忌，于是补偿性的媒介即窗帘出现了，窗帘既可以遮蔽私密空间，又可以结合窗子的开放性带来想要的光与视线，这表明人类的主动实践往往在无意识的情境下作用着媒介进化的结果。

至此，保罗·莱文森提出补偿性媒介的出现并不使被补救的媒介消失，而是在补偿的同时与前一种媒介融合共存，进而实现媒介更加向人文主义发展，这就与其提出的媒介人性化趋势的理论相互呼应。

（二）媒介人性化趋势理论

保罗·莱文森引入生物学中的进化论，尝试理解媒介发展的进程。他认为媒介生态中也存在物竞天择、优胜劣汰的法则。无论人类如何选择和创造媒介形态，都只是在满足其不断进化的需求，在清晰认知身体所需后，创新性地改造媒介。人性化趋势的选择原则被保罗·莱文森界定为两种：其一为媒介发展作为人类身体延伸的进化超出了传统生物学中的进化范围；其二为在历时性的媒介选择进化中，“我们渴望回到我们昔日自然传播的故乡，虽然我们在延伸的过程中超越了这个故乡”①。同样，他通过20世纪前半叶广播媒介的进化来阐释人性化发展的趋势。彼时，广播和无声片是家喻户晓的媒介形式，广播可以输出语音类内容，无声片可以输出视觉效果内容，但当电视媒介出现后，广播并没有灭亡，反而发展了更多的形式，而无声片落下了帷幕，这是因为关注视觉而忽略听觉的媒介并不存在更多贴近人性化的发展趋势，视觉和听觉作为自然界普遍存在的生物感官，于媒介进化而言，只有不断融合提升才能在社会环境的和谐发展中复刻、再现世界。

所以，“动态摄影的办法使时间人性化。同样，电脑使数字人性化，望远镜与显微镜使距离和空间更加具有人性的温存”②。媒介的发生与发展并不完全由技术在单方面偶然推动，更多地受到人类主体性的影响，当需要延伸人类的某一效率（无论是本能还是附带）机能时，媒介的进化必然发生，而无论此种进步带来何种缺陷与不足，都会因人性化的趋势，调动更多的理性选择机能进行完善。

（三）软媒介进化论

此外，与尼尔·波兹曼和麦克卢汉秉承的硬媒介决定论观点不同的是，保罗·莱文森修正了媒介决定论，他认可媒介的“软”作用力。“有些媒介学家认为信息系统对社会具有必然的、不可抗拒的影响，他们称这种关系为硬媒介决定论。……理智地讲，媒介很少产生绝对的不可避免的社会结果。相反，它们提供事件产生的可能性，事件的状态和影响是诸多因素的结果，而不仅仅是信息技术的结果。媒介学家称这种关系为软媒介决定论。”这就与技术哲学对媒介特性的解读不谋而合，媒介作为人性化趋势的补偿性产物，其一定与此时对应的社会环境产生勾连关系，并进行不断的试错调整与更新。媒介的发展进程并不支配性地决定社会存在，相反只是为社会进程提供一种可能性的途径，在此过程中对非完美的媒介进行补偿性促进，这种补偿性的媒介并非全能性地解决被补偿媒介的困境，而只是在某些具体层面有所提升。也正因为这种无法预测和非完美

① 莱文森．数字麦克卢汉：信息化新纪元指南［M］．何道宽，译．北京：社会科学文献出版社，2001：73.

② 莱文森．思想无羁：技术时代的认识论［M］．何道宽，译．南京：南京大学出版社，2003：177.

机制的存在，使得人类的理性选择与感性需求达到平衡。

保罗·莱文森的媒介进化论所强调的媒介补偿性原则、人性化趋势、优胜劣汰的前后进化逻辑，恰与我国广告主数字营销传播的阶段特征存在较大的吻合性。数字营销传播技术在发展与进步中模仿和复制人的感知机制、认知模式，个体人也对其进行主动情感选择与理性操控，实现表达自我和呈现世界的基本诉求。

第三节　广告主数字营销传播分期及演进模型假设

中国广告主的数字营销传播从数字媒体的运用开始，直至今日已经取得了较大的进步，这种进步是理论与实践共同作用的产物。从中国广告主 1995 年的第一条数字广告投放开始，这段数字营销传播演进脉络就体现出与他国有差异的我国特色。这段至今二十六年的发展史，涵盖了国家、行业、企业、个人的发展历程。

一、经验：相关文献的分期依据与标准

对数字营销传播史的划分，必然离不开划分依据与标准的确定。如文献综述所言，笔者在参考了相关成果的阶段划分后，引入了媒介环境学中的媒介学研究理论，结合我国不同时间节点中包括经济环境、政策法律、社会文化在内的社会情境，结合包括技术环境、媒介物种、广告传播形式在内的传播模式，并通过广告主营销传播的组织形式、工具手段、方法论的实际传播矩阵和人性化补偿机制等四个维度来划分相应的阶段与特征。

梳理文献发现，对阶段的划分主要存在以下三种类型：

第一种为以五年或十年为一个区隔阶段的自然年份划分法。余虹（2000）等编著的《中国当代广告史》以五年为一个阶段，论述了中国大陆广告的复兴与早期探索期的广告行为。许俊基（2005）主编的《中国广告史》一书在论述当代两岸广告史部分时，以 20 世纪 80 年代和 90 年代的十年区隔进行区分，剖析了港澳台广告的发展历程。胡百精（2013）撰写的“中国现代公共关系三十年（上、中、下）”系列论文对我国公共关系进行了回顾。黄升民（2019）等编著的《中国品牌四十年（1979—2019）》则将品牌的升级竞争期、繁荣发展期界定为两个十年。吴晓波（2017）编著的《激荡四十年》更是通过十年一轮的事件梳理总结出了中国发展四大动力。此外，还存在以党的重要会

议精神为区隔的划分，但这种划分较为简单粗暴，虽在论述上有较多文献可以参阅与总结，但忽略了除政治因素外的其他因素带来的影响，尤其在经济发展日新月异的我国环境中，并不契合客观发展的脉络。

第二种为产业视角划分法，主要依据产业结构的调整进行划分。这种划分关注到实际产业结构发展的变动，并将其纳入整体社会环境的变迁，从而具备了宏观视角与较为开阔的分析视野。例如，黄艳秋和杨栋杰（2006）的《中国当代商业广告史》，通过产业发展的区别，将中国当代商业广告发展划分为四个阶段，首先是1979—1982年的复苏机遇期，在此阶段广告逐渐以正向印象深入消费者心中，且广告业开始了大规模的恢复与再发展；其次是1983—1991年的成长期，伴随着基本广告业务的流通，广告市场的运作模式开始逐渐确立与快速成长；再次是1992—1997年的繁荣期，伴随着广告业的不断发展，繁荣必然带来投机，所以此阶段的广告监管成了规避风险的重要硬性基础；最后是1998—2006年的再深化期，伴随着产业需求与市场发展的呼唤，人才教育与相关法规都为其保驾护航。可见，产业视角划分具备一定的可借鉴性，因为产业发展必然与当时社会整体运行环境相契合，而营销传播行为主要依靠经济产业的发展。

第三种为标志性事件的突变划分法，如余明阳（2007）等编著的《中国公共关系史（1978—2007）》将近三十年的历程划分为八个阶段；国际广告杂志社、北京广播学院广告学院、IAI国际广告研究所合著的《中国广告猛进史：1979—2003》一书也因为行业增长的差异性、市场变迁的突发节点事件，而将1979—2003年这二十四年划分为五个阶段；陈刚在《当代中国广告史：1979-1991》（2010）中也将1979—1991年的变革依据经济因素与产业变迁分为自然发展、混合探索和自觉反思三个阶段，归纳出从经济恢复到混合制探索再到自主进取的特色路径。但是不同行业的标志性事件不具备可脱离整体环境发展的特征，所以在面对不同阶段政治、经济影响时，对每个阶段的特征归纳和命名都有很大的挑战。例如，《中国广告猛进史：1979—2003》中的论述将1983—1985年与1992—1994年两个阶段的特征归纳为“高速”和“超高速”，就明显带有一定的主观性，也不易让其他学者迅速抓取到此阶段的独特属性，不利于其后的深入研究。

因学者对史料掌握的充分度和吸收程度的差异，故选择不同时间区隔进行历史研究的阶段划分标准尚不能得到所有学者的一致认同。也正由于学者们对分期标准的研究各有不同，进而构成了我国营销传播、广告史研究的百家争鸣。

二、体系：中国广告主数字营销传播的分期依据与标准

通过梳理以上文献与实证研究，本节对广告主数字营销传播的分期依据采用了第三种标志性事件的突变划分法。笔者认为，中国广告主数字营销传播作为母系统，其子系统分别为社会情境、传播模式、广告主传播矩阵与人性化补偿机制。这里并未将消费者纳入子系统环节，是因为研究已经在社会情境中将其作为行为人进行考察，并关注到社会情境对其产生的无论是消费心理还是消费行为的作用力。

（一）社会情境子系统

社会情境由社会学家 R.E. 帕克等人提出，是融合了生物学理论的创新成果，是指人类社会也是一个大型生态系统，作为生态系统中的主体人需要与此系统中的政治法律环境、经济环境、文化道德环境等保持和谐平衡的状态，一旦失衡则可能会带来颠覆性后果。[①] 它并不简单地被理解为社会环境，而是社会环境作用于社会主体人，从而产生相互作用力的部分。

笔者认为社会情境中的经济环境、政策法规、社会文化等要素对中国广告主数字营销传播发展起到了极大的约束与推动作用。经济环境体现在 GDP（国内生产总值）、社会消费品零售总额与公众的消费观念等多方面；政策法规体现为自 1992 年市场经济的全面推动、加入世界贸易组织（WTO）的全球化布局、1994 年触达世界互联网的举措，包括规范广告行业发展的《中华人民共和国公司法》《中华人民共和国广告法》《禁止传销条例》等，也包括国家整体财政政策、货币政策、价格政策的调整，这些都会对数字营销传播活动产生影响；文化道德环境则是指社会文化的变迁会对消费者的世界观、人生观、价值观、消费观产生不同影响，处于同一社会情境中的主体人也会产生不同的观念行为，处于不同文化背景、不同年龄的消费者，其生活消费方式与观念必然会有代际差异。

实际上，从 1995 年中国广告主发布的第一条互联网广告开始观察，社会情境可以分为三个重要阶段：① 1995—2009 年，我国处于社会主义市场经济的红利期，GDP 增长额不断飙升；② 2010—2015 年，在经历了逐年经济增长率破 10% 的疯狂生长期

---

① 帕克，伯吉斯，麦肯齐 . 城市社会学：芝加哥学派城市研究［M］. 宋俊岭，郑也夫，译 . 北京：商务印书馆，2012：47.

后，我国社会情境转为理性发展期，公众的消费观念、受教育水平都有了极大的提升；③ 2016 年至今属于社会情境加速转型期，不确定性成了社会情境的主要特征。

（二）传播模式子系统

人类历史的发展在人与社会的互动关系中演进，媒介则在其中起到了交互信息流通的重要作用，无论是新闻讯息还是商业讯息，都构成了受众与外在实然世界之间的传播生态和传播模式。戴维·阿什德总结了传播模式变迁的维度，并在《传播生态学：控制的文化范式》中认为，传播模式在最宽泛的意义上指的是信息技术的结构、组织和易接近性，各种论坛、媒介和信息渠道。[①]

传播模式也有三个重要发展阶段：① 1995—2009 年，互联网技术的推动使得传播媒介的形态发生了变迁，网络技术与电子计算机的结合诞生了 PC 互联网的传播模式，为公众提供了接入网络的可能和主动选择的机会，虽发展动力十足，但这个时代还是以大众传播模式为主的时代。② 2010—2015 年，社交平台的成熟造就了新型社会网络，公众的交流空间有了新的延展。尤其是以微博为代表的弱关系陌生人社交网络和以 QQ、微信为代表的强关系熟人社交网络，对广告主数字营销传播提出了前所未有的创新要求，依托线上关系建构的数字营销传播模式崭露头角。③ 2016 年始，移动智能客户端，如手机、平板电脑的普及又催生了移动端的加速传播模式，大众传播有了更为细致的大众自传播转向。随时随地获取信息、传递信息的时空加速变迁意味着广告主与消费者沟通的链路发生了变化，故而数字营销传播的变动也进入了加速的场景构建期。

（三）广告主实际数字营销传播矩阵子系统

广告主实际使用手段 / 工具与母系统息息相关，此部分论述也是本节实证研究所独有的优势。广告主实际数字营销传播矩阵是多重作用力下的应激反应，以此可以观察我国广告主数字营销传播进程的整体节奏。通过历时性的调研得出数字营销传播矩阵变迁，更好地与其他三个子系统进行横向和纵向的交叉对比，从明线上观测母系统的演化逻辑。实际上，广告主传播矩阵也有了分阶段的明确指向：① 1995—2009 年，广告主传播矩阵重在以一种摸索属性进行不自觉的数字营销传播尝试。② 2010—2015 年，广告主数字营销传播矩阵有了清晰指向，那便是大人际关系网的建立与铺开。③ 2016 年始，移动时空的建构成为广告主获取公众注意力的新矩阵要素，尤其伴随着

---

① 阿什德 . 传播生态学：控制的文化范式［M］. 邵志择，译 . 北京：华夏出版社，2003：2.

社会情境、传播模式的加速，短视频、直播成了投放的标配。

（四）人性化补偿子系统

广告主期待的数字营销传播技术和手段其实是在发展与进步中模仿、复制并贴合公众的感知机制与认知模式，实现消费社会中表达自我和呈现个性的基本诉求。也就是说，社会情境、传播模式、广告主实际传播矩阵都兼具了人性化补偿的特征要素。这种人性化补偿机制既反映了人与媒介可供性的满足程度，也深刻体现了人与组织间的牢固程度，更体现了人—社会的交流逻辑。归根到底，“人”是广告主数字营销传播的尺度。

鉴于此，本书明确地将广告主数字营销传播的分期做如下判断（见表 2.1）。

表 2.1　中国广告主数字营销传播分阶段示意表

分期阶段	分期名称	分期特征属性
1995—2009 年	广告主数字营销传播的传统与面临的冲击	1. 从互动到互构 2. 社会情境子系统作用力显著
2010—2015 年	新型社会网络重构广告主数字营销传播	1. 从互构到互融 2. 传播模式作用力显著
2016 年至今	社会加速再激活广告主数字营销传播	1. 从互融到精准 2. 人性化补偿机制作用力凸显

三、模型：中国广告主数字营销传播演进系统的提出

通过四个维度的分阶段梳理，笔者建构出广告主数字营销传播的演进系统（见图 2.6），用以对广告主数字营销传播的发展历程与未来趋势作出清晰研判。

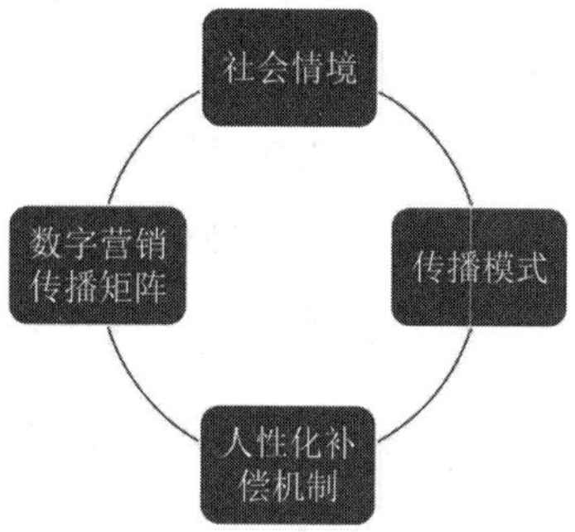

图 2.6　广告主数字营销传播演进系统

首先，我国广告主数字营销传播系统是由四个子系统共存依附的，它包括社会情境、传播模式、广告主数字营销传播矩阵与人性化补偿动力四个维度。这四个子系统的出发点都是以人为本。社会情境不同于社会环境，它强调的是社会客观现实对个体产生心理联结的部分；传播模式也是勾勒人—媒介—社会关系的统合；广告主数字营销传播矩阵更是因消费者的媒介偏好

与习惯和信息需求而产生变动；人性化补偿机制则基于人类个性差异与共性特点，在漫长的发展历程中不断彰显其作用力。

（一）四子系统贯穿系统构建的始终，但每一阶段作用力不同

1. 社会情境从制约到服务，在第一阶段作用力显著

刘小元和林嵩根据对个体创业倾向的研究提出社会情境对行为的建构力，并将社会情境分为家庭情境和社会网络两个变量。[①] 珀索德和希洛为了从社会情境中挖掘出环保产品消费的影响因素，将其分为社会认同和社会影响两个变量。[②] 社会情境具体内容的划分主要依据研究对象及其所处的具体外部社会环境。结合城市居民参与垃圾分类的研究需要和所处的外部社会环境，张启尧等将社会情境分为政府政策和社会规范两个变量进行观测。[③] 李晨宇分析企业营销传播进程时提出社会环境的建构力。[④] 张驰分析中国品牌发展动力机制时，也将社会情境中的生产力、消费力作为主要社会情境进行分析。[⑤] 本节将社会情境的概念化操作类目分为经济情境、政策法规情境、社会文化情境三个维度进行分析。

2. 传播模式从微弱影响到自主引导，在第二阶段作用力显著

传播模式体现的是传受双方间的流通过程与信息交互方式。在传播学研究中，因为特征、主体的不同而划分出不同的传播模式，用以体现关系维度的变迁。早期建立起的模式则为单向传播模式，它是一种自上而下延迟反馈的基本模式，随后双向互动的拉斯韦尔 5W 模式成为基本模式之一。总体而言，传播模式具有两种分类：其一为强调结构化过程的模式，其二为强调结构化构成元素的模式。但无论何种面向，传播情境在广告主数字营销传播进程中始终扮演着极为重要的角色，分阶段特征也呈现出从微弱影响到自主引导的变化。

3. 广告主数字营销传播矩阵从不适到调和，在第三阶段作用力显著

广告主数字营销传播矩阵实际上显示的是广告主对数字营销传播的敏锐程度与自我

---

① 刘小元，林嵩 . 社会情境、职业地位与社会个体的创业倾向［J］. 管理评论，2015，27（10）：138—149.

② PERSAUD A，SCHILLO S R.Purchasing organic products：role of social context and consumer innovativeness［J］. Marketing intelligence & planning，2017，35（1）：130—146.

③ 张启尧，羊芷青，严兰萍 . 社会情境对城市居民垃圾分类参与意愿的影响研究：以南昌市为例［J］. 石家庄铁道大学学报（社会科学版），2021，15（1）：28—35.

④ 李晨宇 . 中国企业营销传播的发展轨迹研究（1979—2013）［D］. 北京：中国传媒大学，2014.

⑤ 张驰 . 改革开放以来中国企业品牌成长的历史演进与宏观考察［D］. 北京：中国传媒大学，2020.

感知，主要体现为数字营销传播战略的布局，如对渠道的运用与选择，对媒体的投放与运用，对合作与支撑机构的态度与举措，传播手段的运用，与其他主体间的合作与竞争关系。广告主数字营销传播矩阵的特点是秉承效能最大化的原则，但从早期传播模式与社会情境方面来看，都存在一定的不可满足性。随着技术的推进，广告主实际数字营销传播矩阵的选择与运用越来越彰显出我国独具特色的一面。

4. 人性化补偿特征对数字营销传播的作用力不断彰显

人性化补偿特征其实贯穿于数字营销传播始终。就横向视角而言，在我国的社会情境中，经济发展、政策法规都是以人为衡量尺度的，无论是规范还是服务，都是为了更好地将社会人的属性发挥至正向最大化。传播模式也是通过不断矫正大众传播、组织传播、人际传播的弊端而向着规范的大众自传播模式演进。数字营销传播其实也是伴随着技术的作用力产生了传受关系演进的人性化趋势。

就纵向角度而言，在历经人际传播的口语传播时代、电视为王的大众传播时代后，我们向着集约化、精准化的人际传播演进。伴随着技术的革新，大数据、云计算更多地介入广告主数字营销传播过程，在不断革新旧有营销传播概念、终端、流程、工具的过程中，受众地位不断抬升，主动、灵巧、实时、移动的“遥在式”传播时代来临。① 在这种信息需求及时反馈、信息通路多元融合、效果测量即刻校正、终端体型便携轻快、传输内容个性美观的发展成果中，人性化补偿的特征日益明显。

（二）广告主数字营销传播进化论遵循了玩具—镜子—艺术的规律

我国广告主数字营销传播进化论符合并延展了媒介进化论中的“玩具—镜子—艺术”规律。保罗·莱文森在媒介发展历程中将技术的初期应用归纳为“玩具”的特性。技术在初期使用中总是因人类对其价值未全面认知而停留在只能为人类提供娱乐的“玩具”属性层面。数字营销传播起初作为品牌与消费者互动交流的补充方式，其依赖的媒介凸显出产品 / 服务信息的强大作用，而传递的包括情节、创意、文化旨归在内的信息内核退居幕后，它们只是为某种媒介增加趣味性的工具。正如消费者在乎的是在线搜索平台对搜索内容的信息转化，而广告主在乎的是硬广类营销信息传播具备眼球效应的曝光体验，所以，此阶段数字营销传播往往被广告主当作“玩具”予以尝试。

保罗·莱文森在介绍技术的最终图景时使用了“艺术”的概念。它不是前两阶段的最终进化，而是依托玩具—镜子的演化逻辑形成的观赏性结果。比如，剪辑艺术的诞生

---

① 操瑞青 . 选择媒介：解读媒介进化中的人类需求与技术影响［J］. 新闻界，2014（7）：4—8.

正是乔治·梅里爱无意中的创举。他在1898年录制现实类素材时，机器偶发故障导致了胶片的断裂，他继续使用断裂前后的两部分胶带完成了电影录制，却意外地发现断裂的胶带造成了两种场景的切换，于是剪辑艺术诞生。广告主数字营销传播的未来图景也应呈现此种发展模式。营销信息在尝试镜像反映社会现实的同时，依托不断更新的“玩具”性媒介形态与方式的试错，延展出某种场景艺术等创新型艺术模式的诞生。

研究我国广告主数字营销传播的旨归，其实印证了数字营销传播所建构出的消费者与商业社会间的信任，而商业主体信任是社会信任的重要组成部分。合理化的数字营销传播路径会促进社会行动方向的正向前进。

第三章

从互动到互构：数字营销传播的传统与面临的冲击（1995—2009）

“传统”“冲击”这对充满了学术想象的词汇自有其来源，它们是社会学常论述的概念。马克斯·韦伯在论及这对概念性词汇时，是通过现代性的特征进行划分的，其中包括对待世界的精神层面和实然的对应举措。在传统社会时期，公众处于愚昧的精神世界，陷入了一种祈祷神灵与巫术信仰的先验领域，而具备冲击的现代社会是一个“祛魅”的过程，公众通过理性化的思维方式看待客观存在的世界，对科学与技术的追求超越了此前的不可知论神秘学范畴的信仰。我国1992年的经济体制改革无疑为其后数十年经济和文化的日新月异搭建了发展框架，于2001年加入世界贸易组织又为外企在地化提供了基础，在夹杂着国际企业、本土企业的整合环境下，我国广告主也因1994年接入世界互联网的科技步伐而产生了由保持传统到面临冲击的变化。本章将以1995年中国广告主第一条数字广告为数字营销传播的起点年份展开论述，在这段学习海外并不断摸索自身独特发展道路的阶段，广告主开始在互动的社会情境、传播模式背景下，尝试通过主动创新整合，打破单一结构性传播理念，完成互构的创造性思维与营销传播矩阵的建立。本章将分别从社会情境（经济环境、政治法规环境、社会文化）、传播模式（受众位置、技术环境）、广告主实际传播矩阵（战略布局、传播手段、合作矩阵）等方面来探讨此阶段，从而体现从互动到互构的阶段特征。

第一节　互动的社会情境决定互构的传播方式

我国在20世纪90年代中期正式开启互联网时代。一种新的媒介技术在给人们带来无限想象与惊喜的同时，也在逐步改变着很多相关产业的发展趋势，其中就包括数字营销产业。如同印刷机或锄犁农具、打字机或桌椅、电话或飞机，互联网及数字计算机都是媒介技术的工具载体。但是互联网既非理念，也非知识；既是热情，也是一种价值；是人类迫切联通的智慧，更为其后多产业融合发展赋予了重大的基建意义。

回顾1995—2009年的这15年，互联网从起步到逐渐融入社会生活、产业、管理等各方面，互联网的出现的确改变了我国当时的社会情境。温家宝在2005年即互联网引入中国的第一个十年论及互联网政务的重要性，足以说明互联网强大的动力供给。他认为若不是互联网构建出人民网、新华网、搜狐网等民意反馈平台，便很难出现可容纳数万条对政府意见与建议的交流平台，中国整体的社会生态也不会发生如此巨大的变化。正是这种互动的社会情境决定了互构的数字营销传播逻辑。

一、全球化经济环境提供互构保障

1994年4月20日是我国二十四节气中的谷雨，谷雨寓意“雨生百谷”，庄稼作物能茁壮成长。在当天，由国务院牵头，数百名工程师搭建的中关村网络工程全面建成，标志着我国可以通过.cn的代码域名与全世界进行互动。此阶段由欧美领头的互联网产业发展成果深刻影响着我国的整体发展。

（一）国外产业发展提供先驱参考

1990年，美国克林顿总统就为互联网产业化提出了一条可供探索的道路，即通过互联网的民用商业化推动产业发展，实施基于互联网技术的“信息高速公路”战略。以硅谷为代表的产业聚集群为当时我国的发展提供了重要的参考价值。

一项技术的早期创新结果往往掌握在少数人的手中，在洞察到产业发展巨大价值的基础上，马克·安德森与吉姆·克拉克开启了创新的先河。1994年他们基于Web技术研发出Netscape网页浏览器，将互联网世界的大门向民众敞开。他们为互联网网民提供了便利的浏览器接入服务，但是由于前期创新技术的巨大投入，浏览器应用不得不采取收费的方式，这就大大提升了网民互联网的接入门槛。微软公司在此时应运而生，它通过大规模的技术研发，试图开发一款免费的网络浏览器应用，并建立自己的互联网生态系统，这也是 21 世纪前夕两大公司在网民之间的一场著名的商业争夺战。显而易见的是，微软公司通过创建 Windows 系统生态，并搭配浏览器服务的方式获得了大量早期网民的青睐。便捷、廉价的系统生态构建不仅满足了消费者互联网接入的需求，还完善了单机应用服务，获得了巨大的消费者市场。面对此景，Netscape 不得已进行了降价调整的浏览器获客服务。但消费者已经被便捷、成熟的微软生态系统所抢夺，回天乏术的 Netscape 在 21 世纪初被资本并购重组。

雅虎公司也是互联网技术诞生初期的显赫贡献者，被誉为互联网航海时代的海贼王。[①] 它重创互联网行业初期内容付费的惯例，与 Netscape 不同的是，它为消费者提供了无门槛的上网活动，包括电子邮箱、自动检索服务等。此外，它也是早期垂直类门户网站发展的雏形，其创造出的互联网配套服务影响了中国早期的互联网商业结构。我国的新浪、网易、搜狐三大门户网站都是效仿雅虎建立起早期市场优势的，这从搜狐的中文域名“Sohu”效仿雅虎的“Yahoo”可见一斑。

互联网初期产业的发展必然有其独特的盈利模式，于是存在两种基础性服务。第一种盈利模式是最直接的方式，即广告服务盈利。这里就不得不提到谷歌公司，它是目前世界上最大的互联网广告公司，以搜索引擎中的竞价排名模式而闻名，彼时其创新地位的树立就在于通过互联网的媒介作用，将广告主想要投放的广告信息与使用搜索引擎的消费者进行精准匹配，通过消费者的自助搜索进而与付费给平台的广告主信息进行匹配，自动推荐相应的广告信息内容，这也为后期我国的搜索引擎营销奠定了重要基础。

第二种盈利模式为电子商务。1995 年 eBay 公司上线，它最初的互联网形态为类似线下跳蚤市场的网络二手交易平台，主要是为消费者提供自主交易的电子渠道，从而收取作为中间商的代理费用。随着消费者的大量涌入，eBay 不断调整业务类型，开设了自有商业交易服务，并为中小、小微消费者提供创店经营服务。它的创举就在于成功地将线下消费的形式平行开拓至互联网端，并及时匹配了一套公平的互联网交易机制，通过消费者与卖家的双向互动打分，建立起循环性的口碑效应。于今天而言，我国的阿里巴巴集团、京东集团也是其开创的商业模式的较大受益者。

---

① 吴军．浪潮之巅［M］. 3 版．北京：人民邮电出版社，2016：193—224.

（二）我国的经济发展逐渐步入正轨

始于 1992 年的社会主义市场经济体制改革为我国的经济发展作出了方向性的指引。宏观经济的发展对于营销传播活动的影响，已经有很多学者进行过相关的论证，如宋建武在 2006 年已经提出媒介经济和宏观经济之间的相互影响密切，崔保国也依据媒介产业数据提出了宏观经济与传播业的互动发展模型。笔者通过梳理 1995—2009 年的中国宏观经济数据可知（见表 3.1），自 1995 年开始逐年增长的 GDP 与人均 GDP、社会消费品零售总额都证明了我国经济处于稳定发展的正轨阶段，这为我国数字营销传播提供了较大的稳定空间。

表 3.1　1995—2009 年宏观经济指标[①]

年份	GDP（亿元）	GDP 增长率（%）	人均 GDP（元 / 人）	社会消费品零售总额（亿元）	通货膨胀率（%）
1995	60793.7	10.9	5046	23613.8	17.1
1996	71176.6	10.0	5846	28360.2	8.3
1997	78973.7	9.3	6420	31252.9	2.8
1998	84402.3	7.8	6796	33378.1	–0.8
1999	89677.1	7.6	7159	35647.9	–1.4
2000	99214.6	8.4	7858	39105.7	0.4
2001	109655.2	8.3	8622	43055.4	0.7
2002	120332.7	9.1	9398	48135.9	–0.8
2003	135822.8	10.0	10542	52516.3	1.2
2004	159878.3	10.1	12336	59501.0	3.9
2005	183084.8	10.2	14040	68352.6	1.8
2006	211923.8	11.6	16024	79145.2	1.5
2007	249530.6	11.9	18868	93571.6	4.8
2008	300670	9.0	23128	114830.1	5.9
2009	340507	9.1	25608	133048.2	–0.7

1995 年，我国广告产业营业额为 273.27 亿元，至 2009 年，我国的广告营业额为

① 数据来源：根据国家统计局数据整理。

2041.03 亿元（见表 3.2），是 1995 年的七倍有余。通过梳理广告产业营业额与宏观数据之间的关系发现，广告作为经济发展的晴雨表，与经济环境存在着极其强烈的正相关效应，长达十五年的经济平稳运行为营销传播活动提供了互构的基础。

表 3.2　1995—2009 年广告营业额与 GDP 关系 ①

年份	广告营业额（亿元）	广告营业额对 GDP 的贡献度（%）
1995	273.27	0.45
1996	366.64	0.52
1997	461.96	0.58
1998	537.83	0.64
1999	622.05	0.69
2000	712.66	0.72
2001	794.89	0.72
2002	903.15	0.75
2003	1078.68	0.79
2004	1264.56	0.79
2005	1416.35	0.77
2006	1537.00	0.73
2007	1740.96	0.65
2008	1899.56	0.60
2009	2041.03	0.60

正如第三方数据呈现所见，探路者集团总裁在 2009 年广告市场生态调研中也反复强调宏观经济对行业、企业发展提供的保障作用，“其实所有的营销传播都不能看作个案营销，都是跟环境相关，尤其跟企业自身经济状况有很大关系，当然宏观经济条件变化如经济下行或者表现为经济下滑的态势等都会使得行业、本企业受到巨大影响”。

此阶段中国经济社会最为重要的变动，莫过于 2001 年加入世界贸易组织后所形成的新市场格局，以及由此牵动而产生的国内经济环境的变化。在这一阶段产业结构不断自主调整，三大产业发展也迎来了急速井喷的状态，以第三产业发展为尤。早在 1985

① 数据来源：根据国家统计局、国家工商行政管理总局数据汇总计算得出。

年，我国第三产业产值就已超越第一产业，自 1995 年开始直至 2000 年，第三产业与第一产业的比值就从 1.69 上升至 2.59，与第二产业的比值从 0.72 上升至 0.94①。我国加入世界贸易组织后，第三产业迅速发展，为中国 GDP 贡献了重要的力量，也对企业的数字营销传播提出了更多的要求，这对彼时数字营销传播革新而言，更是促进性因素。

二、规约性政策法律给予互构指引

在此阶段，国家主要为规范中国企业的营销传播行为而制定了相关的法律法规，如《中华人民共和国公司法》，它主要是通过界定清楚执行营销传播活动的主体，即在中国境内设立公司的主体责任人，进而规范企业在营销传播中的内容，又划定企业内部人员的保密和遵规原则，是一种对广告主的保护与制约。其在此阶段中的 1999 年、2004 年、2005 年都经历过相关的修订。

1995 年施行的还有《中华人民共和国广告法》，这是一部国家全面规范广告传播内容与广告行为的法律，体现了国家对于营销传播行为主体，即广告主、广告制作者、广告发布者三方的广告活动规制。

值得关注的是，随着互联网的深度发展，以安利等品牌为代表的直销行为引起了政府的关注。直销是一种借助于人与人面对面传播的方式，用以推销产品的传播行为，国家针对直销的行为颁布了《关于制止多层次传销活动中违法行为的通告》，并于 2005 年制定并下发了《直销管理条例》和《禁止传销条例》，明确地将企业的直销和传销中的某些越界行为界定为非法行为。

自 1995 年始，政府工作报告也有集中的论述。其主要通过两个方面间接推动广告主数字营销传播：其一为加大开放程度，对外保持学习姿态；其二为保障我国中小企业发展、国有企业改革，加快信息化和互联网相关配套产业发展等。

第八届全国人民代表大会第二次会议提出“扩大开放，发展对外合作与交流……鼓励外资参与基础工业和基础设施建设。外资企业要遵守中国法律和规定，依法经营”②，这是在鼓励外资企业发展的基础上，适度地规避其自由发展的市场弊端。

《1997 年政府工作报告》提出“集中力量抓好国有大型企业和企业集团……进一步

① 数据来源：根据国家统计局 1994 年至 2009 年三大产业值计算得出。

② 1994 年政府工作报告［R/OL］.（2006-02-16）［2024-12-01］.http://www.gov.cn/test/2006-02/16/content_201101.html.

放活国有小企业……规范破产，鼓励兼并，推进再就业……切实加强企业经营管理"①等六项促进广告主发展的提升举措，并鼓励发展品牌，从而激发市场的整体竞争活力。2000年第九届全国人民代表大会提出，为适应进入世贸组织，"各行各业和广大企业都要加快改革，强化管理，提高技术水平，增强竞争能力和抗御风险能力"②。2001年提出"要在企业技术开发和生产营销、社会公共服务、政府行政管理等方面广泛应用数字化、网络化技术，把工业化和信息化更好地结合起来"③，明确地将数字化与网络技术的发展和广告主日常营销联系起来。2002年明确将电子商务和现代物流产业的发展提上日程，"逐步推行连锁经营、物流配送、代理制、电子商务等组织形式和服务方式"④。2005年提出"严厉打击非法传销和各种商业欺诈行为"⑤，为我国广告主数字营销传播提供了较为干净的市场环境。2007年提出创建社会主义新农村的战略，激活了农村的全面改革，为其后社会文化环境的变迁提供了助力。2008年提出"继续实施宽带通信与网络产业化专项"，即充分调动了社会资源攻克网络技术难关。2009年提出"大力推进科技创新……支持和推进新能源、生物、医药、第三代移动通信、三网融合、节能环保等技术研发和产业化，发展高新技术产业群，创造新的社会需求"⑥，为其后多元产业发展、新兴电子产业规划提供了重要的政策依据。

以此为开端，广告主营销传播开始更加注重品牌建设，更加注重品牌传播与互联网的结合，更加注重营销传播中的数字技术力量的支持，并开始关注广告传播体现的数字意义及其相关运行逻辑。

三、丰富性社会文化奠定互构基础

社会文化是作为社会主体人的总体生活方式的集合。由于改革开放之后长达二十年

① 1997年政府工作报告［R/OL］.（2006-02-16）［2024-12-01］.http://www.gov.cn/test/2006-02/16/content_201124.html.

② 2000年政府工作报告［R/OL］.（2006-02-16）［2024-12-01］.http://www.gov.cn/test/2006-02/16/content_201153.html.

③ 2001年政府工作报告［R/OL］.（2006-02-16）［2024-12-01］.http://www.gov.cn/test/2006-02/16/content_201157.html.

④ 2002年政府工作报告［R/OL］.（2006-02-16）［2024-12-01］.http://www.gov.cn/test/2006-02/16/content_201164.html.

⑤ 2005年政府工作报告［R/OL］.（2006-02-16）［2024-12-01］.http://www.gov.cn/test/2006-02/16/content_201218.html.

⑥ 2009年政府工作报告［R/OL］.（2009-03-16）［2024-12-01］.http://www.gov.cn/test/2009-03/16/content_1260221_3.html.

的经济发展和互联网作为新兴产业动能等一系列因素的促进，我国人口的性别分布、年龄分布、受教育程度、消费观念等多个维度已然有了翻天覆地的变化（见表 3.3）。

表 3.3　我国 1995—2009 年人口总量、比例及教育数据 ①

年份（年）	总人口（万人）	男性占比（%）	女性占比（%）	城镇占比（%）	乡村占比（%）	高等教育毛入学率（%）
1995	121121	51.03	48.97	29.04	70.96	7.2
1996	122389	50.82	49.18	30.48	69.52	8.3
1997	123626	51.07	48.93	31.91	68.09	9.1
1998	124761	51.25	48.75	33.35	66.65	9.8
1999	125786	51.43	48.57	34.78	65.22	10.5
2000	126743	51.63	48.37	36.22	63.78	12.5
2001	127627	51.46	48.54	37.66	62.34	13.3
2002	128453	51.47	48.53	39.09	60.91	15.0
2003	129227	51.50	48.50	40.53	59.47	17.0
2004	129988	51.52	48.48	41.76	58.24	19.0
2005	130756	51.53	48.47	42.99	57.01	21.0
2006	131448	51.52	48.48	43.90	56.10	22.0
2007	132129	51.50	48.50	44.94	55.06	23.0
2008	132802	51.47	48.53	45.68	54.32	23.3
2009	133474	51.44	48.56	46.59	53.41	24.2

从人口总量上来看，2009 年较 1995 年增加了 1.23 亿人口，男性与女性的人口比例从相差 2.06% 扩大到 2.88%；而城镇与乡村人口占比差距不断缩小，乡村的人口占比从 1995 年的 70.96% 降低到 2009 年的 53.41%，城镇的人口占比从 1995 年的 29.04% 增加到 2009 年的 46.59%。从以上的政策端梳理可知，1995—2009 年我国的城镇化进程不断加强，导致农村人口向城市大量涌入，这是我国城镇化取得的显著成果。

从受教育程度的大数据来看，高等教育的毛入学率从 1995 年的 7.2% 抬升至 2009 年的 24.2%，在这短短的 15 年间，越来越多的民众开始接受科学教育体系的培养。社会文化和生活方式已然产生了巨大的变化，人们有更多的时间和精力通过家庭经济积累发展自我兴趣与业余爱好。随着社会整体文明程度的不断提高，差异化的消费观念已然

① 数据来源：2010 年中国统计年鉴数据、教育部发展规划司数据。

形成，消费者多元的互动信息需求在此时逐渐展露。

此阶段新兴的互联网技术也对社会文化环境产生了重要影响，据 CNNIC（中国互联网络信息中心）第一次互联网报告，2004 年我国网民为 7950 万人，上网方式主要是基于有线网络的拨号上网，人数为 4916 万人；其次是专线上网，人数为 2660 万人；宽带上网、ISDN 上网的人数分别为 1740 万人和 552 万人。网民主要集中在经济发展水平较高的地区，如北京、上海等。这也决定了早期针对中国消费者市场的数字营销传播的倚重程度将严格根据地域发展情况进行区分。

广告主在此过程中也充分关注到了城市消费者与农村消费者之间的差距。三星（中国）市场战略部专员在 2007 年的调研中强调，近两年消费者需求产生了新变化，消费者更加个性化。中国一线城市的消费者将广告作为一个艺术品欣赏，并且欣赏层次不断提高。这跟以前有所区别，我们以前总认为中国消费者对广告片的理解力、感知力很弱，认为中国只能做叫卖式广告。但是实际上消费者对产品的兴趣跟广告有很大关系，购买产品的原因往往是被广告打动。例如，前段时间三星做了一个冰箱产品的广告，在开始创意的过程中没有涉及情调类的元素，但是最后在串联广告创意时还是将情调类元素加入进去。后来真正投放到卖场时，三星工作人员调研消费者为什么会买此款产品，消费者强调广告中的“小姑娘撅屁股关门”的画面很有趣。此外，在一线城市这种个性差异严重，有的人喜欢夸张幽默式广告，但这种夸张幽默式广告对我们而言又存在一定风险。叫好是停留在广告欣赏层面，但是付诸行动还需考量，但无论如何，数字化营销传播模式对品牌建设是非常有用的。

1995—2009 年正是我国互联网技术高速发展和各种互联网技术资源开发形成的新型互动媒介诞生的时期。从互动性媒介的出现到互动文化的形成，我国的互联网发展不仅开辟了全新的传播模式，并以此影响了各种文化产业，也建构了新的社会关系和社交行动，大人际关系网的出现为像广告这样的只有通过大众传播与人际传播相结合的方式，才能效能最大化的产业提供了崭新的发展路径。

在依托互联网技术发展的过程中，营销传播及其产业在 15 年间逐渐认识到技术革新对产业本身造成的问题，并开始适应互动文化带来的挑战与机遇。应该看到，当前新技术的发展，尤其是媒介技术的日新月异，使社会各主体之间的交互性进一步增强，多元主体互构成为现实。这一提法并非建立在虚无的想象中，哲学家胡塞尔曾经提出“交互主体性”，并认为主体性的关键依然是“同一性”①，但是“同一性”绝非主体自身拥有的某种特质，而是与“他者”结合之后形成的“移入”与“共现关系”。在这里，移

① 胡塞尔．第一哲学（上卷）[M]．王炳文，译．北京：商务印书馆，2010：77.

入是共现的前提，而移入本身不仅仅表现了主体“在”的意识，更显现了“在”的位置——与他者同经历、共体验、同思维、共情境，化入他者的存在，他者成为“另一个自我”，进而完成互构的过程。

可以说，移入就是一种互动，是自我和他者之间的交互作用，而作用的结果带来了同一性。实际上，上述互动同时是自我借助他者感知自身身份和形成身份认同的过程。正如拉康所说：“我对我在符号交流中采取的各种身份有所感觉、有所觉悟，自我在这些‘自我感觉’中产生。”[①] 通过与他者的对话，主体实现经验积累并逐渐形成身份认同。换句话讲，主体身份认同是自我与他者在共景的营销传播文化单元中通过交流和互动实现的，并且这一过程伴随着对共同拥有和使用的广告传播符号的传递。同时主体拥有着生产“共享文化”的能力，并对这一文化产生较高认同，进而结成同类社群。

于是，我们可以看到这样一条逻辑线索，从主体互动到主体身份认同再到借助社群传播出现解释社群，逐渐稳定了社群关系，而这种关系最突出的表达式是“认同文化”的产生和对该广告主数字营销传播内容的认同。由此也可以连接胡塞尔所说的共同主体性与身份认同、文化认同之间的关系，它们之间潜在的动力是互动，在社会关系中以对话的形式出现。当然，认同不是这一过程的最终结果，而是人们意义与经验的来源，认同形成后“反哺”社群，成为社群行动者为其目的所做的“象征的确认”[②]。这里的象征是社群在“共享文化”中对文化符号使用的意义积累，在历史的发展中，符号意义上升成为社会文化中的互构成分。

上述问题对于广告主具体营销传播发展而言或许有些抽象，但这是那个时代互联网技术发展和互动文化产生时的意义诠释，而作为紧密依赖或即将与互联网生活发生无缝对接的数字营销传播及其产业，又怎能不对以上问题形成深刻的洞见，并以此来指引进一步的营销活动和传播行动。

第二节　多元的传播模式搭建互构的传播势能

互联网技术已然搭建出广告主与消费者之间的互动基础，而作为消费者的公众通过互动的形式将隐喻的需求进行传递，即通过媒介构建出的传播模式与广告主传播模式，不仅完成了互动，更基于传播模式形成了互构现实。

---

① 赵毅衡 . 哲学符号学：意义世界的形成［M］. 成都：四川大学出版社，2023：33.

② 弗格森 . 现象学社会学［M］. 刘聪慧，郭之天，张琦，译 . 北京：北京大学出版社，2010：221—226.

一、初期互联网产品形态基本完备

1994 年中国宣布正式加入互联网世界后，互联网研发技术还是掌握在较少的科研机构手中。这里需要提到三个重要人物与互联网公司，正是由于关键技术的攻克才使得互联网新媒体有了新的形态发展，其后数字媒体应用如雨后春笋般涌现。

（一）1995—1997 年硬件发展阶段的初具雏形

我国境内第一个提供互联网接入服务的是瀛海威信息通信有限责任公司，其通过两大举措，利用“推—拉”力的营销传播方式令互联网进入消费者的日常生活。首先是基于关键技术研发，瀛海威创立了大规模电子聊天社区，即早期的网络聊天室，方便网民在虚拟赛博空间中互动、发布信息；其次是率先通过户外媒体、传统电视媒体为企业形象作铺垫，通过塑造广告主调性的传播方式，向公众科普互联网作为一种新生力量的巨大作用，为企业形象作早期的宣传（见图 3.1）。胡泳等也在此时翻译了国外互联网研究先驱尼古拉斯·尼葛洛庞帝的《数字化生存》一书，希望唤醒公众的互联网意识。

图 3.1　瀛海威信息通信有限责任公司户外媒体广告

第二个身先士卒的企业是田溯宁创立的亚信科技控股有限公司，它主要与全国各省市的电信系统进行政策合作，搭建出覆盖全国地域的 Chinanet 硬件网络工程，从而完成了迄今为止中国整体互联网基建服务的初级布局。这一阶段学术界也在积极推进互联网信息知识的科普，胡泳等撰写的《网络为王》成为此阶段广为流传的互联网科普著作，学界、业界的双向努力为此后互联网的发展提供了重大助力。

第三个互联网技术的主要推动人物是张朝阳，即搜狐公司创立者，他在 1996 年国外博士毕业之后，便回国通过风险投资的方式创办了爱特信公司。他积极推动互联网产业在中国的布局，促成了公司与互联网大师尼葛洛庞帝之间的合作，用林军的话来说，正是张朝阳授予尼葛洛庞帝先生搜狐天使的行为，奠定了他第一代互联网行业大佬的江湖地位。[①] 搜狐奠定了中国早期分类搜索网站的基础，一句“出门看地图，上网找搜狐”道出网民对其深厚的信任。作为早期互联网三巨头的新浪与网易也纷纷开始创立并寻找独特的商业运行模式。

1997 年，丁磊创立了网易，主打产品为电子邮件通信服务，通过电子邮件的方式，网民得以进行相互间的接触，广告主也借由此媒介传播直邮信息，这些下文会有所提及。

新浪网络也于同年诞生，因汇集了大批精英记者，新浪于创立之初就确立了内容为王的商业模式，通过一线的新闻报道形式扛起了第一代门户网站的大旗。

在此阶段，主要的互联网产品为门户网站（如新浪、搜狐、网易）和社区聊天室（天涯、猫扑等），而下一阶段的互联网产品将更为多元。

（二）1998—2004 年互联网公司兴起阶段的齐头并进

在此阶段，奠定中国 2010 年后互联网发展技术格局的三大公司——百度、腾讯、阿里巴巴纷纷成立。1998 年马化腾创立腾讯，模仿国外的 ICQ 模式推出了本土化的 OICQ（QQ）即时聊天产品，通过登录账号和密码进入聊天界面与他人进行互动聊天（见图 3.2）。1999 年马云创立了阿里巴巴集团，起初是为其他企业提供互联网基础技术服务，2003 年推出了电子商务业务（见图 3.3），并于同年推出互联网支付业务。2000 年李彦宏创立百度，通过互联网搜索业务积累了大量的网民。1999 年，陈天桥创立了盛大网络，推出了网络游戏业务。京东也在此阶段创立，于 1998 年代理网上销售光盘业务，其后才拓展出

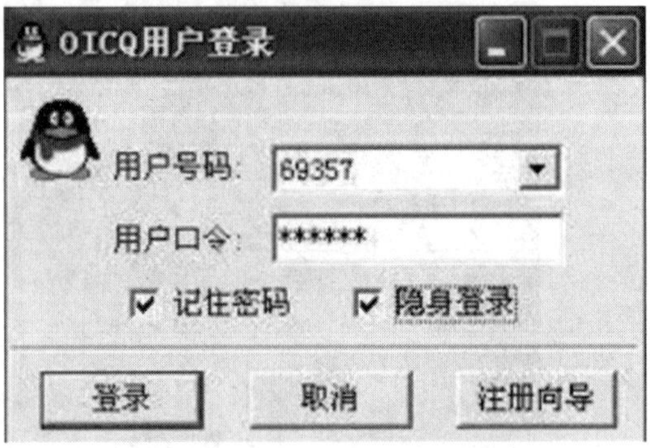

图 3.2　OICQ 用户登录界面

① 林军. 沸腾十五年　中国互联网 1995 ～ 2009［M］. 北京：中信出版社，2009：40.

互联网电子商务的相关业务。至此，互联网发展初期的主要业务体系构建完成。

图 3.3　淘宝网 2004 年界面

（三）2005—2009 年互联网产品塑造阶段的形态完备

2004 年互联网构建出的赛博空间已经进入了 Web2.0 时代。Web2.0 是互联网先驱 O'Reilly 提出的概念，他认为不断更新的平台应用和交互界面已经在满足网民基本需求的层面开辟出一条用户导向的新方向，互联网用户不仅可以通过网络接收到定向传播的信息，还可以通过互联网主动搜索信息，甚至成为信息发布的作者，被动传播的阶段被打破，“共创”成了网民参与的重要方式。2005—2009 年基本的社交网络赛博空间已然建成，形成了以新浪、搜狐、网易、腾讯、百度为代表的门户网站梯队，以阿里巴巴、京东、58 同城为代表的电子商务平台梯队，以暴风影音、人人网、盛大网络、欢聚时代为代表的网络游戏梯队（见图 3.4）。

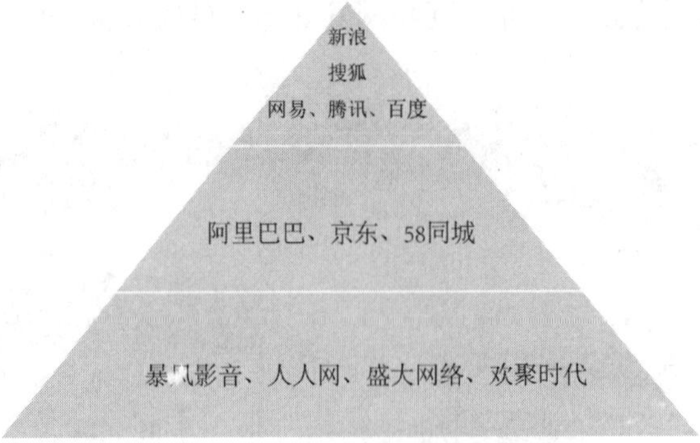

图 3.4　2005—2009 年主要互联网公司梯队示意图 ①

二、初级网络广告形式相应伴生

在 1998 年联合国新闻委员会会议上，我国提出了“第四媒体”的新概念，它是指继报纸、广播、电视之后的网络媒体形式。广告形式依托互联网形式变迁不断革新，呈现出传统媒体与网络媒体互相建构的态势，早期的网络广告形式主要有网站广告、电子邮件广告、分类广告和网幅广告四大类型，数字营销传播的形式也主要集中在以上四种数字广告投放的类别上。

（一）第一条网络广告昭示了我国广告主数字营销传播的原点

通过分析传统媒体对数字新媒体使用的相关报道和彼时学术研究杂志，如《中国广告》《现代广告》等，并结合国内中文期刊检索网站，如 CNKI、万方数据库等，我们发现相关研究均未清楚说明第一条网络广告的诞生日期与传播内容，但此说明对于我国广告主何时开启数字营销传播进程来说意义重大。

港澳台地区的数字媒体传播也在同时展开。1995 年 9 月台湾的《中国时报》上网了，首页刊头有合作厂家的企业广告，标志着台湾网络广告的开始。② 中国数字广告的发源则是同年杭州望湖宾馆在中国黄页网页上的宣传广告。③ 本节在界定数字营销传播

① 数据来源：根据 2005—2009 年互联网公司业绩排名整理。

② 秦福贵 . 基于演化经济学视角的中国互联网广告发展研究［D］. 北京：中国传媒大学，2019.

③ 学界对第一条国内数字广告的界定时间不一，目前有观点认为，中国的第一条商业性网络广告出现在 1997 年 3 月，传播网站是 Chinabyte，广告主是 Intel，广告表现形式为 468×60 像素的动画旗帜广告。Intel 和 IBM 是国内最早在互联网上投放广告的广告主。本书在分析了大量期刊论文和互联网公司创始人传记及公开发表的演讲内容后，结合相关学者，如秦福贵等研究成果后认定，1995 年为中国广告主首条数字广告诞生的时间节点，这标志着中国广告主数字营销传播的起始。

概念时，反复强调促成关系沟通、营销效果转化等行为皆可被视为数字营销传播，故而确定第一条数字广告为最初始的数字营销方式，所以可以依此界定出中国广告主数字营销传播的起点为1995年。

（二）早期互联网广告形式皆为传统广告的互联网化平移

早期互联网广告的四种形式都是传统广告形式的互联网端呈现，主要包括网站广告、电子邮件广告、分类广告、网幅广告。

网站广告：主要根据不同的网站类型而进行广告内容划分。首先，针对综合性网站，主要根据网民进入网站时所需要接触的相关节点进行广告内容呈现。①页面广告（角标、通告、链接广告等形式）；②基于不同公司开发出的不同互联网产品所投放的广告，如针对视频、博客、贴吧、论坛等产品推出的弹出式广告或公关软文广告；③合作营销传播广告，即在互联网上发布广告主与其他广告主或媒体、广告公司进行营销推广活动的相关图片或视频广告等，此类广告可以是硬性宣传，也可以是软性的合作植入。其次，针对不同搜索引擎类的广告，如以百度和搜狗为例的竞价排名广告，广告主需要通过支付相关关键词的链接费用来完成与平台的广告推送协议，消费者在键入想要搜索的关键词过程中会有与关键词近似的广告内容呈现。搜索引擎广告的形式也被很多人诟病，因为它确实导致了一些不良关键词竞拍竞争和虚假广告传播等问题。最后，基于视频的广告，主要是针对优酷、土豆等网络平台呈现的广告，它包括视频网站主界面的搜索广告和基于视频网站内容的广告，如视频前贴、后贴、飞标、背投、画中画和植入广告等。

电子邮件广告：可分为两种类型，其一为广告主将营销信息通过既有的消费者数据库直接传播，这类广告主通过兜售产品或服务时消费者预留的邮箱信息获得联系方式；其二为网民打开电子邮箱页面时附带在角标、横幅、新闻讯息中的广告信息。

分类广告：最早的网络分类广告由美国的雅虎公司开创，指消费者通过浏览不同的互联网应用搜寻到相关的分类广告信息。在中国，分类广告主要是一些门户网站和地方网点的镜像模仿。它与网站广告有所类似，但因为类别的不同而属于两种广告形式。分类广告主要分为两种类别：其一是专业类别的分类广告，其二是综合性栏目广告。专业类别广告属于面向精准消费者或潜在消费者的广告模式，缺点在于受众规模较综合性分类广告少；而综合性栏目广告虽然覆盖率高，但其精准传播效果偏低。

网幅广告：又称公告板广告，是一种展示性的页面广告形状，其主要的呈现方式为处于页面标题栏上方或位于左右上下四个部位，具备为广告主品牌或产品打响知名度的作用。它分为静态广告和动态广告，静态广告是指广告主通过横幅或竖列的形式将品牌信息用图片 png 或 jpg 的格式进行呈现；动态广告则是基于 flash 技术进行的短暂信息流动方式。网幅广告作为网民进入门户网站时必须接触的形式，成为当时最吸引广告主投放的广告方式。

整体而言，以上的广告类型都是传统媒体时代报纸、杂志、户外媒体、电视媒体广告的差异化数字呈现方式的优化，并未存在真正意义上的创新与发展。因为以上类型皆为硬性投放与单纯的信息展示。

三、公众意见表达活跃促进个体意见变现

互联网的一大特性就是平等开放，网络传播可以说是完全开放的，信息可以共享、任何人都可以广泛参与是其基本特点。在互联网时代，大众传播媒介也逐渐开放，媒介所发布的信息面向广大网友，为尽可能多的社会公众提供他们所需的信息内容。人们可以在任何时间、任何地点通过任何方式获取自身所需要的信息，且这种信息是无门槛的，信息资源可以实现全面共享。网络平台的开放性也使得公众选择获取信息的自由度逐渐增强。开放平等的网络特性增强了广大公众参与社会事务、发表意见与观点的自信心和积极性，使公众的心理恐惧感逐渐降低，敢于发声，意见表达更加活跃。越来越多的人对公共事务发表意见、提出建议，行使自己的权利，个体意见表达的活跃度逐渐提升。以政府公开透明执政为例，随着互联网技术的发展，各级政府纷纷建立官方网站、微博等开放平台，鼓励公众积极发表意见建议，并在作出决议时参考公众意见。个体可以通过互联网随时监督政府事务，使公众的积极性被充分激发，意见表达更活跃。

个体意见表达的日益活跃在一定程度上对个体意见变现起到了推动作用。公众不再受控于多数群体，敢于发表自己的意见与观点，积极主动地对某些现象或事件进行追踪了解，会不断形成新的热点和话题，引发更多个体的关注、探讨和传播。当事态不断发酵，网络上的某些言论在一定的引导下逐渐汇聚成为一股巨大的舆论力量时，就更加容易变现，并在线下形成一股行动力。2008 年汶川地震时，某房地产公司在网络空间公开宣布将捐款 200 万元，且以 10 元为限度要求所有员工捐款。此事一经曝光就引起了广大网友的关注，网友纷纷发表言论质疑此事，谴责公司相关负责人的行为，最后在舆

论的压力下，公司负责人公开道歉。这说明，在开放的网络平台，公众对社会事务的参与度逐渐提高，舆论压力的不断增大在线下也形成了一定的推动力。开放的网络平台使公众日渐活跃地参与社会事务和舆论活动，线上联系越来越多，互构的程度不断加深。长期的联系促进了关系网络的建立，形成了关系群体，网络平台逐渐变成了关系型平台，广告主依靠关系网络进行数字营销传播成为必要路径。

第三节　广告主互构的数字营销传播矩阵

基于社会情境、传播模式的双重作用力，广告主依据互联网互动的传播特性而构建出互构的数字营销传播矩阵。其表现为以下三点：首先是广告主营销传播战略的互构偏向，如使用数字化的媒体形式与社会化的媒体广告内容；其次是广告主营销手段的互构偏向，如传统渠道发展乏力后转向与消费者直接沟通的引导层面；最后是广告主在与广告公司、媒体的合作矩阵中的互构。

一、广告主数字营销传播战略布局的互构偏向

从宏观层面看，由于互联网技术的广泛应用，消费者不仅能够与承载广告的媒体互动，也可以与广告主完成实时对话。在营销传播活动中，产品知名度依然有其重要的分量，并仍然是决定消费行为的主要因素之一。[①] 但与此同时，消费者对某一媒体的信任度与某一广告主及其产品的信赖也逐渐成为影响其消费行动的重要变量因素。从微观层面看，大众消费时代由于互动技术、互动场景和互动文化逐渐深入人心，大众对营销传播活动的识别水平和期待价值都在进一步提高。在常态化的互动中，口碑或许是更为重要的一种判断标准。[②] 有时即便某个品牌能够依托媒体实现狂轰滥炸式的宣传，但如果在消费者自身互动中形成的口碑效应相对较低，依然会影响实际消费行为的产生。

因此可以看到，在这一时期，大众消费水平整体提高、大众消费行动中的互动因素增加、大众对广告塑造的品牌的可信度存在多维度判断，这些共同影响着广告主数字

① TWINE C，RUCKMAN J E. Fibre brand promotion and consumer product awareness：case study of tactel［J］. Journal of fashion marketing and management，2005，9（3），330—341.

② 黄卓龄，黄钦胜 . 论互联网口碑营销［J］. 科学学与科学技术管理，2002（1）：52—55.

营销传播的整体战略布局。正是看到了上述问题，在这一时期的后半段，尤其是2000年以后，广告主在实现数字营销传播的过程中逐渐认识到互构趋势的势在必行（见图3.5）。互构就表现为依托互动式的口碑营销，广告主品牌、商品品牌、媒体品牌、企业品牌完成相互构建。

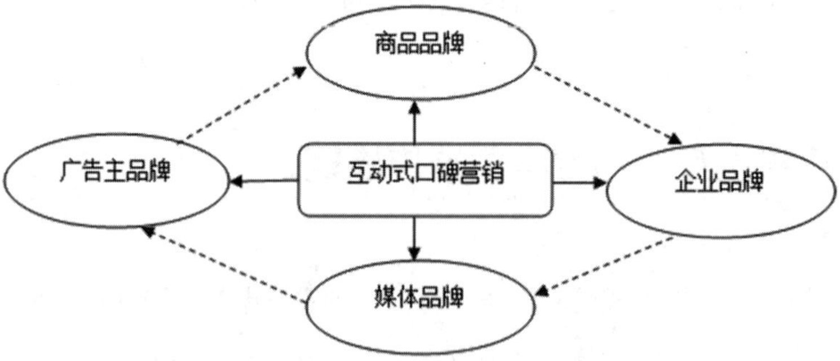

图 3.5 网络环境下品牌营销传播路径

中粮集团数字媒体专员在2009年的调研中发现，依托口碑的数字营销传播战略在品牌、产品、企业间的作用力是极为显著的，“我们结合网络媒体打造的品牌形象活动，无论是点击量还是转载率，整体评价都很高，如中粮生产队App的软件开发、悦活在SNS（社交网络服务）上的推广等。基于网络媒体的数字营销传播效果显著。例如，悦活是一个新产品，我们从开始推广产品时就跟电商等网络媒体紧密联系，悦活与原来中粮的传统产品是有差异的，它适合的群体比较年轻化、白领化，产品定位倾向于做互联网宣传，运用微博互动也很广泛。再如，粮油在每年旺季促销时，有一次是航天主题，卖场里会有航天服模具，消费者与航天服合影后上传到微博就可以参加抽奖，互动产生的自主传播是我们极为看重的”。

二、广告主数字营销传播手段的互构导向

广告主数字营销传播手段也出现了互构的特征，即广告主对提高消费者互动体验的数字营销传播形式均予以整合采纳。在2007年的调研中，在广告主选择互联网广告时看重的优势里，选择互动体验性强的广告主占比达63.6%（见图3.6），这是此阶段广告主营销传播手段偏向互动的最佳佐证。何至于此？这要归结于传统营销中的渠道失灵和新媒体营销传播方式多样两大因素。

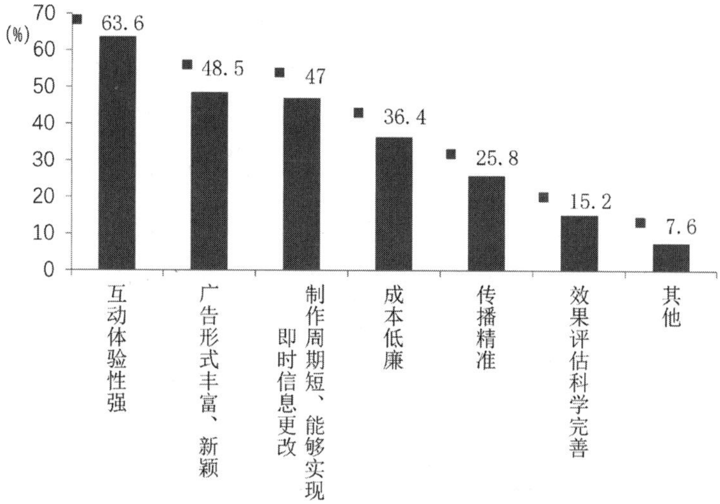

图 3.6　2007 年被访广告主选择互联网广告时看重的优势

（一）传统营销组合中的渠道作用力开始失灵

4P 是传统营销传播中广告主制定战略的重要依据，它是杰罗姆·麦卡锡提出的营销学概念，包括产品、价格、渠道、促销四种有机组合。尽管面向消费者的营销推广费用和媒体广告投放费用都有所下降，但广告主投入中间商的推广费用占比从 2004 年的 14.3% 上升至 2009 年的 16.6%（见图 3.7），然而整体营销传播效果并未显著提升。

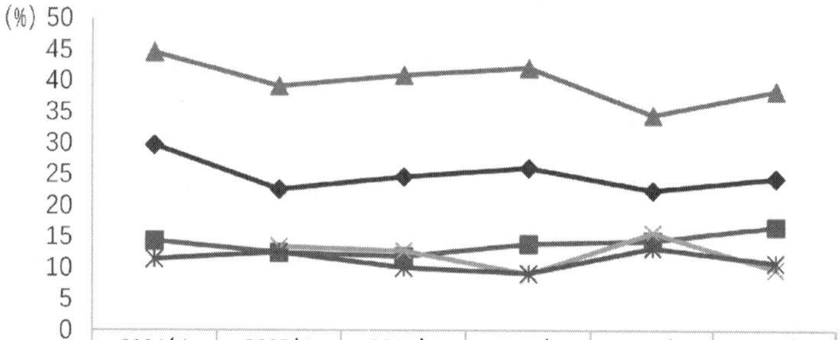

	2004年	2005年	2006年	2007年	2008年	2009年
面向消费者的营销推广费用	29.7	22.6	24.6	26.0	22.4	24.4
中间商推广费用	14.3	12.4	11.8	13.8	14.3	16.6
媒体广告投放费用	44.6	39.1	40.9	42.1	34.5	38.4
公关传播费用	—	13.4	12.7	9.0	15.6	9.8
其他宣传推广费用	11.4	12.5	10.0	9.1	13.2	10.8

图 3.7　2004—2009 年广告主营销推广费用的基本分配情况（单元：万元）

传统营销组合中的“渠道”开始失灵，广告主、代理商、经销商、批发商、终端店铺的链路开始松动，在面向消费者销售的通路中降低中间商抽成成为未来广告主提高利润的重要着力点。一旦降低了中间商的利润，则营销传播的积极性大大降低，也就是说，一旦此种预判执行，那么传统渠道作用力的下降就会更加剧烈，这就产生了矛盾的发展现状。调研发现，在2010年前衡量跨媒体效果的广告主较少，因为广告主考量营销传播效果的方式均基于渠道终端数据反馈，但反馈速度很慢，如IT、医药等行业都是基于渠道的进货量。传统营销传播模式树立的是广告主对渠道的信心，但互联网接入带来的数字营销传播方式树立的则是广告主对品牌的信心。

（二）营销传播形式追求互动体验

广告主对营销传播形式的追求也越来越强调互动体验。2007年调研数据显示，企业在选择互联网广告时最看重的优势为互动体验性强，选择占比为63.6%，选择广告形式丰富、新颖和制作周期短、能够实现即时信息更改的广告主占比分别为48.5%和47%。

互联网开辟出的新兴产品形式也伴生出新的广告形式，调研显示出广告主迫切与消费者达成互动体验共识的决心。在2007年的调研中，选择硬广，如按钮、浮窗广告的广告主占比为65.4%和57.9%，但在随后一年的调研中，广告主对于新兴广告形式，如视频广告、网络游戏植入广告的渗透率同比上升了22%和13%。

广告主选择媒体的渠道和策略明显发生了变化（见表3.4），尽管在此前对互联网作为渠道的认知已经形成，但尚未形成具有规模和影响力的选择策略。结合2004年前后十家广告主媒体选择的情况，可以看出这种营销传播形式追求互动体验性的网络数字化倾向，这就必然导致广告主选择多重类型互构的数字营销传播手段，如网页广告、博客、维客等新媒体类型。

表3.4　2004年前后十家被调研广告主媒体选择情况

广告主	媒体选择类型	
	传统媒体类型	新媒体类型
万达地产	报纸、广播、电视	1999年，网页广告；2003年，博客
万科地产	报纸、广播、电视	1998年，网页广告；2004年，博客、维客

续表

广告主	媒体选择类型	
	传统媒体类型	新媒体类型
IBM 中国	报纸、广播、电视	1996 年，网页广告；2003 年，博客、维客
联想集团	报纸、广播、电视	1996 年，网页广告；2004 年，博客、维客
宝洁中国	报纸、广播、电视	1998 年，网页广告；2004 年，博客
娃哈哈	报纸、广播、电视	2000 年，网页广告；2004 年，博客
农夫山泉	报纸、广播、电视	2001 年，网页广告；2003 年，博客
北京现代	报纸、广播、电视	2000 年，网页广告；2004 年，博客、维客
上海大众	报纸、广播、电视	2000 年，网页广告；2004 年，博客
广州本田	报纸、广播、电视	2000 年，网页广告；2004 年，博客、维客

三、广告主数字营销传播合作矩阵的互构调整

广告主对营销传播链路的构建无不渗透着对社会情境和传播模式的考量，而当确定营销传播互动的需求后，则会导致匹配的互构调整，如推进与新媒体的合作，对广告公司的品牌管理、整合营销传播能力的要求提升和广告公司自身的数字化转型互构。

（一）紧密推进新媒体合作，压缩传统媒体投入

在看待传统媒体在营销传播活动中的地位时（见图 3.8），2004—2006 年同意此观点的广告主占比为 49.7%、48.4% 和 47.2%；2007 年和 2008 年同意此观点的广告主相对较低，为 36% 和 41.7%。数据的下滑并不是因为广告主否认新媒体的强大作用力，而是从选择比来看，较多广告主对网络媒体开始持观望和摇摆的态度。直到 2009 年，认可此观点的广告主数量陡增，占比达 56.9%，超半数的认同率意味着广告主的数字营销传播进程或将在其后阶段大规模展开。传统媒体逐渐“式微”成为较多广告主的共识。

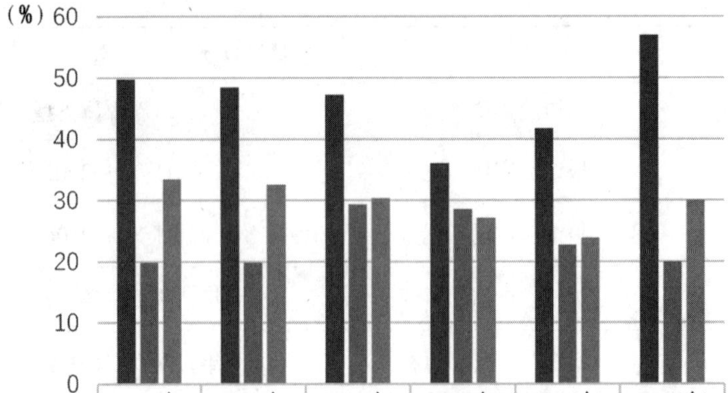

	2004年	2005年	2006年	2007年	2008年	2009年
■同意	49.7	48.4	47.2	36	41.7	56.9
■一般	19.8	19.8	29.3	28 5	22.7	19.9
■不同意	33.4	32.5	30.3	27.1	23.8	30

图 3.8　2004—2009 年广告主态度变化示意图

于是在推进媒介关系建构的过程中，广告主有选择性地拉近与新媒体的合作，而因为新媒体投放数额的增加，广告主开始压缩传统媒体相关营销传播费用的投入。

1. 广告主与新媒体合作的营销费用分配上升

调研显示（见图 3.9），2004—2009 年，广告主在传统电视媒体上的营销费用投入处于波动状态，虽然 2006 年和 2007 年投入占比有所提高，但在随后的两年均逐年下降。2009 年电视媒体的营销传播费用占比较 2004 年下降了 10.7%。相反，广告主在新媒体与户外媒体的营销传播费用上有所提升，从 2004 年的 17.3%，激增到 2009 年的 30.9%，超过了长期占据媒体费用大头的电视媒体营销传播投入。

此外，在 2005—2009 年的深访过程中，90% 的广告主表示除了新媒体投放额度的比值上升外，他们还关注到了户外媒体的数字化趋势和移动手机的初级形态，纷纷追投了相关比值进行早期试水。

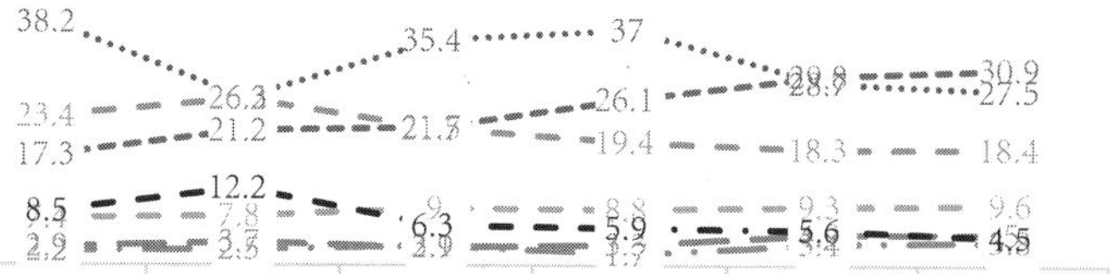

	2004年	2005年	2006年	2007年	2008年	2009年
电视	38.2	26.3	35.4	37	28.7	27.5
户外和新媒体	17.3	21.2	21.7	26.1	29.8	30.9
报纸	23.4	26.2	21.5	19.4	18.3	18.4
杂志	7.4	7.8	9	8.8	9.3	9.6
广播	2.9	3.7	2.9	3.3	4.9	5
直邮	2.2	2.5	3.1	1.7	3.4	3.8
其他	8.5	12.2	6.3	5.9	5.6	4.5

图 3.9　2004—2009 年被访广告主媒体广告费用在不同媒体间的分配情况（%）

2. 大规模广告主开始直接对接新媒体

2007 年的调查数据显示（见图 3.10），被访广告主直接与网络媒体联系的占比为 67.7%，通过专业网络广告代理公司的占比为 38.7%，通过综合代理广告公司和媒介购买策划类广告公司的占比均为 16.1%。这不仅表明企业对网络媒体营销传播的热切需求，也昭示着传统意义上的广告公司需要进行多维革新，以应对随之而来的数字营销传播的巨浪。

因为整个营销传播行业处在“激情过后的冷静阶段”，首先是这个行业对于数字营销传播的前景并没有基础预设，在中国和世界都不具备成熟的发展模式的基础上，没有哪一种互联网产品形式能够快速地被广告公司所熟稔。数字营销传播的初期会出现鱼龙混杂、方法论不成熟的情况。互联网公司在 20 世纪末的纷纷上市行为又导致了 21 世纪初纷纷退市的泡沫出现，这种泡沫不仅是花费上的泡沫，更是传播形式、思想观念方面的泡沫。行业内的主体都不清楚怎么实施，所以一旦有一种互联网产品被证明其有商业价值后，大家都会依样画葫芦进行模仿。比如，以前从事传统媒体营销的员工转行进新媒体公司，则会把传统媒体的形式搬过来；以前做用户关系管理工作的员工转行进新媒体公司，也会将客户管理的行为准则照搬进来。这种现象出现后，企业只有逐渐冷静并反思数字营销传播的行为到底对品牌、对商业的价值何在，对未来做过判断的广告主才会明晰接下来的数字营销传播路径。碧生源营销负责人在 2009 年的调研中表示：传统媒体和数字媒体预计在明年会形成一个分水岭，我们已经有这样的共识，明年网络媒体及新媒体的运用要占企业整体营销费用的一半以上，所以跟过往的投放有很大不同，并且会添加直接对接的部分，这是对未来媒体战略的一种布局。

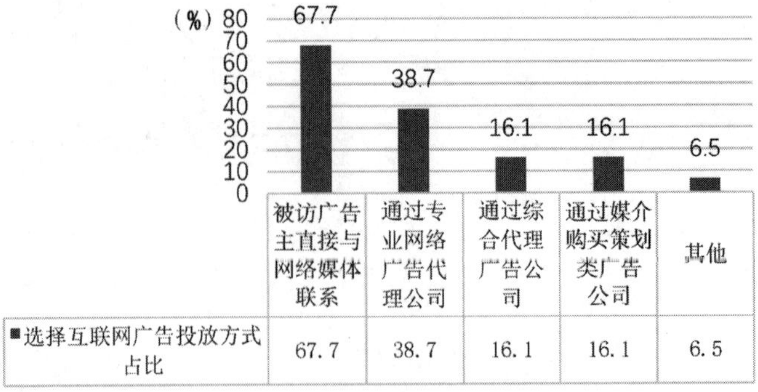

图 3.10　2017 年被访广告主投放互联网广告的方式

（二）对广告公司品牌管理、整合营销传播能力的要求提升

笔者通过梳理 2004—2009 年被访广告主在选择广告代理公司时最为看重的因素发现（见表 3.5），2004 年排在首位的是创意制作水平，占比为 48.9%，其次是代理及服务价格合理，占比为 42.6%，最后是整合营销传播能力，占比为 33.3%。但在 2005 年，广告主对广告公司品牌建设及管理能力的需求开始上升，当年占比为 30%，其后逐年上升，于 2006 年和 2007 年取代代理及服务价格合理的需求，位列广告主需求的第二顺位。从 2008 年开始，整合营销传播能力的需求又被广告主提上了日程，对整合营销传播能力、媒介策划能力、市场调查及数据分析能力的相关需求彰显了广告主在此阶段对数字营销传播的理解。

表 3.5　2004—2009 年被访广告主看重广告公司的前三位能力

年份	看重要素前三位	比重（%）
2004 年	创意制作水平	48.9
	代理及服务价格合理	42.6
	整合营销传播能力	33.3
2005 年	创意制作水平	49.7
	整合营销传播能力	38.2
	品牌建设及管理能力	30
2006 年	创意制作水平	48.8
	品牌建设及管理能力	32.6
	代理及服务价格合理	27.9

续表

年份	看重要素前三位	比重（%）
2007 年	创意制作水平	49.1
	品牌建设及管理能力	31
	代理及服务价格合理 / 关系资源优势	29.3
2008 年	创意制作水平	56.4
	整合营销传播能力	27.4
	市场调查及数据分析能力	24.8
2009 年	创意制作水平	50
	整合营销传播能力	33.3
	媒介策划能力、代理及服务价格合理（并列）	28.3

据调研，87.5% 的广告公司表示广告主对数字营销传播能力的需求成为广告公司未来改革的着力点。北京壹捌零整合营销传播公司总裁雷少东在调研中认为：消费类，如金融、旅游等行业对数字营销传播能力的需求极为旺盛。我们服务的客户有一些属于 B2B 行业，几乎所有客户都开始有了数字的需求，有的需求很明确，有的则表现为需求需要被引导。同时很多中国客户开始需要对品牌建设的支持，但一些数字公司是不具备这个能力的。数字公司的优势在于各种资源的利用，但其实对品牌整合是滞后的。所以将品牌建设与数字营销传播相结合的模式我认为较为合适。

北京电通广告有限公司小岛哲郎室长和姚辛总监在调研中认为：广告主层面的整合营销能力需求从某种意义上讲，不是要求我们面面俱到地执行，而是关键职能部门一定要整合在其中。它包括数据调研、分析的能力以及应对数字媒体的相应策略。如果只有创意策略，没有数据调研和媒介策划，即便策略出台也不存在相应的支持体系。所以整合营销传播的能力是我们公司不可比拟的强项。

国际广告主也纷纷投入数字营销传播业务的布局，微软于 2007 年用高于收盘价一倍的价格收购互联网广告公司 aQuantive，希望通过超前一步的布局，奠定未来数字营销产业排头兵的地位。

（三）广告公司主动开启数字化转型之路

从 2004—2009 年的广告公司调研中可见，广告公司其实对数字营销传播的发展进程是极为敏感的，一方面，技术的发展令一向以媒介资源采买和提供创意服务为宗旨的广告公司感受到数字化的动态；另一方面，敏锐的广告主在签订合作框架的同时不断强调其对数字营销传播（即便起初多为数字媒体广告投放）的需求，而敏感度较低的广告主也需要广告公司对其进行数字业务引导。

在2006年的调研中，大多数综合代理广告公司即表示大环境的变化是非常明显的，这个局势是从2002年以后形成的，即从最初的Web1.0发布信息，出现新浪、搜狐等媒体平台到Web2.0的社会化，一直持续有新传播方法出现，这是整体社会互动的变迁结果，尤其是关于社交媒体的应用，它不仅仅导致数字营销方式改变，更使得整个社会的交流方式开始转变。它带来的最大变化则是广告主与消费者之间沟通方式的变化，广告公司以前的职责是做创意广告，完成执行告知的传播动作，但是此阶段的形式已从告知进化到沟通。也就是说，真正的数字营销已经变成了不仅需要与消费者搭建对话的通路，还需要承载更多的情感体验。互联网的特点是用户可以寻找自己感兴趣的话题，消费者在信息过度接收时对信息内容的真实性是存在警惕的，这就考验了广告公司的数字营销传播能力。

当然在此过程中，资金雄厚、扎根国外的大型国际广告集团不仅在我国境内开启跨国发展之旅，也纷纷率先展开数字营销传播业务的转型。作为全球第一大广告集团的奥姆尼康在互联网初潮时期即成立互动行销公司，在我国境内成立 Tribal DDB 公司负责网络广告资源体系的建立与推进，2007年更是收购了创世奇迹，此举可谓是布局深远；2007年阳狮集团关注到数字媒体的力量，通过收购数字营销公司 Digitas 的举措，希望在我国数字营销的初潮中抢占先机；同年作为全球第二大广告集团的 WPP 集团也积极推进与网络广告公司 24/7 Real Media 的合作。

本土广告公司也开始了转型。首先是针对既有业务的数字流程改造，在与传统媒体长期良好合作的基础上，开发新的媒体资源名录并合作构建更为科学与精准的媒体广告投放效果反馈机制。其次是开发新的互联网广告技术，如亿动传媒开发无线广告管理系统，以打破新媒体广告监测效果反馈周期较长的现状；平成广告推动基于数字化软件应用的内部流程优化；分众传媒则基于新媒体与传统媒体呈现方式的相似性，积极研发户外楼宇广告中的效果检测系统，希望通过广告检测效果的提升促进广告主对于数字户外广告的认可与购买，推动网络广告检测中 Reach&Frequency 标准的普及。最后是利用资本积极布局数字营销体系，2007年分众传媒收购中国早期的本土互联网广告服务商好耶，积极研发网络广告反欺诈技术等。

第四节　阶段特征总结

1995—2009 年，广告主在新的媒介环境和新的传播理念的驱动下逐渐形成了数字化选择的倾向，并且更加注重在多元营销机制中形成良好的互构模式。这一切都是基于这一时代特定的技术发展逻辑和受技术影响后的市场逻辑。该阶段的总结可以从以下几个方面谈及。

一、外来数字营销传播理论与实践的镜像模仿复制

我国广告主早期的数字营销传播实践主要通过引进西方先进的经典营销传播理论并加以数字化改进，但是当时的仅针对营销传播理论的传入就存在了一定的混淆，更不用说在学习相关营销传播模式时的镜像复制行为了。

首先，存在理论引进时间上的错位。因为早期的营销传播理论未能及时地传入国内并应用于实践，且当先进的营销传播理念传入后，通过吸收再针对国内形势实践需要时间间隔，从而导致新的数字营销传播理论混合了传统营销传播理论，而我国企业早期的数字营销传播实践主要还是依据相关理论和国外经验的指引，自然存在乱象百出的现状。

其次，关键性概念的错用。比如，企业内部管理和企业营销管理关键词间的相互错用、品牌管理与营销管理的相互等同。错误地将品牌形象管理归类到企业内部管理的模式之中，忽略了本应在营销传播层面建立品牌标识性差异的重大意义，甚至认为产品进行人员推广和渠道拓展的行为是一种品牌推动的过程。

最后，广告公司执行层面存在信息差。我国早期的广告公司主要是通过创意内容的制作和媒介采买行为完成营收的，彼时其对媒介资源的充分占有是其市场竞争力的核心组成部分。当数字新媒体冲击了既有的传播生态时，一部分花费了较多时间和资金而占有媒体资源的广告公司在新媒体未来前景尚不清晰的背景之下，仍旧主动或被动地沉浸在自身的地位优势中，转型速度较慢，这就导致了广告公司数字营销传播价值链中中坚力量的后续力不足的现象。在实际的营销传播过程中，对于未知的模式也只能采取模仿国外或同行业中营销传播效应较好的模式与手段，于是不同类别的广告公司都存在着执

行层面的信息差。

基于以上三种原因，广告主较为成功的数字营销传播模式皆存在镜像化的模仿，主要有数字营销传播模式和广告形式两大方面的模仿。

首先是数字营销传播模式的模仿。广告主普遍对数字营销传播的实施方法、评估方法、效果的无经验，导致新型互联网媒体的营销传播活动缺乏活力。广告主主要通过不同的互联网应用，如搜索引擎等工具类平台或QQ、天涯、人人网等社区类平台进行类似的数字营销传播。

其次是广告形式的模仿。一方面国内广告主模仿国外先进广告主运用数字广告形式，如搜索引擎广告、视频贴片广告、浏览器插入广告等；另一方面国内广告主则通过对传统媒体中既有广告形式的数字化再造模仿，如在浏览器界面中的硬广其实与传统媒体报纸、杂志期刊的图片广告设计如出一辙，或者利用flash等应用工具所呈现的动态广告，其实与传统电视媒体广告的制作路径大体相同。

除了这两大方面，还有对数字营销传播目的的模仿。初期的互联网对广告主数字营销传播效果达成中销售额的促进作用并不明显，广告主还是依仗终端的推广效果进行推动，所以大部分广告主在初期的数字营销传播活动中的主要目的是企业品牌形象的塑造，并认为品牌形象塑造是今后趋势。所以在新媒体应用方面，主动联系相应网站传播品牌形象信息，将互联网应用归结于品牌成长初期的告知作用，即首先通过搜索引擎的介入使消费者了解广告主所在的行业信息，其次通过品牌官方网站的建设进行链接推广与品牌宣传片植入，最后通过网络社区互动的方式，提高消费者对品牌的黏着度，延长消费者对品牌关注的时间。

二、广告主数字营销传播在传统与面临的冲击中互构

在这一阶段，广告主数字营销传播结合新的传播渠道、传播形式和传播理念，也创新出了新的营销模式，这一阶段的营销传播模式大致有以下几种：

其一，传统型。一些广告主仍然固守传统的营销传播策略，对在传统的市场环境和媒介环境下已经较为成熟的策略还是深信不疑。这一方面有广告主思维惯性和行动惯性的因素，另一方面有对新事物尚未形成较为完整的产业格局和较为成熟的盈利模式的因素，故而其在这一时期采取了观望的态度。

其二，技术型。一些广告主注意到了科技的发展和进步，希望通过新的科技来带

动企业自身营销费用投放的合理选择，在建立与消费者沟通的过程中，希望通过新技术使品牌确立具有时代性、时效性和更大的可传播性。同时，技术的演进也使得广告主在数字营销传播观念上发生了变化，更趋向于接触和拥抱新技术，并以此来提升实际营销效果。

其三，媒介依赖型。广告主仍然对媒介的放大功能确信不疑，但其中又分为两类：一种是仍然对传统媒体的传播、宣传功能较为依赖，相信在传统媒体中的大投入会得到大回报；另一种是开始接触新媒体的数字营销传播建构模式，由于此时新媒体尚在起步阶段，对广告主而言广告投入的成本相对较低，尽管对其传播效果尚未有确定信心，但这种新媒体接触的品牌营销模式已经成为一种新兴范式。

其四，复合型。广告主能够敏锐地判断新传播生态和已经在悄然发生改变的市场环境，采取传统技术与新技术相结合、媒介化与非媒介化相结合的整合式数字营销传播策略。这在一定程度上体现了我国广告主在这一时期能够形成对未来趋势的准确理解和判断，但调研中这一类型的广告主在本时期的占比相对较少。

三、互联网媒体作为桥接社会关系的中介性显见

科学技术的进步使得人类社会从面对面的人际交流时代转向媒介表达的大众传播时代。网络媒体作为公众接入互联网的一个入口，起初结合 PC 呈现出有线网络的互动样态，它不仅作为信息传播的通路，更作为广告主与公众关系建构的中介，承载着更为隐蔽的目的性。互联网对公众社会生活的影响极为显著，可以说此后时代的数字化媒介接触方式是个体的生存方式，是与实际生活环境相互构建的重要组成部分。

网络媒体建构出新的信息时代，媒介在构建文化、传播内容、促进人类文化相互交流的过程中，影响空前巨大，程度逐渐加深。网络平台的产品繁多，传播类型多样，所传播的内容也具有成倍增长、转瞬即逝、贴合需求的特性，必然会对不同兴趣偏好、成长环境、信息需求的公众产生差异化作用力。网络媒介作为数字营销传播的载体，借助内容的生成与互动交流达成意义传递，但数字营销传播的意义生成、如何传递、是否有效，与网络媒体的中介性关系甚密。因为营销信息的媒介化表达所涉及不仅有信息交互层面，更有超越文本的精神层面，而这种文化精神上的抽象内涵最终也是通过媒介的中介性来完成的，即媒介的内容生产和表达传播是实现不同社会主体（无论是商业运行主体还是行为人主体）之间交流与互鉴的主要途径。当自我文化与他者文化相遇时，将话

语互动作为根本，通过对话在相互作用和影响中桥接内在关联。

因此，此阶段互联网媒体对数字营销传播的作用力一方面体现为对消费者品牌意识的塑造与再造。换句话说，消费者在步入消费旅程的过程中会受到自体、他者、环境的共同作用力，而通过互联网媒体观念与信息传播的加工，会产生贴合或逆反的品牌信息认知。所以无论是初期品牌由形象模糊变清晰的“0 向 1”的转变，还是对消费者既有品牌认知的再造冲击，都是中介性记忆塑造。另一方面，当消费者长期浸润在网络环境塑造出的品牌拟态环境中，其现实生活中的社会关联、情绪共振与行为指向等都会间接作用于与其有社会勾连关系的主体之上，进而发挥对整体社会关系桥接的中介性作用。网络媒体在数字营销传播的进程中，通过互动的属性和互构的方式实现不同代际、不同物理时空、不同民族文化背景消费者的聚合，将分散在不同时空中的集体品牌认知唤醒，构建出一个横跨时空的记忆空间。在这个记忆场域里，不同年龄、不同阅历的消费者都会因为相同的数字营销传播符号彼此联结，由此构建出稳定的记忆空间。

四、作为“玩具”的广告主数字营销传播进程

保罗·莱文森在媒介发展历程中将技术的初期应用归纳为“玩具”的属性。何以理解玩具属性？技术在初期应用中总是因人类对其价值的未全面认知而停留在只能为人类提供娱乐的“玩具”属性层面，正如火药之于庆典、留声机之于音乐收纳，谁曾料想火药之于武器、留声机之于录音的功能性延展呢？数字营销传播起初也是品牌与消费者的互动交流方式，依靠的媒介在此时凸显出产品 / 服务信息强大的作用，而传递的包括情节、创意、文化旨归在内的信息内核退居幕后，它们只是增加媒介趣味性的工具。正如消费者在乎的是在线搜索平台中对搜索内容的信息转化，而广告主在乎的是硬广类营销信息传播具备眼球效应的曝光体验，所以此阶段数字营销传播往往被广告主当作“玩具”予以尝试。需要警惕的是，“玩具”阶段并不代表后期进化能如期开展，这也解释了非洲原始部落何以与现代化社会生态保持共存。所以数字营销传播进程的推动需要在合力中寻找新的发展逻辑与出路。

五、社会情境在此阶段呈现出巨大的作用力

在社会主义市场经济体制下，自加入世界贸易组织之后，中国市场的开放力度和开放程度均不断加大，越来越多的外资企业集团进入中国，对中国企业的发展带来了很大

的冲击，也带来了更为科学、合理、富于经验的营销传播手段和方式。中国企业在学习和模仿其营销传播实践的同时，也积累着自身的营销传播经验。于是，国家政策的制定和富有活力的宏观经济等社会情境在此阶段客观上保障了中国广告主合法数字营销传播活动的进行，作用力显著（见图 3.11）。

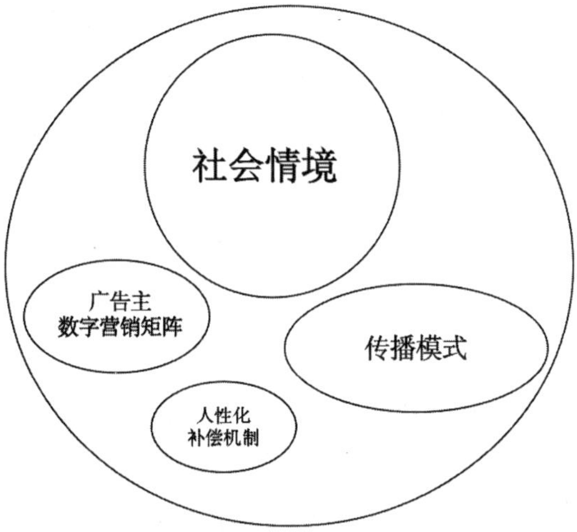

图 3.11　社会情境对系统的作用力示意图

第四章

从互构到互融：新型社会网络的形成对数字营销传播的重构（2010—2015）

如果说2010年前广告主数字营销传播是意识清晰但行为朦胧的阶段，那么2010年后的数字营销传播则在真正意义上迈进了发展的门槛，无论是从社会情境、技术背景还是从人文需求层面来看，这些都促成了数字营销传播的重构。逐渐成熟的数字营销传播模式构建起新型社会网络关系，进而发展出互融式数字营销传播矩阵，它不能简单归属于人际传播或大众传播，而是将两者的功能在技术上开始整合并予以加速，表现为对时间媒介的重新切分，并形成多对多、点对点的信息传播模式。此时，传播的时间、空间范畴受到带有广告主预期特征的目的性的影响，呈现出互融的态势。

第一节　理性的社会情境决定互融的沟通逻辑

曼纽尔．卡斯特将此时代界定为“具有历史意义的传播新形式称为大众自传播”[①]。在触达性上，大众自传播是拥有大众传播属性的；在自主性上，大众自传播又拥有人际传播属性。大众自传播并非替代或取消大众传播和人际传播，而是与后两者形成互补的局面。尽管大众自传播形式的出现尚不能成为一种时代特征（与之形成对比的是，曾经人们可以宣告大众传播时代的到来），但这种新形式在诸多研究和年轻一代的生活世界中得以确认，并具有一定历史意义的新颖性，即传播的融合将由一种更频繁的互动性建构起来的“数字超文本”展示出来，并通过多样态的互动表达方式形成了新的传播语

① 卡斯特．传播力（新版）[M].汤景泰，星辰，译．北京：社会科学文献出版社，2018：44.

境。其典型的特征可以被归纳为互融性和自我性，互融性体现着由技术变革带来的交往便利性、实时性和复杂性，自我性体现着对信息的生产、编辑、表达和传播的自组织性。互融性和自我性在大众自传播形式下嵌套在公众的行动中，并由此在公众心目中建构出意义。詹金斯认为大众自传播存在于个人消费者的大脑中，并通过与他人的社会交往形成[①]。正是在上述传播生态发生持续变迁的背景下，数字营销传播的战略布局与施行手段也进一步发生新的互融。

一、互联网相关业态政策提供方向指引

2010年作为承“十一五”启“十二五”的关键年，自然承载着广告主对数字营销传播发展的众多期待。在国际金融危机大规模蔓延的负向作用力下，国际整体环境发展堪忧，我国因体制优势和经济政策的重实体化而处于战略转型的重要节点，“……增强居民特别是中低收入者消费能力。巩固扩大传统消费，积极培育信息、旅游、文化、健身、培训、养老、家庭服务等消费热点，促进消费结构优化升级。扩大消费信贷。加强商贸流通体系等基础设施建设，积极发展电子商务”。[②]《2010年政府工作报告》中提倡不仅要提升国民消费的水平，还需要进行消费结构的优化，推动对信息、养老、旅游、健身的消费意味着我国消费水平的稳步提升，改革开放以来发展的三十年成果颇丰。该报告论及推动电子商务的发展为带动我国电商公司的崛起、广告主数字电商营销传播埋下了重要的政策种子。

2011年正式进入“十二五”规划阶段，《2011年政府工作报告》论及当年的发展要求提到，“大力促进文化消费、旅游消费和养老消费。推动农村商业连锁经营和统一配送，优化城镇商业网点布局，积极发展电子商务、网络购物、地理信息等新型服务业态”，并在经济结构战略调整的框架中明确指出，“加大企业技术改造力度，重点增强新产品开发能力和品牌创建能力……积极发展新一代信息技术产业，建设高性能宽带信息网，加快实现‘三网融合’，促进物联网示范应用”。[③] 此外，作为逐渐完整的产业模式，广告产业也于当年被列入“十二五”规划产业结构调整指导目录，为其后科学系统地推

---

① 詹金斯．文本盗猎者：电视粉丝与参与式文化［M］．郑熙青，译．北京：北京大学出版社，2016：32.

② 2010年政府工作报告［R/OL］.（2010-03-05）［2024-12-01］.http://www.lswz.gov.cn/html/xinwen/2018-06/11/content_205581.html.

③ 2011年政府工作报告［R/OL］.（2011-03-15）［2024-12-01］.https://www.gov.cn/test/2011-03/15/content_1825270.html.

进产业变革与产业模式发展指引了新的方向。相关政策通过电子商务和基于地理信息技术的相关应用，探索了此后广告主 SoLoMo 模式的数字营销传播途径，同时推进了三网融合的加速和广告产业的科学性规划，为数字营销传播的媒介载体变迁的尺度提供了政策性的助力。

《2012 年政府工作报告》在论及产业结构调整时，再次提及“大力培育战略性新兴产业，新能源、新材料、生物医药、高端装备制造、新能源汽车快速发展，三网融合、云计算、物联网试点示范工作步伐加快……加快发展信息咨询、电子商务等现代服务业”①。此外，国家工商行政管理总局在响应国家“十二五”规划的同时，也明确提出广告产业需加强与数字、网络技术的有关结合，且提出在三网融合发展的前提下注重对云计算技术的推进，而真正的数字营销传播的关键技术正是由以云计算为基础的大数据运用组成的。

《2013 年政府工作报告》在提及推动货币政策改革时，明确提出给予中小企业资金支持，并“积极推动信息化和工业化融合，加快建设新一代信息基础设施，促进信息网络技术广泛应用……促进形成以技术、品牌、质量、服务为核心的出口竞争新优势”②。这表明，广告主此阶段的数字营销传播应在保障产品质量的基础上，依托技术赋能进行品牌号召力的构建，从而形成销售服务循环。

《2014 年政府工作报告》提出的“促进互联网金融健康发展”为互联网企业支付业务的发展提供了政策依据，激发了网络经济的活力，也为移动支付的进程注入了重要动力。2015 年《中华人民共和国广告法》迎来了修订后的施行，为广告主的广告行为提供了新的标尺与保证。该报告还明确肯定了信息消费的重要作用，提出“实施‘宽带中国’战略，加快发展第四代移动通信……大幅提高互联网网速，在全国推行‘三网融合’，鼓励电子商务创新发展……清除妨碍全国统一市场的各种关卡，降低流通成本，促进物流配送、快递业和网络购物发展”③。报告还提出，基于新技术研发的未来产业发展路径即构建创业创新平台，引入移动通信和大数据、新能源等领域的成果，以不断攻克关键的共性技术。

伴随着技术的演进，互联网相关业态的政策性推动成了激发国内消费的一大重要推

---

① 2012 年政府工作报告［R/OL］.（2012-03-15）［2024-12-01］.https://www.gov.cn/test/2012-03/15/content_2067314.html.

② 2013 年政府工作报告［R/OL］.（2013-03-19）［2024-12-01］.http://www.gov.cn/test/2013-03/19/content_2357136.html.

③ 2014 年政府工作报告［R/OL］.（2015-03-16）［2024-12-01］.http://www.gov.cn/guowuyuan/2014-03/14/content_2638989.html.

动力，也正因为相关业态的成熟，为整体传播模式提供了变革的基础。

二、理性经济增长模式奠定物质基础

自改革开放以来，我国 GDP 持续处于高增长阶段，不断向好的经济大环境为广告主数字营销传播提供了资金支持。2010 年，次贷危机还在持续性地影响着全球经济的发展，中国作为对外开放、引进资本与出口流动较为成功的发展中国家虽波及效果弱，但也提出了改善国内经济体系发展结构，发展国家内部消费的推动力。2010 年我国 GDP 增速仍处于双位数百分比，自 2011 年开始，增速逐渐放缓，回归个位数百分比，2012 年后更是持续保持在 8% 的增长率以下。自 2010 年开始，在经历了人口红利、资源红利的发展阶段后，我国 GDP 保持经济中高速增长的常态，社会开始回归结构性改革的理性经济增长模式阶段。通过鼓励科技创新与发明创造提高各产业生产效率，进而满足社会整体的消费需求。

在此种经济大环境下（见表 4.1），人均可支配收入却保持每年 10% 以上的增长率，2015 年人均可支配收入相比 2010 年人均可支配收入高出一倍有余。更多的人均可支配收入意味着更多的消费需求被激活，所以社会消费品零售总额也在不断创造历史新高。2015 年社会消费品零售总额达 28 万亿元，是 2010 年总额的 1.9 倍。仅五年时间，我国广告经营额就从 2010 年的 2340.5 亿元增长至 2015 年的 5973.4 亿元，这不仅反映出国家政策对广告经营的助力，更反映出广告经营是总体经济环境理性发展的产物。

表 4.1　2010—2015 年 GDP、人均可支配收入、社会消费品销售额、广告经营额汇总[①]

年份	GDP（亿元）	GDP 增长率（%）	人均可支配收入（元 / 人）	社会消费品零售总额（亿元）	广告经营额（亿元）
2010	401513	10.4	10046	152083.1	2340.5
2011	473104	9.3	14551	179803.8	3125.6
2012	519470	7.7	16510	205517.3	4698.3
2013	568845	7.7	18311	232252.6	5019.8
2014	636139	7.3	20167	259487.3	5605.6
2015	689052	6.9	21966	286587.8	5973.4

① 数据来源：由 2011—2016 年国家统计年鉴、2010—2015 年国民经济和社会发展统计公报汇总整理。

在此期间，我国产业结构调整也如火如荼地展开（见表4.2），自2012年开始，第三产业的GDP即超过第二产业，成了国民经济发展的第二大推动力，这对广告主的数字营销传播提出了新的挑战。

表4.2 2010—2015年三大产业GDP汇总[①]

年份（年）	第一产业GDP（亿元）	第二产业GDP（亿元）	第三产业GDP（亿元）
2010	38430.8	191626.5	182061.9
2011	44781.5	227035.1	216123.6
2012	49084.6	244639.1	244856.2
2013	53028.1	261951.6	277983.5
2014	55626.3	277282.8	310654.0
2015	57774.6	281338.9	349744.7

同时，对外开放的经济交流步伐也提供了加速期的助力。2010年我国参加APEC会议，认同并主张推动亚太地区经济贸易自由化的进程；2011年参加中国—东盟（10+1）领导人会议，提出全方位合作的经济共促计划；2011年在夏威夷的APEC会议上，我国承诺与参与经济体通过区域合作的方式共同推进本国乃至全球的贸易进程；2012年在APEC会议中提出经济增长模式中的产业现代化倡议；2013年，习近平总书记积极推进国际经贸合作的和平友好进程，参与G20领导人峰会，并首次提出“增长联动、利益融合”的理念；2014年同样是在G20峰会上，中国号召全球经济体一同建立“开放经济”；2015年中国在安塔利亚峰会上提出可持续发展的协调创新。

基于此，经济平稳发展为广告主数字营销传播战略提供了基础。首先，广告主在保证了基本营收利润点的基础上，更加愿意尝试新的数字营销传播模式，因为在基本利润外的创新营收都属于额外的资金流动，既促进了本身业务的发展，又可以抢先占领数字营销传播市场高地；其次，经济的平稳发展使得城市总体的基础设施建设都较以往有了很大的进步，这为广告主的数字营销传播提供了场景、基建的物质助力；最后，由于经济水平的稳定发展，国民可支配收入得到提升，购买PC、移动手机的经费增多，此类产品的普及为数字营销传播提供了可承载的物质基础。

① 数据来源：2016年国家统计年鉴。

三、现代性风险社会带来机遇与挑战

现代性风险社会主要通过人口结构分层带来的消费分层作用于广告主数字营销传播，这既是机遇也是挑战。

社会风险在德国社会学家贝克眼中是贯穿人类发展始终的常态，从个体的生命成长维度来看，死亡则是最能被体认的危险形式。但是，随着社会进程的推进，这种自然属性风险渐渐让位于人类主导创造出的社会属性危险，也就是说，社会对风险的类型与性质方面的感知产生了巨大的变化，并因此产生了现代意义上的风险社会。随后，社会学家吉登斯强调了此种观点，他认为依据人造风险（manufactured risk）对社会发展的影响程度，可以判断现代风险社会的成立与否，而人造风险即“由我们不断发展的知识对这个世界的影响所产生的风险，是指我们没有多少历史经验的情况下所产生的风险”①。卢曼在此基础上强调归因对风险的识别，并提出社会决策的无绝对安全与无绝对风险，风险必然与决策同行。② 基于以上分析，笔者认为数字营销传播技术对社会转型无疑起到了推波助澜的作用。在传统社会中，人类社会的主要威胁来源于自然属性风险，如自然灾害等；进入工业社会后，这种自然属性的风险仍旧存在，但又添加了新的社会风险——社会人的风险，如生产风险、事故风险等；再到信息化时代即后工业时代，社会的整体风险不仅在前两者基础上有了更多形态，如自然属性中的生态风险，社会人的风险中的基因风险、生化风险等，还加入了信息风险、意识形态风险等新的风险。以我国为例，发展中国家的现状使得社会一直处于高速追赶的工业化社会塑造过程中，而夹杂着技术跃迁的现代化进程同时展开，在既往社会风险无法完全解除的背景下又承载着新的负压，对社会的整体承载能力提出了新的挑战。也恰如亨廷顿所言，现代性引起稳定，现代化则引起不稳定。政治动乱的根源并非现代性的缺失，而恰恰在于追求现代性的过程中所伴随的张力。③ 这种张力体现为双重社会压力：其一为自然灾害等天然风险带来的压力，如公众因为不可预测的自然灾害而伴生出失业、流动、疾病、死亡等的社会危险；其二为在社会发展进程中，作为社会成员的个体面临的风险，如经济水平发

① 吉登斯．失控的世界：全球化如何重塑我们的生活［M］．周红云，译．南昌：江西人民出版社，2001：22.

② 卢曼．风险社会学［M］．孙一洲，译．南宁：广西人民出版社，2020：42—45.

③ 亨廷顿．变动社会的政治秩序［M］．张岱云，聂振雄，石浮，等译．上海：上海译文出版社，1989：45.

展不均衡带来的贫富差距、社会犯罪，人口结构调整带来的社会需求分层、人口老龄化等。

一方面，我国人口结构中老龄化趋势在此阶段已然凸显。2010—2015 年我国人口的自然增长率为 4.79‰、4.79‰、4.95‰、4.92‰、5.21‰和 4.96‰[①]，这与计划生育政策的执行密不可分，人口结构性调整日趋合理，但同样导致了老龄化进程的提速。2010 年我国老年人（65 岁以上人口）占总人口比重为 8.9%，2015 年此比值上升到了 10.5%，依据联合国对老龄化社会的判断标准，当 60 岁以上老年人占社会总人口比例超 10% 时，社会即进入老龄化状态。学者 Canton 等人的论文通过数理模型的构建证明了，老龄化社会中的年轻人更愿意接受新鲜事物和使用新媒体技术，而 60 岁以上的老年人较少同意采纳新技术[②]，这恰好验证了我们固有认知中老年人对采纳新技术的态度。老龄化的进程加速会导致我国社会风险的增加，但也诞生了“银发经济”的相关新市场，对数字营销传播提出了更多的要求。

另一方面，2010—2015 年的网络世界出现了多元年龄结构的消费特征，美国学者曾对不同年龄的消费者做过数量相当的特征研究，国际上多采取 Meriac 等人对代际的四类划分方法，即以 1920—1945 年出生的一代消费者为沉默一代，其消费特征为关注自我发展并保持节俭自律；以 1946—1964 年出生的一代消费者为婴儿潮一代，其消费特征为关注产品质量、看重渠道购买的方式；以 1965—1980 年出生的一代消费者为 X 世代，其消费特征为购买行为更易受到广告信息的干预与影响；以 1981—1995 年出生的一代消费者为 Y 世代，其消费特征为注重社交体验与个性化的满足。[③]其后，Rowlands 等人又定义了 Z 世代，即出生于 1995 年以后的人，以及在互联网普及之前很少或没有生活经验的人。网络塑造了 Z 世代人群对世界的认知，在社交网络上间接、可视化交流取代了传统的交流方式。Lumpieva 等人认为他们具有社交意识，精通技术，颇具创新精神，并且不断寻找变化，在虚拟世界中天生就有舒适感。比起面对面交流，他们更愿意把自己的内心体验与大量的虚拟受众分享，他们更加独立，关注人生的体验感。2010 年，80 后群体中年龄最大的已经到了 30 岁，成为社会发展的重要推动力，90 后群体中年龄最大的也已进入大学本科教育阶段，成为社会发展的后备力量。在经济发

① 数据来源：2016 年国家统计年鉴。

② CANTON E F，DE GROOT H F，NAHUIS R.Vested interests，population ageing and technology adoption［J］. European journal of political economy，2002，18（4）：632.

③ MERIAC J P，WOEHR D J，BANISTER C. Generational differences in work ethic：An examination of measurement equivalence across three cohorts［J］. Journal of business and psychology，2010，25（2）：315—324.

展水平、受教育水平等多方面作用下，不同群体的消费观念与消费需求也发生了分层。

综上，现代性的社会风险不仅为广告主的数字营销传播行动带来了一定的挑战，也为其传播提供了多元的发展路径。

第二节　新型社会关系建立与重构传播模式

在硬性基建建设完成上一阶段的任务后，软性基建建设也有了新的发展维度，那便是继移动端塞班系统的更新之后，横空出世的安卓系统与 iOS 系统，它们迭代了塞班系统的互联网封闭社交时代，将公众带入一种由技术发展促成的新型社会关系网。不可忽视的是，2010 年，微信、米聊、陌陌等软件不约而同地诞生，奠定了其后长达十年的基本社交网络格局。此阶段互联网技术提供的不仅是互动乃至互嵌的模式，而且创新了新型社会关系，并塑造出依托线下社会关系生成的线上虚拟社区。与线下社区最关键的区别是，虚拟社区突破了时间和空间的限制，身处虚拟社区中的成员可以建立与传统线下社区相似的社会互动关系，甚至建立亲密和相互信任的关系。

一、贴合需求的社会化营销模式的演进

传统营销时代对应的是大众消费时代，在产品观念和推销观念的指导下，广告主之间展开了大规模生产与渠道销售能力的比拼。进入社交媒体时代，消费市场呈现出分化和重新聚合的态势，数字营销传播的手段、形式、模式也经历着重构。

（一）数字营销传播手段的重构

如前所述，技术构建出的并不只是一个赛博交流空间，更多的是作为中介而起到关系连接的作用，而数字营销传播效果达成的核心即桥接消费者与广告主之间的沟通，这必然引起传播模式的重构。

1. 社会化营销的崛起

无论是强关系下点对点的人际传播、自传播，还是弱关系下点对面或面对面的组织传播、大众传播，社交关系构建在数字营销传播中的作用都较为显著。社会化营销的起点是媒介载体的研究，即社会化媒体概念的提出。美国学者安东尼·梅菲尔德于 2007 年提出社会化媒体是一种新型在线媒体，是提供用户自主制作社交媒体传播内容和参与

空间、提供互动交流对话的媒体。顾名思义，社会化营销就是利用数字化、社会化媒体进行的营销行为。

社会化营销带来的数字营销传播模式的更迭，则是基于 AIDMA 和 AISAS 两种模式而更新的 ISMAS 模式。AIDMA 是传统营销的黄金法则，该模式提出：通过引起消费者的注意（attention）从而引发兴趣偏好（interest），在唤醒欲望（desire）的基础上加深消费者关于产品和品牌的记忆（memory），最终促成购买（action）。AISAS 模式则是通过引起消费者注意（attention），激发潜在兴趣（interest），从而促进主动搜索（search）、主动购买（action），进而促成主动分享（share）的再循环行为。刘德寰则基于此提出了社会化营销的 ISMAS 模式，即通过引起消费者兴趣（interest）促成其主动搜索（search），通过社交媒体的口碑传播（mouth）确认信息，完成购买行为（action）并再传播（share）。

2010 年，微博成了社会化营销的主阵营和排头兵，它通过对传统媒体颠覆性的内容创新，让网民从之前通过门户网站建立的被动信息接收模式转变到在赛博空间依据社交关系的主动传播态势。如前所述，在社会化媒体没有广泛出现之前，数字营销传播仍然处于一种广告主与消费者简化的交流状态，而在社会化媒体出现后，则创新出广告主与消费者之间可以即时确认传播效果的营销传播通路，这也是人际关系网络与口碑效应在互联网时代发挥重大作用的体现。社会化营销也是从此阶段开始成为广告主争先应用的数字营销传播手段，并在此后阶段创新出更多人性化模式。

2. 提升多感官体验的影音营销

在此阶段还需要注意的是影音传播模式的更新。如前所述，在 2010 年三网融合政策落实后，网络视频产业随即迎来了高速发展的机遇期，在政策加持、经济环境稳定、3G 技术的共同推动下，涉足网络视频公司的数量不断增多，乐视网、酷 6 网、迅雷网、优酷网、土豆网、腾讯视频、爱奇艺、PPTV、新浪视频、AcFun（弹幕视频网）、bilibili（哔哩哔哩）、激动网、搜狐视频纷纷创立；互联网音频公司的数量不断增多，酷我音乐、酷狗音乐、千千音乐、蜻蜓 FM、喜马拉雅、QQ 音乐、网易云音乐、咪咕音乐纷纷出现。

起初，网络视频与网络音频的运营模式主要是对线下电视媒体、广播媒体内容的数字化转换，在内容端还属于创新程度较低的状态。其后各大公司不断寻找多样化的商业化模式，为多样化营销模式奠定了基础。

第一种模式是通过生成创新节目内容，形成吸引消费者注意的手段，从而增强广告主的数字营销传播效果。在此期间也创新了较多的影音营销手段，如新浪网在 2010 年世界杯期间制作的专题讲解活动，通过植入的形式促进了消费者对啤酒品牌的相关认知并带动了消费。酷6网则在2010年通过制作第一档球迷真人秀的方式，牢牢抓住了消费者的注意力。

第二种模式是通过对正版化内容的保护，进而保护平台内容创作者的权利，吸纳广告主在原创视频营销手段中投入更多资源。例如，2012年，搜狐联合多家公司建立了中国网络视频反盗版联盟。

第三种模式是通过媒体自我营销，为后期广告主数字营销传播奠定品牌知名度与美誉度。各大视频网站纷纷加快自身品牌塑造的进程，确立在消费者心目中的品牌位置。除此之外，影音媒体网站还针对消费者的媒介需求进行了改革，如迅雷网针对消费者观影清晰度的需求建立了蓝标影视格式；QQ音乐针对消费者高还原度音乐的需求开放了会员音频无损模式；土豆网建立了黑豆的品牌专区为网民提供高清视频内容。

（二）隐匿的原生广告形态诞生且火热发展

根据不同的平台类型，广告主主要投放15种平台类型的广告形态：①搜索类平台广告（百度/搜狐等）；②新闻资讯类平台广告（新浪/搜狐/网易等）；③新闻聚合类平台广告（今日头条/百度/腾讯等）；④电商类平台广告（阿里/京东/拼多多/美团等）；⑤社交类平台广告（微博/微信/QQ等）；⑥长视频类平台广告（爱奇艺/腾讯/优酷/芒果/bilibili等）；⑦短视频类平台广告（抖音/快手/视频号等）；⑧直播类平台广告（抖音/快手/熊猫/淘直播等）；⑨专业垂直类平台广告（汽车类/母婴类/教育类等）；⑩生活服务类平台广告（出行/旅游/金融服务/天气等）；⑪应用工具类平台广告（App商店/美图等）；⑫音频类平台类广告（喜马拉雅/蜻蜓FM/云听等）；⑬游戏/电竞类平台广告；⑭私域类平台广告（电商旗舰店/品牌自播/公众号社群等）；⑮不区分平台的流量包广告。

需要注意的是，随着社会化营销的展开，广告形态呈现出原生化的趋势，这是一种通过原生商业系统演化而来的广告形态。在相关研究中，其定义逐渐延伸为：为消解消费者对目的性明确的广告内容回避性的直接或间接抵抗，而采取的与媒介传播环境特征相符合的嵌入上下文环境[①]的广告实践理念。需要注意的是，原生广告不仅是一种广告形式，更是数字营销传播中广告贴合人性化的指导思想，用以抵消大众逐渐差异化的广告厌恶。在真实的广告传播与交流语境下，广告学术研究、广告主及利益相关者都对广

① 康瑾.原生广告的概念、属性与问题［J］.现代传播（中国传媒大学学报），2015，37（3）：112—118.

告输出与意义接受的契合度有着切实的关注，消费者对于广告文本的接受、喜好、反感是广告传播效果强弱的重要衡量标准与尺度，它关乎广告文本发布的记忆度，影响受众最终购买行为的完成。伴随着商业社会的发展，在全媒体广告应接不暇、铺天盖地的时代，面对纷繁的、充满着商业意蕴的广告信息，消费者获取信息的情感诉求似乎是原生广告形态得以诞生与火热发展的重要因素。

原生广告不仅基于广告主的主观推动，更是媒体平台为了实现内容的互文性和贴合性效果所形成的双向推动，它通过单 / 多 / 融合终端的传播渠道，基于合理算法条件下的大数据推送，实现与消费者的无阻碍接触，并通过消费者的共享特性实现赛博空间的“烯结构”扩散。常见的原生广告有三种：其一为专业生产内容（PGC）；其二为用户生产内容（UGC）；其三为品牌生产内容（OGC）。在这三种类型中，专业生产内容质量高，专业性强，商业价值高；用户生产内容对消费者而言接受度较高；而品牌生产内容可能会受到所在品牌的影响，导致内容具有一定的倾向性，可能不完全客观。腾讯曾为了推广其公益活动“9・9 互联网公益日”，在公众号投放过原生广告《刻板印象合集》（见图 4.1）。整篇是以“刻板印象”与实际形象的对比为逻辑线索的，通过漫画的形式呈现出不同行业从业人员自我和他我之间的差距。全篇内容搞笑诙谐，对形象差距的把握拿捏到位，引发网民极大共鸣，进而在全文末尾提出公益日的宣传目的：互联网公益日并不是一味地卖惨，而是落脚至公众间的互助。此举不但以潜移默化的形式宣传了公益日存在的重要性，也从侧面提升了广告主的形象，可谓“一箭双雕”。

图 4.1　腾讯投放的原生广告《刻板印象合集》部分截图

（三）基于 SoLoMo 模式的呼应式传播模式建立

如前所述，基于数字化、社交化的传播已然成为此阶段数字营销传播的标配之一，而随着移动网络基建水平的提升、移动电子设备种类的增多，一种结合移动化、社交化、本地化营销模式的新模式出现了，即 SoLoMo 模式。

SoLoMo 是 2011 年兴起的概念，由美国杜尔在当年的全球移动互联网大会上提出，是结合了社交（Social）、本地（Local）和移动（Mobile）三重属性的商业模式，之后被学界与业界证实了其价值。例如，美团网等立足于本地生活服务的 App，通过移动端软件签到和软件内的搜索功能，帮助消费者搜索符合自身需求的本地生活商家，通过软件内部云计算推送营销传播信息，打通消费者现实生活场景的链接，从而实现全链路的营销效果。

SoLoMo 模式给广告主的数字营销传播带来了新的机遇与销售数据增长的空间。首先，移动端的链接方式打破了广告主数字营销传播中限定地点和时间的媒介投放模式，进而满足了消费者无论是处在流动过程中，还是处于客厅、办公场所、教室等密闭空间或社交活动中的营销信息需求，及时链接到相应软件，寻找自己想要的产品与服务。其次，消费者对贴合实地场景的本地营销信息的主动需求，使得广告主可以在相应的营销信息中更多地推送不限于文本形式的信息，以实现消费者对产品和服务的知情权，这就大大增加了数字营销传播信息的可读性和可传性。最后，消费者与平台之间长期的依赖关系，为广告主数字营销传播活动提供了稳定的流量输出口，且精准的信息传递会带来更多的直观销量。

二、技术融合背景下的融媒体生态建构

随着数字媒体终端的丰富和普及，以及传统媒体在“互联网 +”趋势推动下逐步实现数字化应用的转型，此阶段融媒体信息平台的轮廓已经初步显现。当谈到媒体的融合性特征时，绕不开的一个关键性概念即媒介融合。20 世纪 80 年代初，美国学者伊契尔·索勒·浦尔与尼古拉斯·尼葛洛庞帝凭借丰富的商业市场经验和对互联网早期技术的熟稔，对“媒介融合”的概念提出了初步假设。浦尔认为媒介融合其实是新媒体与旧媒体之间关系模糊性的产物，如电报与传真。[①] 尼葛洛庞帝则认为，媒介融合是技术发

① MEIKLE G，YOUNG S. Media convergence：networked digital media in everyday life［M］. London：Palgrave Macmillan，2012：7.

展推动下的新旧媒体之间对立互嵌后的融合产物，新媒体通过对旧媒体功能的吸收融合而产生新的形式与外延。较早提出媒介融合概念的学者应该是杰·大卫·博尔特与理查德·格鲁辛①，他们提出媒介融合是新旧媒体的三种互动关系，即影响、吸收、调节的产物。

众多国外学者针对媒介融合的概念进行了相关研究，如詹金斯不断呼吁研究者不能在媒介融合与综合型媒介平台之间画等号，不能简单地将媒介融合看成媒介之间内容和形式上的融合，否则就丧失了媒介融合对于社会整体形态改变的重要意义，所以提出更应把媒介融合看成在内容端融合基础上对产业带来的变动，以及对社会整体文化形态带来的全方位融合。②我国学者也通过对媒介融合的细致观察，提出了多种影响深刻的建议，如熊澄宇认为媒体相互融合的结果是形成了三种整合维度：第一种为整合传播终端，第二种为整合生产与传播渠道，第三种为整合传媒机构。③喻国明认为媒介融合无论是社会大融合还是媒介间的小融合，都无一不表明媒介的整合、链接和激活在社会产业融合中的作用。④陈力丹等人认为未来媒介融合会变成一个大产业群，不能简单地将媒介融合看成多维功能性重叠后的拓展创新，而应该把它当成一种更为广泛的产业生态来观察。⑤此阶段的传播模式已然呈现出互融的态势，其必然作用于广告主数字营销传播系统。

（一）传统媒体的数字化转型

传统媒体主要是通过打造“两微一端”（微博、微信、手机客户端）的接触方式进行数字化转型。

作为杂志经营佼佼者的《第一财经周刊》在2012年的调研中表示，“因为新媒体的核心是解决传统媒体不能解决的问题，如高效到达率、广告价值的回馈等平面媒体无法解决的问题，所以我们创立了第一财经周刊App，并积极布局移动端，通过定制iPad（苹果平板电脑）和安卓双系统平台进行内容输出与数字营销信息的传播”。

广播媒体中的北京人民广播电台也在调研中表示，“新媒体方面电台会有一些布局，

---

① BOLTER J D，GRUSIN R. Remediation：understanding new media［M］. Cambridge，MA：The MIT Press，2000：273.

② 詹金斯．融合文化：新媒体与旧媒体的冲突地带［M］. 杜永明，译．北京：商务印书馆，2012：47—92.

③ 熊澄宇．整合传媒：新媒体进行时［J］. 国际新闻界，2006（7）：8.

④ 喻国明．中国传媒产业的融合与发展［J］. 新闻前哨，2010（2）：9.

⑤ 陈力丹，付玉辉．论电信业和传媒业的产业融合［J］. 现代传播（中国传媒大学学报），2006（3）：30—31.

如开发简单的App，包括之前做的菠萝台微信等”。

浙江之声广播电台在2014年的调研中表示，“我们在微信端会有账号的运营，主要通过发布活动内容和新闻的形式进行听众的引流与维护，虽没有研发App，但与新媒体类的广播，如蜻蜓FM和考拉FM都有所合作，可以通过他们的App收听我们电台，在新媒体上收听排名还是很高的”。

《广州日报》在2012年的调研中表示，“读者的生活和工作状态以及思想、媒体接触习惯、媒体环境是一连串的影响因素，媒体的根本目标也是针对读者的改变，在内容取材、编排的风格上，更加注重年轻化、网络化，吸收一些网络流行文化内容来适应读者年轻化的趋势。在传播渠道方面，通过报网联动的新媒体传播形式吸引更多读者”。

浙江卫视在2015年的调研中表示，“我们主要采取的还是台网联动，倾向于内容版权的合作模式。在售卖的广告资源中有与新媒体融合的内容，如一档节目会向客户开放微博和微信端口，同时开放冠名。这应该是目前主要的一种与数字媒体融合的广告产品”。

（二）互联网思维下平台的商业化圈地

腾讯在2012年的调研中表示，“QQ是桌面端互联网的一个非常好的入口，腾讯基于IM技术（即时通信技术）把很多产品当作入口，而未来对无线端入口的把握，各家互联网企业都在竞相布局。桌面端浏览器入口也是各家展开竞争的场地，如QQ、360、搜狐等。因为在未来可能光靠一个浏览器就能在服务器里拉取消费者所有想要获取的内容，包括word和excel等应用”。凤凰网作为凤凰传媒集团的新媒体，在调研中也表达了对新媒体消费者触点的关注，“互联网已经在爆发过程中，但是无线端还没有爆发的原因在于参与形式与PC互联网的差异度还未找到，布局关键在于通过媒体特点融入用户生活”。

实际上，以上的观察已经成为融合媒介布局的基本视角。新媒体在此阶段开始了无论是PC端还是移动端的应用布局，作为互联网接入端口的平台，结合互联网思维积极开拓多类别商业化“无人区”，构建出独特的互联网传播模式（见图4.2）。

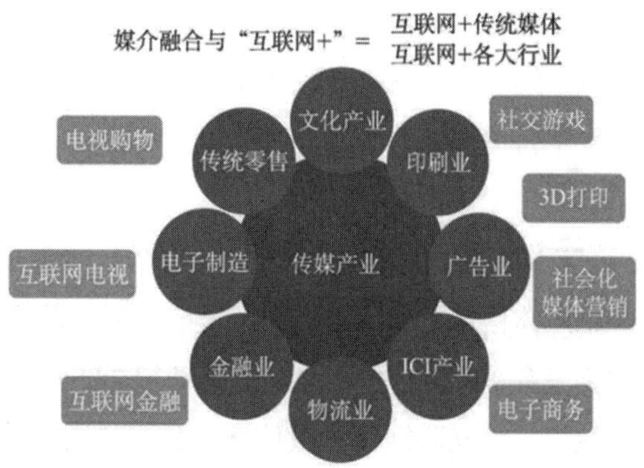

图4.2　媒介融合下的互联网生态

围绕着传统零售诞生了电子商务的多样态，出现了B2C、

B2B 和 C2C 三种针对不同交易对象的发展模式，还出现了 O2O 的消费模式。B2C 是 business to customer 的缩写，是指企业与消费者借助互联网手段完成产品或服务的采买流程。直至 2014 年，B2C 发展模式较为成功的有当当网、携程网、京东等。B2B 是 business to business 的缩写，是指企业与企业借助互联网手段完成产品或服务的采买流程，直到 2015 年，B2B 发展模式较为成功的有 1688、慧聪网、中国制造网等。C2C 是 customer to customer 的缩写，是指消费者与消费者借助互联网手段完成产品或服务的采买流程，C2C 发展模式较为成功的有淘宝网、闲鱼网等。O2O 模式是指 online to offline，是指线上引流至线下的消费模式，O2O 的大发展模式要回溯到 2013 年，并诞生了 SoLoMo 的营销形式，这部分在下一节我们会有所论述，O2O 的成就代表是美团、滴滴打车等。

围绕文化产业诞生了互联网信息平台，如生活服务平台、生产服务平台、科技创新平台和公共服务平台，以及在线教育平台、网络游戏平台、数字文化娱乐平台等，较为成功的企业为 MOOC（慕课）、百度教育、腾讯游戏、政府招标平台等。

围绕传统印刷业诞生了数字出版、数字动漫、数字信息提供等类目，具有代表性的平台为今日头条、天眼查等。

围绕电子制造业开发出互联网电视，较为成功的企业为海尔、海信等。

围绕金融业开发出电子支付、移动支付等业务，较为成功的成果有支付宝、微信支付、京东白条等。

围绕物流业开发出数字物流体系，为电子商务提供基础动力，较为成功的案例有苏宁物流、菜鸟物流等。

围绕 ICI（半导体）产业开发出线上线下融合垂直综合体，如中粮大悦城等垂直综合体。

围绕广告业开发出社会化媒体营销。社会化媒体营销是广告主利用口碑传播在网络社会中发挥数字营销传播作用的新融合模式。

以上媒介融合与“互联网 +”战略的结合诞生的新商业模式和平台都深刻影响着广告主数字营销传播的深度及边界。

（三）融媒体信息平台生态的构建

融媒体信息平台的结构为：传统电视通过数字技术的包装演化为记录家庭收视信息的重要平台；手机、平板电脑等移动智能终端在移动互联网的覆盖下成为个人化信息汇集的端口；而互联网以海量信息的分享与交换，通过广泛的用户之间的深入互动行为，重新在碎片化的用户群体中构建起全新的虚拟社区，实现用户的重聚，并且这种社区重聚是以用户的偏好为基础的。从广告主数字营销传播层面来讲，互联网更有针对性，因此成为虚拟社区信息的平台数据库。

融媒体信息平台的最大特点就是海量信息的自由流动。消费者首先是作为社会人的角色身份存在的，任何人在正常的工作生活中都离不开信息的获取，没有信息的流动就没有人的发展与社会的进步。数字媒体在使用者进行信息的搜索、获取、发布，甚至是信息的自行策划与创造上均存在先天的优势。人们可以通过数字媒体的搜索功能主动查找所需要的某种信息，通过社会化媒体实现信息的交流与互动，进一步传播或完善已有信息，或者通过自有的社会化媒体窗口发布信息。无论是搜索引擎、网络娱乐、新闻、视频网络购物，还是电子邮件与微博的使用，表象背后的本质都是信息的流动。基于数字媒体平台的信息的强大流动性直接提升了用户对于数字媒体的使用强度，加深了用户的依赖性。正如麦克卢汉所说："正是来自世界各地的新闻和图片组成的普普通通的信息流，重组了我们的精神生活和情感生活。"①

移动互联网及移动终端的大发展直接刺激了传统个人电脑的革新，使其朝着优化用户体验的方向发展。因此，数字化融媒体终端顺应了消费者的体验需求，在与消费者良性互动的过程中深刻地影响消费者的媒介感官，随着其功能的完善，逐渐成为消费者生活的重要组成部分。正如麦克卢汉所言，媒介跳脱出了作为信息载体的工具属性，成为影响人本身的重要内容。在时代的更替中，传播的内容与信息虽然带有鲜明的时代特色，但是核心的观念并没有颠覆性的变化，因此人们的媒介生活所发生的巨大改变，正是源于媒介技术带来的媒介形式的多元化与更新换代。麦克卢汉的论断"媒介是人体的延伸"也深刻地影响着媒介技术论的发展，它强调人们对于媒介本身的接触与体验，媒介通过人的使用与体验深刻地改变了人的存在方式，重建了人的感觉方式和对待世界的态度。尤其是在电子化时代，数字化融媒体的互动性在更高的层面重新诠释了这种媒介对于人的影响，更为淋漓尽致地发挥出媒介的作用。

消费者对体验的追求在终端产品上表现得最为突出。在2010—2015年，显见的情况是：国际与国内手机市场进入了智能手机激烈竞争的阶段，终端产品吸引用户的关键在于应用与服务，因此各大品牌智能手机纷纷在改善用户体验上下功夫。在智能手机操作系统方面，苹果iOS系统以其丰富的应用和超强的用户体验深得人心；安卓系统以其开放性的应用在智能手机市场中占据了领先地位；诺基亚等传统移动电话厂商也开始与微软结盟，围绕用户体验进行深度开发。除了智能手机市场的爆发性增长，由iPad引

① 麦克卢汉，菲奥里，阿吉尔．媒介即按摩：麦克卢汉媒介效应一览［M］．何道宽，译．北京：机械工业出版社，2016：8—24.

发的平板电脑热也是消费者体验经济的例证，平板以介于通信工具与互联网工具之间的移动互联网的体验空缺为目标，开辟出一条属于自己的新的体验之路。

三、数字营销传播交易模式的迭代

数字营销传播交易环节的演进主要从广告主与媒体之间的交易产品、广告主与广告公司的合作方式和广告计价方式的变迁三方面展开论述。

（一）媒介售卖服务的内容变迁

以前媒体向广告主提供的服务是营销传播信息的展示通路，所以媒体售卖服务的框架为一定时间段内固定大小的版面，这就很好地解释了在传统媒体时代，央视“标王”诞生的合理性，因为黄金时段与黄金版面对传播效果的达成起到了至关重要的作用。在上一个阶段的数字营销传播进程中也有所提及，广告主主要是在新媒体，如搜索引擎和浏览器界面中购买一定的角标广告、视频贴片飞入广告等硬性广告形式，这是沿袭了传统媒介售卖服务内容的结果。

需要注意的是，媒体提供的服务实质是对消费者注意力的兜售。但是随着互联网公司与平台的发展，媒体提供的服务已经超越了传统的固定形式，由简单的展示性提醒广告转变为大数据加持下的定向广告，通过对消费者人群的画像描摹出，如年龄、性别、所处地域、消费倾向等消费者框架性特征元素，进而推送适合消费者的营销传播信息。所以，此时媒介兜售的服务内容则变成了平台的流量与目标消费群体的种类。

从短期效果来看，这在很大程度上节省了传统媒体时代无效的营销传播费用投入，但从长期来看，对品牌的建设来说，针对性的广告信息投放区隔了个体人的集合性，更为后期数据造假、流量造假等数字营销弊端的存在埋下了前置条件。

（二）广告计价方式的标准跃迁

在传统媒体时代，广告主主要通过千人成本的方式来进行广告购买的计价核算，即CPM 模式。进入数字营销传播阶段后，依托互联网技术产生了更多的 PC 应用与移动端 App，所以广告计价方式也产生了跃迁，出现了 CPM、CPC、CPTM、CPA、CPS，呈现出多种方式结合的发展现状。

第一种为 CPM 模式（cost–per–mille），一种按照千人曝光结算的方式。在数字媒体的结算中，此方法演变为页面中展示该条广告 1000 次所需的费用，所以在数字营销传播中，CPM 费用的划定方式与传统媒体时代的收费方式类似，即费用固定在一定的报价范围。

第二种为 CPC 模式（cost–per–click），一种按照点击量结算的方式，指的是以消费者每次点击链接的成本进行结算。早期的浏览器广告主要通过消费者点击率而进行广告效果的测量，所以产生了此种模式。广告主在投放硬性广告时很希望采取这样的结算形式，因为展示性的硬性广告在浏览器或客户端页面中悬浮，所以，即便消费者点击率低，传播效果也较好，对考虑成本的广告主投放而言是不错的选择。但媒体现在较少采用此种结算方式，因为会向广告主提供更多无偿的资源。

第三种为 CPTM 模式（cost–per–targeted mille），指的是千人印象成本。媒体只向广告主提供的目标群体进行营销信息的传播，此种结算和 CPM 一样属于在固定比率中浮动的框架模式，区别在于其面向的消费者更为精准。

第四种为 CPA 模式（cost–per–action），指的是消费者每次行动的成本，对消费者行动的界定主要分为点击、购买、注册新用户、分享链接等。

第五种为 CPS（cost–per–sale），指的是按甲方收益分成的方式，是一种动态的佣金抽成模式。

（三）数字营销传播活动流程的重塑

广告主在传统数字营销传播流程中主要通过与广告公司的合同签订，完成后期创意制作、媒介采买、效果投放回馈。但是互联网技术推动了效果更显著、回馈更及时的投放流程重塑。

代理公司起初通过媒体资源的占有与媒体关系的维护确立其在营销传播中的市场地位，但互联网造成的注意力分散消弭了媒介占有型广告公司的优势，没有哪一种或哪几种媒体始终处于营销传播的主体位置。于是，互联网平台中的“散户”（中小类综合平台或部分极细垂直类平台）纷纷进行合作，成立了早期的广告联盟，如好耶发起的好耶广告联盟和百度发起的百度广告联盟等。联盟的存在虽然聚集了分散的互联网力量，但造成了不透明的广告主与平台资源间的信息不对称，于是互联网广告交易平台 ADX（ad–exchange）便诞生了，这是一个媒体种类更多、广告类型更丰富的平台，它建立了公平的广告主与广告资源对接的通路。ADX 分为公开与私有，因平台的盈利模式差异而不同。

ADX 的运行流程是通过链接两种子平台——需求方平台（DSP，Demand Side Platform）和资源方平台（SSP，Supply Side Platform）来完成实时竞价（RTB，Real Time Bidding），进而完成广告资源的交易。

DSP 的组成者为广告主和广告公司，通过发布单体需求汇集成类目需求，进而与 SSP 匹配合适资源。

SSP 的组成者为媒体、个体站长等资源提供方，通过匹配最优实时价格桥接 DSP 的需求。

RTB 是 DSP 和 SSP 对接的交易条件，对供应同一资源且具备相同需求的需求方，通过不断更新的 cookie 数据完成最终广告资源的购买。

第三节　广告主融合性的数字营销传播矩阵

传播模式的变化主要作用于投放的多元创新方面，这种基于媒体自身的内容创新、技术创新都为广告主数字营销活动提供了优质的融合性资源与平台。它表现为数字营销传播战略布局、策略实施、合作矩阵三个方面的互融。

一、广告主数字营销战略布局的互融

首先，消费者接收信息和搜索信息的渠道与习惯已然发生变迁，公众有了马斯洛需求层次理论中的顶层需求——自我实现的可能，主动通过多种渠道寻找、过滤、分享可利用的营销信息行为成为常态。其次，传统媒体与新媒体的关系也在变化，由前一阶段数字营销中的对峙转变为此阶段的共存、共融、共促，并实现了整合。最后，传播内容的价值越来越凸显，也就是说无论创新出何种营销方式，内容营销依旧是不过时的主流，在此基础上继续融合迭代。对于广告主数字营销传播而言，传统媒体和新媒体都是媒介，必然以内容为核心串联起多种渠道的整合。以上三种原因促使此阶段广告主数字营销传播战略布局呈现出互融的态势。

（一）品效合一的融合性目的凸显

广告主对营销传播目的的追求是营销战略布局的首要条件，通过实证数据发现（见图 4.3），在 2010 年广告主“希望通过营销传播活动达成的主要目的”中，提高或保持产品 / 品牌知名度的选择率为 75.3%，迅速促进企业和产品的销售的选择率为 62.4%，直到 2015 年选择提高或保持产品 / 品牌知名度的广告占比主降至 70.2%，选择迅速促进企业和产品的销售的广告主占比升至 69.4%，这足以显现广告主对品效合一这一融合性需求的日益增加。

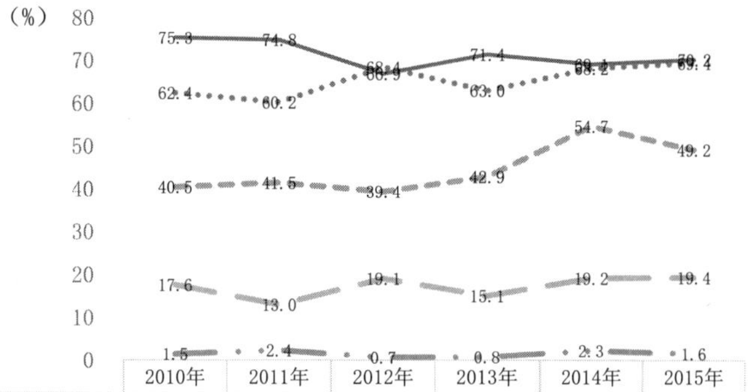

	2010年	2011年	2012年	2013年	2014年	2015年
提高或保持产品/品牌的知名度	75.3	74.8	66.9	71.4	69.1	70.2
迅速促进企业和产品的销售	62.4	60.2	68.4	63.0	68.2	69.4
提升企业形象	40.5	41.5	39.4	42.9	54.7	49.2
增强经销商等关系单位对企业的信心	17.6	13.0	19.1	15.1	19.2	19.4
其他	1.5	2.4	0.7	0.8	2.3	1.6

图 4.3　2010—2015 年广告主开展营销传播活动的目的

注重提升品牌口碑、美誉度、忠诚度的广告主倾向于开展品牌营销，而急于提升销量、促进产品变现的广告主倾向于开展效果营销，这就成为学界与业界至今无法统一“品效合一”观点的原因。因为注重提升企业形象的营销行为必定需要与消费者建立长久的产销互动关系，而忽略短期的盈利提升；而注重促进销售的营销行为必定采取短期内降价提升购买量或溢价提升客单价的行为，有损长期的销售促进与品牌好感度的建立。结果导向的分析使得品效之间的协同难以一致，但数字营销传播恰好是弥合两者的方法论。基于大数据分析的效果营销可以更系统及时地通过量化指标检验品牌投放效果，并反馈至新一轮的品牌形象建立环节中，这既可以带来销量的提升，也可以促进品牌活力的展示。由此可见，“品”与“效”并非天生的冤家，完全可以共存。[①] 由移动设备与 4G 网络核心技术搭载的移动互联网时代的开启，更贴合消费者的需求，这也充分昭示着广告主在数字营销传播目的端的互融性需求存在合理性。

（二）数字营销战略的互融性提升

营销战略布局总是基于消费者需求满足、营销价值提供、延续性关系构建三个维度进行变迁。所以即便广告主数字营销传播进入了稳定加速期，对核心逻辑的把握也不会有所偏移，这就导致了在社会情境、传播模式的影响下，广告主数字营销传播战略布局在此阶段进行了修正（见图 4.4）。

① 丁俊杰．“品效合一”是非辨［J］. 中国广告，2019（9）：101—102.

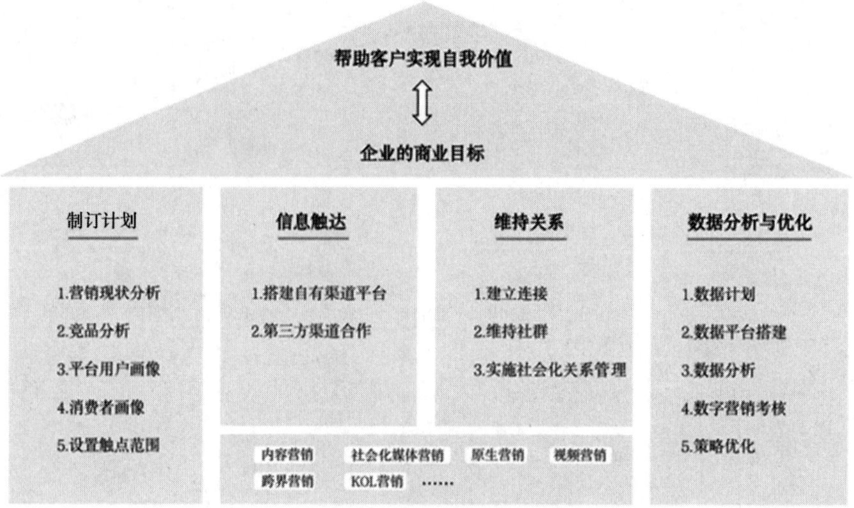

图 4.4　数字营销传播战略框架

首先，对消费者需求的满足可以通过大规模的问卷发放与小规模的控制实验来进行分析，结合环境变迁，广告主应用的新战略模式应为营销现状分析、竞品分析、平台用户画像、消费者画像、设定触点范围等。

其次，营销价值的提供实际上讨论的是营销目的满足。在数字营销传播重塑期，广告主数字营销传播不能仅基于自身需求而强调品效合一，还需要在此基础上给消费者提供实现自我满足的空间，这就需要挖掘更深层次的数据，进行深度分析与优化，通过作用于生产端口的营销信息反馈机制激活消费，提供更为持久的紫牛①价值，进而产生他类无法复制的差异区隔。

最后，延续性关系的构建考验的是对消费者的管理能力。例如，广告主通过何种方式接触消费者、通过何种手段引导消费者、通过何种手段促进消费者分享、通过何种手段吸纳消费者共创。

（三）数字营销方式与手段的互融

此阶段衍生出了较多新的营销方式，如社会化营销、体育营销、电商营销、跨界营销、KOL（关键意见领袖）营销、游戏营销等以内容质量为依托的新方式，新的营销方式并不是凭空出现的，而是多种固有方式的互融创新。

根据 2010—2015 年的调研数据（见图 4.5），社会化营销传播方式是广告主看重的方式之一，从 2010 年的 63.2% 上升至 2015 年的 76.2%。此外，在 2015 年，展会营销、

---

① 高汀 . 紫牛：从默默无闻到与众不同（新版）[M]. 施诺，译 . 北京：中信出版社，2009：129.

公益赞助、事件营销的广告主选择比都保持在 50% 左右。体育营销因其发起所处的时间节点特征而呈现“大小年”的弹性选择比。总体而言，在营销方式的使用中，广告主呈现出融会贯通的态势。

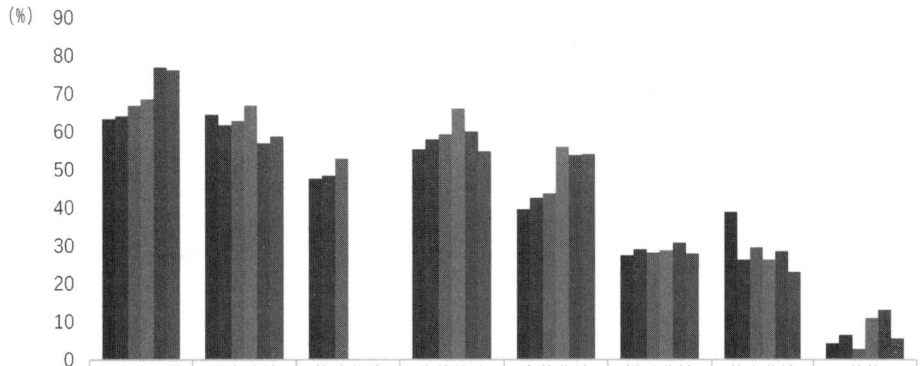

	社会化营销	展会营销	体验营销	公益赞助	事件营销	娱乐营销	体育营销	其他
■2010年	63.2	64.5	47.6	55.3	39.6	27.4	38.9	4.3
■2011年	64.1	61.7	48.4	57.9	42.5	29.1	26.2	6.5
■2012年	66.9	62.7	52.8	59.2	43.7	28.2	29.6	2.8
■2013年	68.6	66.9	—	66.1	55.9	28.8	26.3	11.0
■2014年	76.9	56.9	—	60.0	53.8	30.8	28.5	13.0
■2015年	76.2	58.7	—	54.8	54.0	27.8	23.0	5.6

图 4.5　2010—2015 年被访广告主采用的营销传播方式

九阳电器在 2013 年的调研中表示：“我们的社会化媒体营销是对消费者碎片化时间的占用。产生的根源在于对人性需求的满足，一方面，人性需要自由，所以需要表达的途径与空间，社会化媒体给了人们一个发声的机会。另一方面，随着社会节奏的加快，人与人面对面沟通较少，便产生了在社交媒体中寻求沟通的需求。社会化媒体对口碑很有帮助，所以我们会在结合多种方式的基础上进行社会化营销。”

圣象集团在 2013 年的调研中表示，“既会加大线上电商营销传播的投入，也不会减少线下的导流”。

娃哈哈集团在 2014 年的调研中表示，“公司会配合数字营销传播再做一些线下的促销 / 推广活动。深入大学校园、社区、超市去做各种各样的拓展活动，以配合产品宣传”。

二、广告主数字营销传播策略的互融

如前所述，此阶段出现了创新的社会化营销、体育营销、电商营销、跨界营销、

KOL 营销、游戏营销、IP 营销等多种方式，广告主整体的营销推广方法、营销传播策略、媒体投放都有了更为融合性的指向。

（一）逐渐重视公关对消费者的构建力

2003—2015 年，广告主倚重的营销推广方法排名前两位的依旧是广告与促销活动（见图 4.6）。

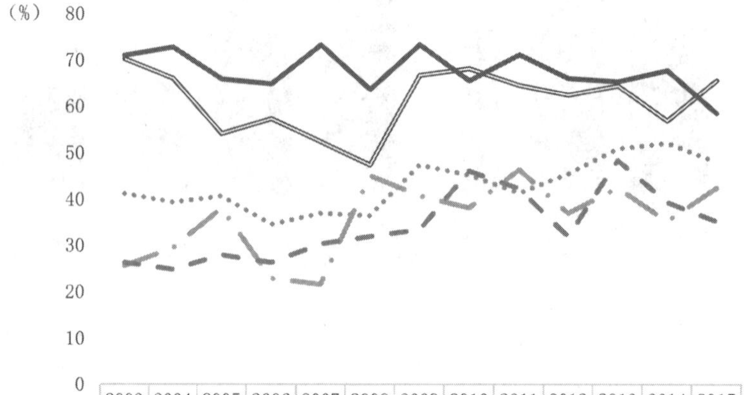

	2003年	2004年	2005年	2006年	2007年	2008年	2009年	2010年	2011年	2012年	2013年	2014年	2015年
促销活动	70.2	66	54	57.2	52.3	47.3	66.7	68.1	64.5	62.4	64.4	56.8	65.6
广告	70.9	72.7	65.8	64.8	73.2	63.6	73.3	65.5	71.1	66	65.3	67.7	58.4
人员推销	41.1	39.3	40.6	34.5	36.9	36.4	47.3	45.1	41.3	45.4	50.8	52	48
直接营销	25.5	29.3	38	22.8	21.5	45	40.7	38.1	46.3	36.9	42.4	35.2	42.4
公关	26.2	24.7	27.8	26.2	30.2	31.8	33.3	46	42.2	31.9	48.3	39.3	35.2

图 4.6　2003—2015 年广告主倚重的营销推广方法

2003 年选择广告的广告主占比为 70.9%，选择促销活动的广告主占比为 70.2%，选择人员推销、直接营销、公关的广告主占比为 41.1%、25.5% 和 26.2%。2010 年是一个突变节点，可以明显观察到广告主对公关的重视，选择占比较前一年提升了约 13%，超过人员推销与直接营销，跻身广告主主要营销推广方法的第三位。虽然其在之后的四年中出现波动，但通过公关建立消费者连接成为广告主的共识。

通过 2005—2015 年的历年数据对比（见图 4.7），广告主对公关的重视也与当年危机公关事件的发生具有密切联系。2012 年遭遇品牌危机的广告主占比为 26.4%，当年选择投入公关费用的广告主占比也有所下滑，降至 31.9%；而 2013 年遭遇品牌危机的广告主占比为 40.4%，当年投入公关费用的广告主占比较前一年激增了 16.4%，达到 48.3%。通过回顾 2007—2015 年的历年数据（见图 4.8），2007 年主要负责危机公关的责任人为企业总裁 / 董事长，而到 2015 年，负责人则主要为公关部负责人或市场部 / 广告部负责人，选择比为 29.2% 和 25.8%，企业总裁 / 董事长占比仅为 14.6%。这不仅体现了广告主内部管理机制中专人专职的理念开始执行，更是彰显了广告主逐渐重视公关对消费者关系维护的作用。

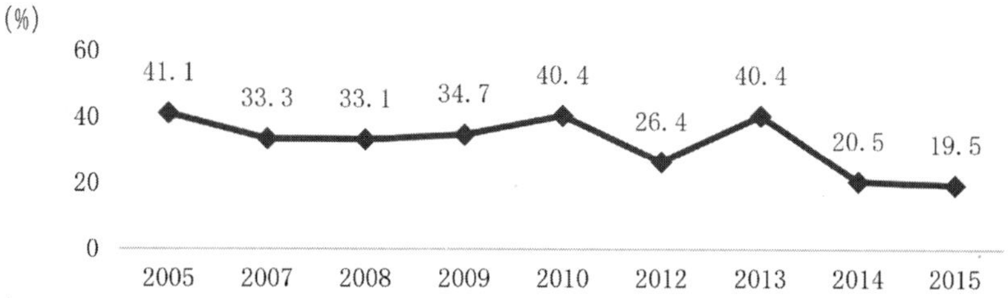

图 4.7　2005—2015 年广告主遭遇产品 / 品牌危机分布

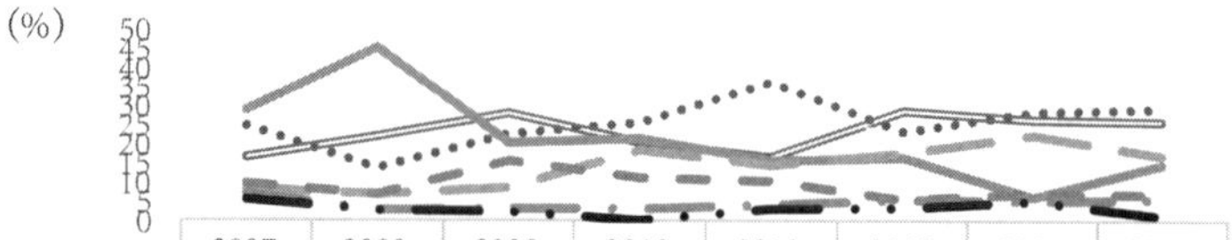

	2007年	2008年	2009年	2010年	2012年	2013年	2014年	2015年
公关部负责人	24.7	13.7	22.5	25.5	36.1	23.1	28.3	29.2
市场部/广告部负责人	16.4	21.9	27.9	20.4	16.5	28.6	26.3	25.8
企业总裁/董事长	28.8	45.2	20.2	21.4	15.5	16.5	6.1	14.6
品牌管理/经营	8.2	6.8	8.5	18.4	14.4	17.6	22.2	16.9
企业办公室负责人	9.6	6.8	15.5	11.2	10.3	5.5	7.1	6.8
其他	6.8	2.7	3.1	3.1	4.1	5.5	5.1	5.6
营销部负责人	5.5	2.7	2.3	0	3.1	3.3	5.1	1.1

图 4.8　2007—2015 年广告主处理危机公关的机构或负责人

（二）消费者导向以及成本因素决定媒体投放的融合并行

融合的社会生态与传播生态决定了广告主在营销方式、媒介投放分配等方面的整合，究其原因在于消费人群的习性变迁。衡量媒体的价值还是要从消费者出发，媒体始终是一个载体，媒体传播的目的也是想与消费者沟通。新媒体沟通更及时便捷、更能规划及优化消费者的碎片化时间，能更加深刻地洞察消费者的想法。在既定的目标消费者定位和成本制约下，广告主对于媒介营销信息的投放普遍采取融合的媒介投放策略。比如，主营汽车保险的企业，则加大传统广播媒体与互联网广播媒体的广告投放，并且会考虑产品在不同数字传播渠道之间，如电商、垂直类网站的表现水平。其他行业的广告主媒介投放策略亦然。

娃哈哈集团在 2013 年的调研中表示，“人群不同、运用不同。年轻人可能更喜欢新媒体。老年人、农村人，网络不太发达的地方肯定是传统媒体更加到位。这两方面都要结合好”。腾讯在2013年的调研中表示：“传统媒体作用依然很大，而对于互联网广告，我们更注重交互性。所以我们采取融合性的媒介投放策略，即春节期间投放央视、日常与消费者保持互联网触点的接触方式。”金丝猴食品在2014年的调研中表示：“媒介投放都呈现出互为主辅的关系。我们目前还是以传统媒体投放为主，但是电视广告只有15秒，一晃而过的信息量有限，互联网媒体的时长优势、互动优势在此时就能对其进行弥补，从而产生动态的融合使用现状。”

2012年被访广告主认为在企业危机发生时，对外沟通最有效的媒体类型是网络媒体，所占比重高达48.4%，电视媒体与报纸等媒体平分秋色，各占比重25.8%（见图4.9）。足见针对不同目的的营销传播活动，广告主的融合性投放是常态。在企业危机事件发生时，广告主认为网络媒体的运用可以帮助企业进行有效的对外沟通。

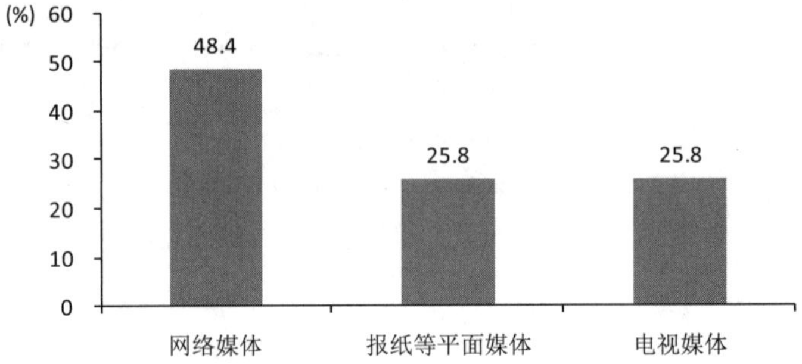

图4.9　2012年被访广告主认为危机发生时最有效的沟通媒体类型

基于大数据技术的数字营销传播为媒介投放带来了前所未有的光明期，使得广告主可以清晰地接触到目标群体，甚至可以在不经过复杂人力调研的基础上完整呈现包括位置、性别、年龄等指标在内的消费者画像。于是针对不同消费者的个体差异，千人千面的营销成为可能，也就是说不同消费者依据数据库的特征匹配，能接收到差异化的数字营销传播信息。无论是作为销售终端的渠道还是在新媒体中的广告传播，都逐渐建立起一套大方向同、小选择异的整合数字营销传播体系。

三、广告主数字营销传播合作矩阵的互融

广告主数字营销传播合作机制也发生了变化，大数据、云计算和程序化购买流程带来的最大影响为三方组织机制虽有所加固，但三方所形成的场域的作用力有了强弱变动

之分。

（一）广告主确立融合媒体使用观

根据 2004—2015 年的调研数据（见图 4.10），广告主对电视、报纸的倾向度变弱，电视媒体从 2004 年选择占比 38.2% 下降至 2015 年的 25%，报纸媒体从 2004 年选择占比 23.4% 下降至 2015 年的 8.6%，而互联网媒体的选择比从 2004 年的 3.9% 倍数级增长至 2015 年的 32.2%。2009 年互联网媒体即超越报纸媒体成为广告主第二青睐的投放媒体，2014 年互联网媒体甚至超过电视媒体成为广告主营销传播中最被青睐的媒体形式。

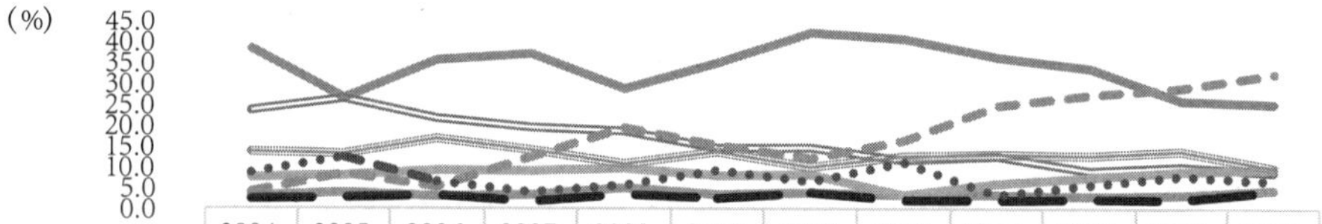

	2004年	2005年	2006年	2007年	2008年	2009年	2010年	2011年	2012年	2013年	2014年	2015年
电视	38.2	26.3	35.4	36.9	28.6	34.8	42.0	40.5	36.1	33.4	25.7	25.0
报纸	23.4	26.2	21.5	19.3	18.4	14.3	14.5	11.5	12.4	8.9	10.0	8.6
广播	2.9	3.7	2.9	3.2	4.9	3.3	3.7	3.2	3.2	2.9	3.2	4.4
杂志	7.4	7.8	9.0	8.9	9.5	7.8	8.0	3.2	5.9	7.4	8.8	9.4
传统户外	13.4	13.0	16.6	13.9	10.6	13.4	9.8	12.4	12.9	12.6	13.7	9.7
互联网	3.9	8.3	5.1	12.2	19.2	15.0	11.9	16.2	24.5	27.1	28.8	32.2
直邮	2.2	2.5	3.1	1.6	3.3	2.4	3.8	2.0	1.9	2.2	2.1	4.2
数字户外	0.1	0	0.1	0.1	0	0	0	0	0.2	2.0	2.0	3.2
其他	8.5	12.2	6.3	3.9	5.5	9.0	6.3	11.0	3.0	3.5	5.7	6.5

图 4.10　2004—2015 年被访广告主在不同媒体类别间的费用分配比例

2011 年调研数据显示（见图 4.11），2011 年广告主对互联网在企业整合营销传播中处于核心位置的观点认同度为 63.2%。到了 2014 年，广告主对互联网中的移动互联网在营销传播中的价值认可度变得极高，认为其是营销创新利器的广告主占比为 82.2%，相较于 2013 年提升了 5.7%（见图 4.12）。

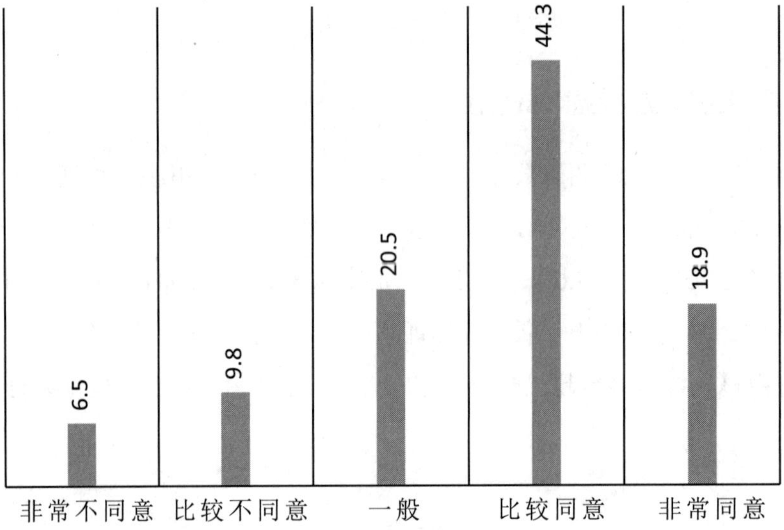

图 4.11　2011 年被访广告主对“互联网将成为企业整合营销传播的核心平台”这一观点的态度（%）

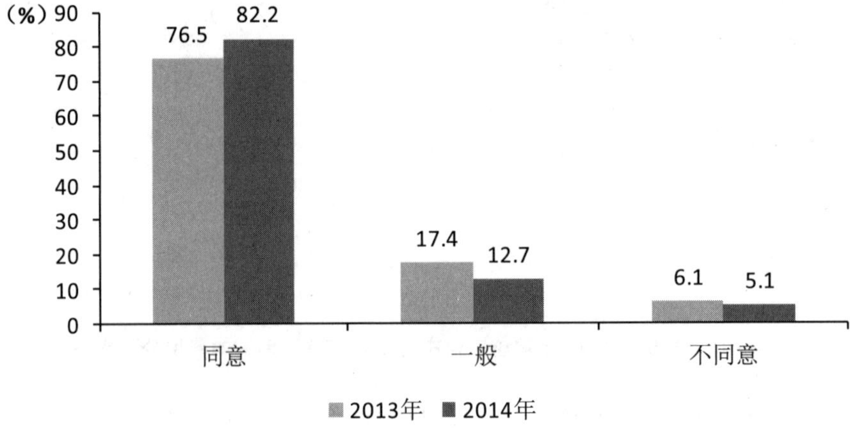

图 4.12　2013—2014 年被访广告主对“移动互联网的营销价值显现，将成为营销创新的利器”这一观点的态度

虽然投放比例有所下降，但广告主对传统媒体的价值评价依旧不减，传统媒体在广告主营销传播活动中热点话题发起与品牌背书方面优势明显，且自身积极进行新媒体化、平台化的融合发展。在 2012 年调研中，注重销量提升的探路者集团表示：“目前来说，传统媒体形式都能达到较强的曝光目标。”注重渠道销售表现的安利集团表示：“我们还是倾向于多投放传统媒体，以传统媒体带动，通过传统媒体的推动和传播，形成了自媒体的进一步推进和传播。因为传统媒体集中度高，起到事件话题引发的作用，比专买费用高昂的自媒体流量的效果更好。”在 2013 年调研中，娃哈哈企业表示：“随着新媒体出现，传统媒体已经不是一家独大的状态，但强背书的功能还存在，依然发挥着重要的作用。”在 2014 年调研中，老板电器表示：“电视媒体存在价值，而且价值依然很大，我坚决看好。”

在传统媒体中，广告主对电视媒体的营销价值具有高认可度，认为电视的覆盖面广、强公信力、强背书功能等优势不可替代，内容方面的创作能力也很强。在 2014 年调研中，博西家电表示，“电视媒体存在价值，而且价值依然很大”“因为信息爆炸时代，电视相对而言聚集有效受众”。在 2013 年调研中，互联网企业腾讯表示，“电视的营销价值，一是覆盖面比较广，二是公信力相对来说比较高”“它最大的价值就是产生好的内容，一系列好的节目和内容，收视率保持在 1 以上，网络上的扩散传播力也很强”。

广告主在新兴媒体的运用上不断创新，尤其是对移动互联网的运用，目的更加明确，在积极尝试新传播手段的同时，理性判断其价值，并不盲目跟风，越发成熟。广告主认为新兴媒体是对传统媒体的补充及加强，对新兴媒体的重视也是对年轻人和年轻市场的重视。在 2012 年调研中，某饮料品牌表示：“媒体投放最大的还是网络媒体。未来也会往这一块倾斜。”在 2013 年调研中，某食品企业表示，“通过新媒体去做传统媒体的补充”“得年轻者得天下，通过新媒体渠道触达用户，这样的品牌才能有一个长远的发展”。在 2014 年调研中，泰康人寿表示：“手机成为世界中心的时候，手机的投放需要影响年轻的消费者，只有通过新媒体渠道触达用户，才能使品牌有一个长远的发展。移动互联时代的到来，对渠道的影响非常大。手机上的投放越来越注重信息流，大 V 与植入的软广收费也很高，现在就讲究眼球经济。”

这一阶段广告主的媒体合作矩阵正在悄然发生变化，从大量依赖传统媒体到主动拥抱新媒体提供的资源，再到如今形成的整合媒体的数字营销传播投放路径。

（二）“移动 + 数字”的融合型掌控力初见端倪

越来越多的互联网媒体找到了合适的经营模式，并通过调整刊例价提高盈利水平，扩大经营规模。2015 年的调研显示（见表 4.3），广播刊例价增长的比例最高，达 76.5%，互联网刊例价增长比例为 75%、杂志为 46.2%、电视为 37.5%、报纸为 10.3%。报纸刊例价最为稳定，广播刊例价增长与车载广播形式的创新有着必然联系，这也是满足消费者移动场景需求的融合型媒体的价值所在。

表 4.3　2015 年被访媒体刊例价变化情况（单位 %）

媒体	电视	广播	报纸	杂志	互联网
增长	37.5	76.5	10.3	46.2	75.0
持平	62.5	23.5	79.3	46.2	25.0
下降	0	0	10.3	7.7	0

针对不断变化的传播环境，要想一直处于潮头，媒体则需要进行多维度的创新。2011—2015 年，媒体对营业模式中最大的广告收入业务一直进行产品调整（见图 4.13）。2015 年被访媒体广告产品调整的幅度极大，达到 56.9%，这也是五年调研以来首次被访媒体调整广告产品的比例超过未调整广告产品的比例。

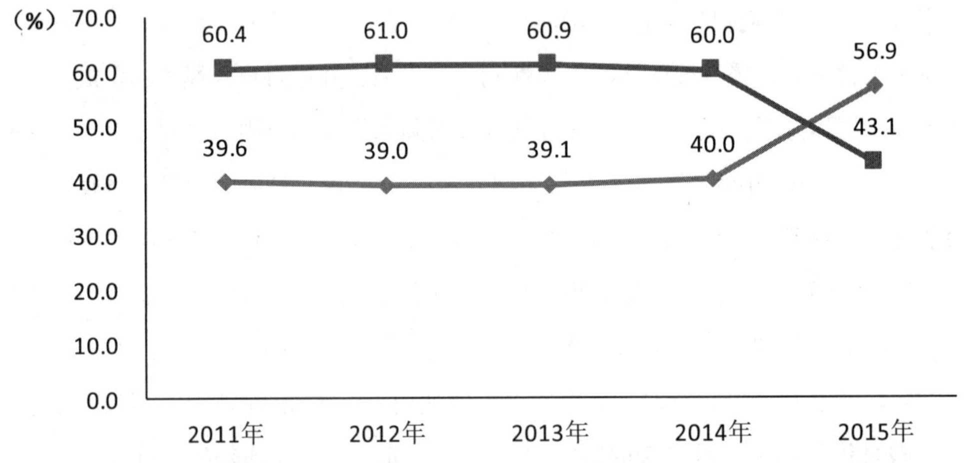

图 4.13　2011—2015 年被访媒体广告产品调整情况

不同媒体因媒介形态的特殊性都进行了专属化产品调整，不同媒体相关的广告产品调整如表 4.4，但总体而言都向着满足消费者需求、贴近广告主利益的移动化和数字化的趋势演进，使“移动＋数字”的融合型媒体形成对数字营销传播通路的掌控力。

表 4.4　被访媒体广告产品创新

类型	媒体	具体广告产品调整策略
杂志	《环球人物》	增加新媒体微信公众号，定期举办一些沙龙活动
	《第一财经周刊》	更多数字媒体产品广告
	《汽车》	时尚品牌合作
	《中国报道》	主要向新媒体和活动转化

续表

类型	媒体	具体广告产品调整策略
报纸	《都市》	增加 DSP（帮助广告主购买流量）、影视植入等业务
	《地铁第一时间报》	主要针对广告结构，多样化经营
	临安区新闻传媒中心	纸媒与网络媒体的立体合作
	《浦东时报》	增加代为制作发布微信微博、舆情监控等
	《日照日报》	增加新媒体矩阵增值服务
	《厦门日报》	打造户外、新媒体矩阵
	《扬子晚报》	融合新媒体、线下活动
	《浙江日报》	增加新媒体广告产品
	《广州日报》（医药食品类广告经营）	增加微博、微信等新媒体广告合作产品
	《广告导报》	增加活动收入
广播	湖南 893 汽车音乐电台	时段与节目调整
	中央人民广播电台中国之声、经济之声	更加贴近客户需求，产品形式更加灵活。
	湖北人民广播电台	细化路况、报时、天气等产品套餐，增加口播、产品定制等广告形式
	深圳广播电影电视集团	增加新媒体
	北京人民广播电台	提供更多元的节目软性宣传产品
	佛山人民广播电台	节目内容、播出时段等
	广西人民广播电台	可植入广告的线性节目比例增加
	杭州交通经济广播	增加微信类产品
	山东广播电台	医疗广告整改调价

续表

类型	媒体	具体广告产品调整策略
电视	清远广播电视台	栏目特约、字幕走马、剧集挂角、片尾鸣谢、节目预告
	东方卫视	节目调整
	台州广播电视总台	增加新媒体，如微信、App 等广告产品
	天津广播电视台卫视频道	调整产品结构
	云南卫视	二类广告投放减少
	德州广播电视台	手机端广告的加入
	唐山市广播电视台	推出特惠套餐
	安徽卫视	增加互动广告、新媒体广告
	湖北地面频道（经视、综合、公共、教育）	增加软性广告及活动
	广西卫视	大型活动项目，增加植入广告
	安徽广播电视台影视频道	媒体资源更加注重贴地性
	上海广播电视台	全媒体融合销售
	山东广播电视台综艺频道	项目化、活动化
	安徽蚌埠广播电视台	开发政府和行政资源，工业、农业资源
	西藏广播电视台藏语卫视	增加套播广告
	湖南经视	增加定制和活动营销
	东南卫视	增加突发新闻重大事件类广告项目
	荆州市广播电视台	开发新媒体、增加经营类节目、加大终端活动推广
	四川广播电视台峨眉电影频道	专题类广告根据客户需求调整时长
	福建省广播影视集团	二类广告向品牌广告转变，时间售卖向冠名、植入、活动等资源售卖转型
	广东卫视传媒有限公司	节目版面、新节目的打造
	贵州广播电视台（广播）	根据《中华人民共和国广告法》的要求，对广告产品进行适当调整，尽量减少医疗、保健内容
	芜湖广播电视总台	加大新媒体与电视媒体的整合营销
	泉州市广播电视台	推出微信套餐

续表

类型	媒体	具体广告产品调整策略
互联网	山东省互联网传媒集团股份有限公司	客户端、电商业务、流量代理、DSP 业务、智慧游、众筹等
	凤凰网	增加移动端广告产品（原生广告等）；PC 端图集广告等创新形式
	优酷网	开发新产品
	21 世纪营销全媒体传播平台	拓展传播渠道
	浙江在线新闻网站有限公司	电商业务增加，手机端产品增加
	湖南红网新媒体集团有限公司	微信运营，时刻 App 上线
	广告买卖网	根据市场以及客户需求增加项目

（三）第三方机构的数字营销传播能力适配

此阶段数字营销传播业务的开展较前一阶段有了更高的专业性要求，在 2012—2014 年的调研中（见图 4.14），广告主对“网络营销复杂性，使得专业网络营销公司的价值凸显”观点的认可度不断提高，2012 年选择比为 72.8%，2014 年选择比为 73.7%。提升数字营销传播适配能力的挑战是资金、人才和技术，互联网深化趋势则是越来越专业与垂直，所以第三方机构有的做 DSP，有的做 SSP（帮助网站进入交易市场），还有的做 DMP（支持一、二、三方数据管理平台的技术研发）。这就衍生出三种适配数字营销传播业务实践能力的第三方发展模式。

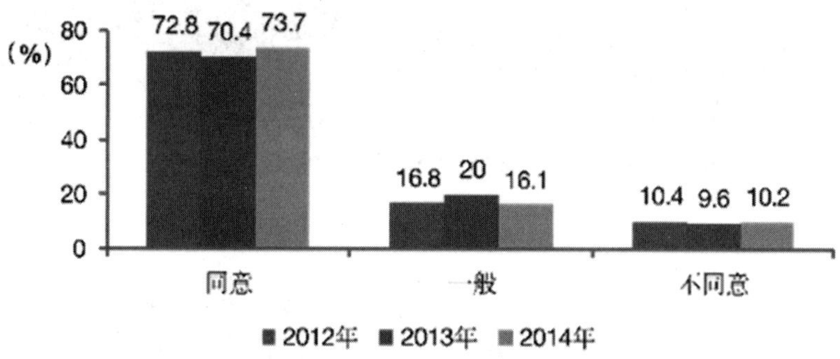

图 4.14　2012—2014 年广告主认同专业网络营销公司价值

首先是传统广告公司的业务提升和人才结构的调整。作为行业代表的 4A 广告公司纷纷涉足数字营销业务，并吸纳多元人才。2013 年电通上海的创意群总监在调研中表示："目前广告公司都在吸收这样的人才，他不一定是传统意义上的创意总监，如他阅读量很大、旅行经验丰富、懂得社交、有完善的人际关系等特质，某种程度上走出广告公司大门时他是社会活动家，是观察者与行动者。"盛世长城广告集团在调研中表示："4A 在积极转变，我们也在学习让传统广告与数字媒体对接起来，让客户用少的广告预算实现更多效益，但是本土广告公司缺乏国际资源，对国际先进的创新思维和营销理念更新较慢，目前主要提升路径为以技术为依托，用数字平台投放广告。"广旭广告在调研中表示："为了适应新媒体的发展，我们设置了互动营销部分，但没法与专业的互动营销公司竞争，只成了我们众多营销后援队的一部分，作为打包资源的一部分。"

其次是创新型创意热店的诞生。创意热店代表着独立创意精神在营销传播产业中的成功，它管理结构扁平、规模中小、创意执行流程简化，能敏感地捕捉消费者需求痛点，并灵活地运用各类社会化媒体，进而提升广告主数字营销传播执行的效率。例如，2013 年创立的天与空（见图 4.15）等都为数字营销传播的第三方执行机构带来了新活力。

蘑菇街《我的买手街》跨媒体创意（战略咨询＋主视觉＋视频广告＋数字营销＋公关推广）

图 4.15　天与空作品

最后是数据公司的入场。国际咨询公司如埃森哲涉足数字营销传播；四大会计公司中的德勤设立德勤数字，收购大型咨询公司与渠道数据公司，安永提出企业的"数字化颠覆"概念等。

第四节　阶段特征总结

如果仅仅将广告主数字营销传播视为概念和现象，并依赖传统营销学理论进行分析，而在评估其传播效果时忽视数字化引发的社会性与社会心理特征，就无法理解“数字营销传播作为新的生活方式”的深层意义。正是基于上述思考，2010—2015年，我国整体社会呈现出包含大众自传播模式的新语境。新型社会关系下的广告主意见表达新样态为数字营销研究提供了贴合时代特征的研究视点；梳理消费者个人意见的多元表达与多元演化为此阶段研究提供了线索；呈现和归纳基于这一时间段广告主数字营销传播矩阵，则反映出合作主体间具有共识性和社会性的情感特征，同时回应数字营销传播反映了何种社会情境，并为此阶段的营销传播生态层面提供思考。

一、价值追求与传播效果仍有差距

一方面，在当前的营销传播背景下，内容的重要性被放在了前所未有的高度，内容营销成为广告主非常重视的营销方法。在纷繁复杂的媒介环境中，只有富有吸引力的内容才能在海量的信息轰炸中脱颖而出，进而引发消费者在虚拟社会网络空间中的传播和讨论，最终形成席卷全社会的热门话题。可以发现，吸引人的内容带来的眼球效应成为广告主的普遍追求，但与之相对的是，数字营销传播活动的内容制作能力不尽如人意，2010—2015年仅有少量引起全社会讨论的热门话题，如2014年大热的蓝翔技校等，且叫座的背后大多是偶然形成的结果，企业往往只是借势响应。

另一方面，广告公司本应担当起广告市场的智囊角色，却没有在内容制作方面发挥出专业优势。在此阶段的调研中，广告主普遍对广告公司的内容制作能力不太满意，在内容营销方面反而倾向于自己组建内容制作团队或与互联网公司直接合作。创意人本应是最具有创新精神和创造力的一批人，他们应该最了解消费者的特点和喜好，且在内容制作方面最专业，然而就目前来看，广告公司反而落在了互联网公司的后面，他们本应引导潮流文化，现在却在追随互联网文化，在内容制作和营销方面鲜有影响力广泛的创新动作。当然原因是多方面的，利润空间的挤压虽是创新动力不足的主要原因，但人才的短缺和更新滞后更是一个问题。广告公司在内容制作方面不给力，广告主尽管对内容营销给予高度重视，需求却得不到满足，由此产生了价值追求与效果实践间的差距。

当前广告主对于移动端的认知，仅仅是将其作为引流的窗口或互动的平台，然而移动端的营销价值远不止于此，它更多承载着动态的、超越时空的与用户以及其他传播媒体链接的触点，以此引爆某个营销传播活动，或者与线下连接促进销售。就目前来看，广告主对于移动端的整合营销传播的态度如同数年前对于PC端的态度，大多是盲目跟风，实际对移动端的营销思路并不清晰。在此阶段的调研中，广告主普遍认为微信营销的效果评估目前没有统一科学的指标，仅仅依靠关注度和阅读量并不足以衡量微信的营销效果，故而数字营销价值追求与实际传播效果之间必然存在差距。

二、媒介投放的人性化补偿趋势凸显

尽管传统媒体在广告主的使用选择上仍然具有重要意义，但随着新媒体的快速发展及其对消费者实际生活的影响越来越大，广告主广告投放时选择新媒体已经成为一种不可抗拒的趋势，这种与新媒体的深度融合也体现出广告主媒体选择上的某种偏向，即从过去片面依赖传统媒体到实现跨媒体的选择。在此过程中，媒介投放又体现了广告主数字营销进程中人性化补偿的特征。

广告主从聚焦龙头卫视到兼顾多家卫视，都是对消费者差异需求的洞察结果。电视媒体经历了从一家独大到群雄逐鹿、各分天下的过程，广告主基于差异化、层级化的营销传播目的，采用央视与卫视并驾齐驱的媒体策略，满足营销传播多元化、动态化、灵活化的需求。广告主在省级卫视的投放日益注重战略性的资源考量与配置，由聚焦龙头卫视到兼顾多家卫视的内容互补。基于各大电视台在新闻改版、节目创新、影视剧版权购买、自制剧等内容资源上的不断创新，广告主在电视媒体的广告投放形式也得到不断拓展，并且与电视台的合作不断深入，逐步建立起战略合作伙伴的关系，满足追求视觉化体验的用户需求。

广告主与新媒体融合的趋势更加明显，体现了对消费者互动需求的满足。消费者需要互动的视觉体验，广告主即提供动态 / 静态的营销内容；消费者需要获得搜索的主动权，广告主即用竞价排名的方式使消费者加以关注；消费者在移动状态中获取信息的需求，使广告主在移动终端平台上发力，与社交平台、电商平台等匹配资源。

此外，在利用电视的高覆盖和新媒体的互动功能之外，广告主积极挖掘广播及平面媒体的区域性和户外媒体（数字户外）的形式，开展丰富的线下活动和终端促销，以追求实效的达成。广播及平面媒体因其形式上的限制，媒体资源本身可供开发的空间有限，因此广告主在广播媒体营销上的创新主要基于外围的延伸和形式的不断拓展。一方面，广告主日益强调广播广告与线下活动的联合，通过广播广告的告知和线下实体活动两大部分的“高空＋地面”的联合夹击，实现资源的真正打通，将广播广告的影响力延伸至线下受众群体。另一方面，广告主充分发挥广播广告所具有的地域性优势，无限贴近终端销售，与终端卖场促销活动结合，拉动一线销售。

三、数字营销传播敦促广告公司的角色转型

当前广告主数字营销传播的一大诉求便是品效合一的达成。广告公司当前的角色定位大多是执行助手，过去时代的引导、督促、提醒的“导师”角色逐渐弱化。在课题组实地调研的过程中，广告主越来越需要广告公司为其数字营销传播的战略制定与活动执行进行统筹规划，而不限于仅基于合同制的关系建立。广告公司需要完成从执行助手到销售合作伙伴的转变。正如国内某上市广告集团数字中心总经理所说，“广告主希望广告公司提供从消费者洞察到产品售卖的全流程服务，而不仅仅提供营销传播服务，对广告主的销售不负责是广告主当前不满的一个主要原因”。实际上，当前国内一些广告集团已经开始尝试这种转变。例如，与广告主合作开发新产品，以占股的方式参与到从前期产品研发到后期营销传播及售卖的全过程，广告公司对广告主的产品享有收益的同时，也为产品销售负责。未来随着广告主越发强烈的数字营销需求，广告公司必须进行角色转变。随着时代的发展，大数据越来越重要。大数据给广告公司的产业链和价值链带来了巨大的变革，不断丰富、延伸着广告公司的产业链和价值链（见表 4.5）。此外，通过数据的打通，广告公司内部各个价值环节之间的界限逐渐消弭，广告主与广告公司的合作也更加深入，呈现出融合化的发展趋势。

当前资本在各行各业的发展中越来越重要，资本运作是许多公司发展壮大的有效手段。例如，各类互联网公司崛起的背后均有资本的身影，广告和互联网具有多重相似点，广告公司也可以借助资本的力量来发展壮大自身。首先，广告和互联网同样对实体经济具有依附性、寄生性，经济规模决定其市场规模，两者的市场规模与实体经济规模呈正相关关系。其次，广告和互联网同属于虚拟产业，同属于经济创造型产业，与资本潮流吻合。

表 4.5　2000—2015 年中国上市广告公司业务汇总[①]

上市时间	公司名称 / 总部所在地	证券交易所 / 股票代码	公司主营业务类型
2000.3.1	TOM 集团（2001 年开始经营户外广告媒体）/ 香港	香港联交所（主板）/2383	传统户外
2001.12.19	白马户外媒体 / 广州	香港联交所（主板）/100	传统户外
2003.11.13	大贺传媒 / 南京	香港联交所（创业板）/8243	传统户外
2005.7.13	分众传媒 / 上海	NASDAQ/FMCN	户外新媒体
2007.11.7	航美传媒 / 北京	NASDAQ/AMSN	户外新媒体
2007.12.6	华视传媒 / 深圳	NASDAQ/VISN	户外新媒体
2008.7.8	中视金桥 / 北京	港交所（主板）/00623	买断型媒介购买
2008.8.4	广而告之 / 北京	NYSE（高增长板）/CMM（2009 年 8 月 25 日转入主板）	买断型媒介购买
2010.2.26	蓝色光标 / 北京	深交所（创业板）/300058	综合广告代理
2010.4.21	华谊嘉信 / 北京	深交所（创业板）/300077	营销服务
2010.5.5	昌荣传播 / 北京	NASDAQ/CHRM	综合广告代理
2010.5.6	省广股份 / 广州	深交所（创业板）/002400	营销服务
2010.6.3	中国高速频道（买壳上市）/ 福州	NASDAQ/CCME	户外新媒体
2011.2.28	三三传媒 / 香港	港交所（创业板）/08087	户外新媒体
2014.1.23	思美传媒 / 杭州	深交所（中小板）/002712	整合营销传播
2015.3.24	龙韵广告传播有限公司 / 上海	上海证券交易所（主板）/603729	品牌策划及广告传播投放

总而言之，广告公司既要成为数字技术的理解者，能预判消费者与新技术形成何种互动关系，还要成为数字技术的应用者，在业务中不断应用数字技术，这样才能以数字化的方式与消费者互动。在已有业务发展良好的时候，广告公司就应该不断寻找下一个与自身行业相关的新技术并转化应用。

① 数据来源：根据公开资料整理。

四、数字营销传播共同体向心力大

“共同体”的概念是安德森在《想象的共同体》一书中提出的，他认为正是近代印刷技术的更新，使得资本主义国家中的民族国家概念萌生，依托印刷技术产生的报纸、书本通过信息传递的方式，构筑出本民族边界的描述性话语，使接触到媒介信息的受众产生了“非我族者”的共同体意识，进而形成区隔他者的民族共同体概念。诚然，印刷技术造成了民族区隔，网络技术也造成了主体性的区隔，而数字营销传播通过网络技术透过网络媒体的中介性桥接，完成了互联网共同体的构建。

围绕着互动网络技术形成的共同体，属于互融型。消费者通过接触新的网络技术形式无意识地接触到相关平台投放的相应数字营销传播信息，广告主、网络媒体、广告公司则出于营利的目的进行品牌传播活动，彼此作用之后的结果并不会表现得过于持久，只是在互相影响下完成了一轮轮营销信息的传递，能够达到信息相互传递的效果即可。比如，搜索平台中的竞价排名广告、视频平台中的视频开屏广告等，内容都是简单的品牌形象传播信息，传递的效果是想让公众对品牌有一个大概的认知和了解。

围绕着数字营销传播舆论形成的共同体，属于深度互嵌型。当数字营销传播信息开始形成并且开始传递时，此舆论空间被激活，在营销信息传递的过程中，消费者对于营销信息的接收、交流和反馈，促进了舆论的形成，其会基于营销传播信息的认知和理解形成自我判断，这些都是由于受到自身心理认知以及外部环境的影响，在这种影响作用下，就会对所传递的信息产生一定的影响。在自身的心理场作用下，针对不同的品牌传播信息以及广告形式，消费者对数字营销传播信息进行选择接受与反馈。

围绕着数字营销传播效果形成的共同体，主要由广告公司、媒体、广告主构成，属于重合互嵌型。广告主既委托业务给广告公司，令其开拓数字媒体业务，又直接与网络新媒体进行接触，实现营销效果最大化。对媒体而言，一方面传统媒体意识到新媒体的巨大作用力，纷纷与广告公司合作，希冀用内容输出焊牢与广告主之间的长期合作关系；另一方面新媒体纷纷翘首以待广告主的垂询与合作，希望专业性网络代理公司成立，从而推动规模化、专业化数字营销传播联动体系的建立。

以上共同体共同构建了我国互联网初期数字营销传播场域，其具有强大的共同向心力，并通过个体和目的性的工具理性与价值理性，推动着数字营销传播进入下一个阶段。

五、传播模式在此阶段作用力显著

媒介技术的发展深刻改变着广告主的数字营销传播方式。数字媒介技术的发展成为这一阶段企业营销传播方式改变的决定性因素，特别是在2010年数字媒介成为广告主青睐的主流媒介以后，这种媒介技术导向的变革越发凸显（见图4.16）。事实上，这里提及的媒介技术是一个泛指的概念，它既包括数字媒介技术，还包括网络技术、移动通信技术和卫星技术等，甚至包括对大数据的信息处理技术。正是这些技术使得中国广告主接触到了初期数据挖掘、O2O、SoLoMo、移动营销等观念，使基于微博、社交网站、电子商务、微信、视频共享网站的数字营销传播能更高效地实现。换言之，“软技术决定论”似乎又焕发生机，而当下中国广告主对微博、微信等基于弱关系、强关系的数字营销传播的笃定，便是最具代表性和典型性的体现。

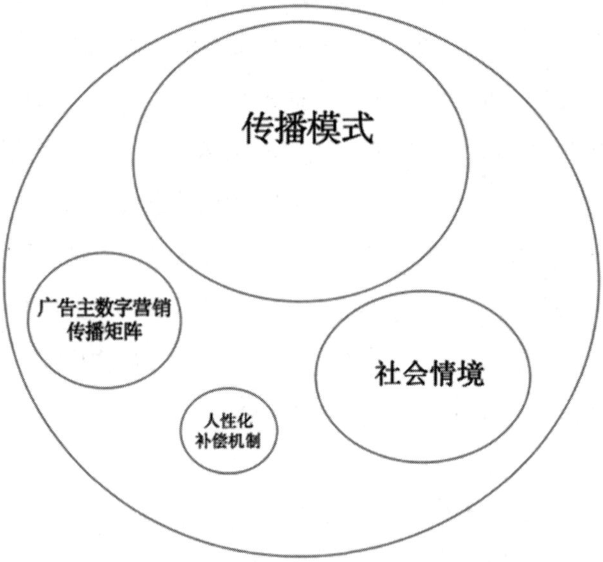

图4.16　传播模式对母系统的作用力显著示意图

第五章

从互融到精准：社会加速对数字营销传播的深化（2016至今）

作为法兰克福学派第四代旗手的学者哈特穆特·罗萨在研判现代性社会时指出，理解现代生活的本质就是把握住“加速”，这种加速即表现为整体社会的加速，在“技术加速”的裹挟下，“时间加速”“生活步调加速”“社会变迁加速”成为公众可体悟到的“异化”过程。在整体社会加速的情境下，广告主数字营销传播也迎来了深化期。2016年对于我国而言无疑是一个重要的节点，从社会情境而言，是自党的十五大首次提出建党“第一个一百年”目标实现的关键节点。同样，其作为“十三五”规划的起始年，开启了此后五年我国决胜全面小康阶段的重要征程。从传播模式而言，移动互联网带来的信息接收加快了精准传播的实现进程。在这一阶段，整体社会经济与政治生态、民众心态等层面都与上一个阶段有所差异，不确定性成为发展常态，故而在此阶段的广告主数字营销传播呈现出在不确定性中把握精准的特征。

第一节　分层的社会情境决定精准的沟通逻辑

全球经济危机后，此阶段国际经济环境的震荡幅度趋缓，美欧作为世界经济发展的风向标，已通过小幅度经济回稳态势增强了全球国家的发展信心，但不确定性增强仍是此阶段的重要特征，于是各国间、不同国家内部都形成了分层的社会情境。我国作为对全球 GDP 增长贡献率较高的国家，正摸索出独特的商业提升模式与数字营销传播逻辑。

一、贯穿始终的“互联网 +”战略政策推进进程

“互联网 +”政策的逐年落实与推动使得产业结构得到了不断调整和优化。《2016年政府工作报告》指出，“推动产业迈向中高端水平……到 2020 年，先进制造业、现代服务业、战略性新兴产业比重大幅提升”，对现代第三产业的经营与创新提出了更多要求。同时提到，“促进大数据、云计算、物联网广泛应用。加快建设质量强国、制造强国”[①]，在推动数字营销传播技术升级中起到了至关重要的作用。同年颁布的《广告产业发展“十三五”规划》明确将“数字广告”的发展提上日程，政府对数字广告生态构建的重视程度成为广告主与其合作矩阵推动数字营销传播进程的重要保障。

在这一年里出现的鸿茅药酒导致的跨省抓捕事件、因搜索引擎竞价排名推送而殒命的魏则西事件，都使得对虚假广告与搜索引擎营销模式的规范提上了政策法规的日程。国家工商行政管理总局随即加强了对广告宣传的规制，并每年在其新媒体平台上发布更新版的广告违禁词名录。同年，《互联网广告管理暂行办法》出炉，标志着政策端对互联网广告与数字营销传播产业合理良性发展的制约机制已经成熟。

《2017 年政府工作报告》提出深化大数据产业发展与“互联网 +”战略。可见结合大数据技术的“互联网 +”战略已成为产业发展与社会进步的重要推动力，结合大数据技术的计算广告技术也在此阶段趋向成熟。

2018 年是广告产业被政策优待的一年。《2018 年政府工作报告》不仅提出了推进产业结合“互联网 +”的发展模式，还提出了依靠技术进而建立产业群的发展思路，为企业从单打独斗转型为联合共赢提供了政策支持，并针对移动互联网背后的巨大动能，提出了降低流量套餐费用、取消移动网络漫游费的举措，这不仅推动了产业互联网的发展，更为广告主数字营销破除了成本桎梏，通过网络强企进而强国。针对互联网平台的火热发展，其提出了共享化、平台化经济发展模式，鼓励高新人才在市场招聘中的流动，用以调动产业活力。10 月，对《中华人民共和国广告法》进行了相关修订。这规范了广告主传播活动，保障了消费者、广告经营活动参与方的利益，为数字营销传播明确了发展方向。

---

① 2016 年政府工作报告［R/OL］.（2016-3-5）［2024-12-01］.http://www.gov.cn/guowuyuan/2016-03/05/content_5049372.html.

《2019 年政府工作报告》在坚持“互联网 +”技术的融合提法上鼓励实体经济发展，这是国家稳健经济发展，防止泡沫化而发出的信号，并鼓励新兴产业，尤其是中小企业通过互联网建立合作共享平台。

这些举措都是广告主数字营销传播发展的硬性推动力，让广告主不仅关注到技术带来的凝聚力，更开始关注营销传播中的数字技术力量对精准投放与精准效益回馈的运行逻辑。

二、各美其美的经济环境锻造广告主的多重信心

2016 年始，世界整体 GDP 增速都有所放缓，次贷危机所损耗的各国实力均逐渐恢复，中国对全球经济发展的贡献率也在逐年提升。在此期间，习近平总书记多次出访，如参加博鳌亚洲论坛、主办上海经合组织会议，通过对话交流为企业创造更多的创新盈利空间。

我国的数字化、移动化、共享化成果深刻地影响着全球经济发展进程与社会形态的构建。2017 年，我国的高铁、移动支付、共享单车与互联网电子购物登上了“一带一路”共建国家青年共同认可的“新四大发明”红榜。同样，2019 年领先的 5G 研发技术与战略布局更是驱动了全球产业互联网的发展。2020 年初的突发事件无疑影响深远。在这期间消费出现钝化，表现为消费者降低了消费欲望敏感度、抑制了消费冲动、消费行为回归刚需，因此在一定程度上影响了消费升级的速度，并形成消费缓冲期。广告主认为，在经济增速较快时，消费主义扩张也比较快，尤其年轻人的消费观念处于一个“放”的阶段，突发事件迫使他们“收”，去关注生活本身的感受和体会，这帮助消费者去重视生活中应该重视的人与物。长期来看，回归理性消费是利好的。

根据 2009—2020 年调研数据（见图 5.1），广告主对国内整体经济形势和行业前景预判与经济环境周期波动吻合，呈现大小年波动的特征。但 2020 年广告主对国内整体经济形势的信心指数相比 2019 年不降反升，信心为 6.5 分，较 2019 年上升 0.3 分。广告主对行业发展前景的信心指数相比 2019 年同样不降反升，信心为 7.4 分，较 2019 年上升 0.3 分。但是对自身公司经营情况的判断，则信心指数略有下降。这说明广告主对国家经济环境大趋势看好，对自身经营困难有切身认知。

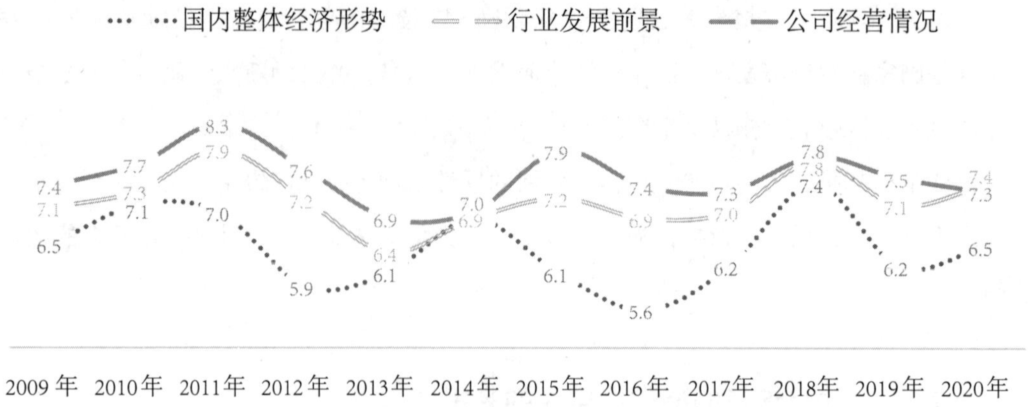

图 5.1　2009—2020 年广告主对整体经济形势的信心（1 ~ 10 分制）

根据 2018—2020 年的调研数据（见图 5.2），处于首尾两端的超大企业和小微企业信心平稳，腰部中小企业信心不足。相较于 2019 年，2020 年处于两端的超大企业和小微企业对国内整体经济形势、行业发展前景和公司经营情况的信心均表现平稳。这是因为超大企业处于各行业垄断地位，基础牢固，具备抵御外部环境暂时恶化的能力。小微企业船小好调头，组织架构和业务模式调整灵活，能够变换自身经营以快速适应外部环境。腰部的大型企业对国内整体经济和行业发展前景乐观，但对自身经营信心略低，中小企业则无论对宏观还是自身，都略显悲观。

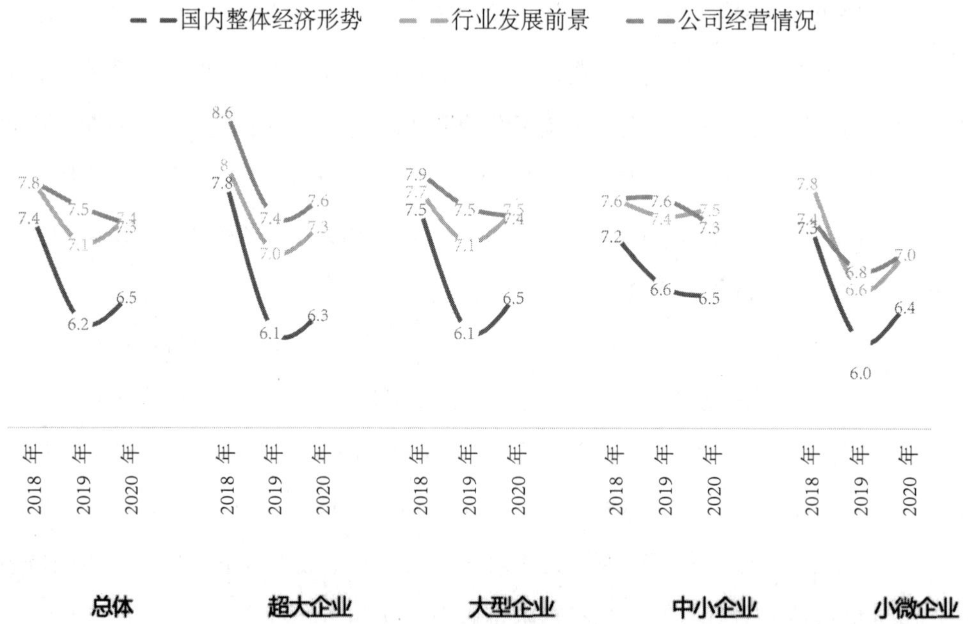

图 5.2　不同预算规模广告主对经济形势的打分（1 ~ 10 分制）

不同行业广告主预期信心差别明显，房地产行业最悲观，金融行业最乐观（见图 5.3）。这种历时性趋势无论是对宏观经济形势，还是对行业发展前景，抑或对自身经营情况都有所体现。反之，金融保险、互联网及 IT 和日化行业较为乐观。对 2020 年国内整体经济形势的信心，除药品、房地产、邮电通信行业外，其他行业广告主信心回升，互联网及 IT、家用电器行业信心回升明显。对 2020 年行业发展前景的信心，除房地产、交通行业外，其他行业广告主信心回升，商业及服务业、金融保险、家用电器、邮电通信行业对行业发展前景的信心增长显著，之后是药品、日用品、食品饮料行业。对 2020 年自身经营情况的信心，只有金融行业保持乐观，互联网及 IT 和日化行业信心平稳。

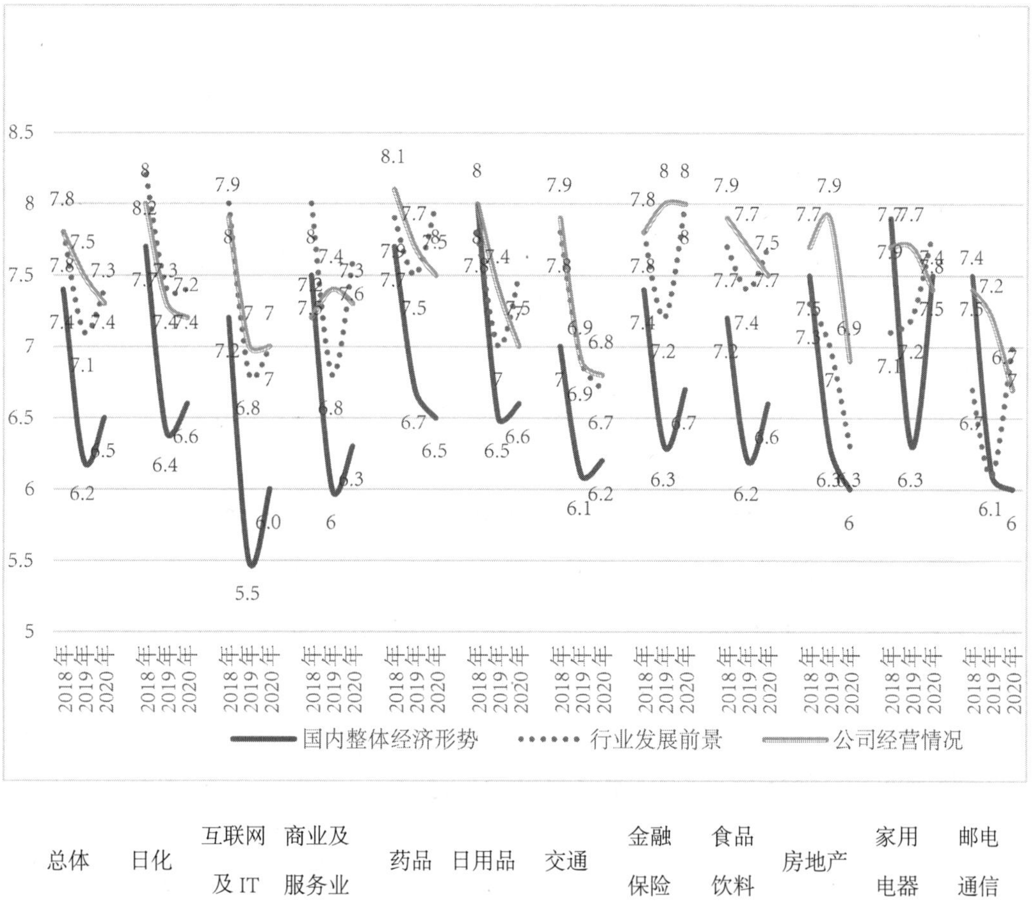

图 5.3　不同行业广告主对经济形势的打分（1 ~ 10 分制）

2019 年以来，国家对房地产行业调控政策保持连续性和稳定性，“房住不炒”的理念在 2020 年仍将持续。受突发事件影响，大部分消费者收入预期减少，消费预期也缩减，因此一段时间内不会考虑买房等大型支出，还有少部分消费者因为突发事件，住房还贷压力增大。因此，房地产行业普遍认为形势不太乐观。

金融行业作为国家金融稳定的根本，看待问题最为客观，能跳脱出行业短暂困局，综合研判问题，业内普遍认为中国经济能够经受住突发事件的考验，相信之后抗风险能力和发展韧性都会有所提高，所以信心充足。金融行业的信心也是一剂强心剂，是其他行业安定发展的保证。

2020年的突发事件使得人们居家时间增加，触网时间延长，各种在线办公系统、线上会议系统、线上直播、线上娱乐和游戏得到充分快速的发展，互联网及IT行业成为这一时期逆势增长的行业。这些工作、生活习惯的改变对广告主数字营销传播造成了很大的影响。突发事件再次激发消费者线上消费的需求，电商与新零售也在突发事件中有了新的升级和模式探索，即使突发事件结束，这种新的趋势也会持续，电商作为商业及服务业行业的强劲发展动力，对行业发展的信心也带动了整个行业信心的提升。日化行业龙头企业立白在2020年调研中认为，突发事件导致清洁市场、除菌市场的长期需求有所提高，电商销售和完善的物流运输网对日化行业来说是一个新机会。医药行业因近年来大健康理念的普及，加之突发事件的影响，行业信心普遍提升。某医药广告主认为突发事件会成为一个节点，促进医药行业线上新零售的发展，各事业部会专设自己的电商部，开设店铺，包括自有小程序，结合线上、线下增加客户体验和黏性。

食品饮料作为消费者刚需行业，总体上受整体经济走势的影响有限。在2020年的调研中，喜之郎集团表示，2020年由于突发事件儿童停学，该广告主对多品牌战略中的儿童品牌逆势提高广告费用，以求在目标人群中得到更高的曝光度。

在2019年的调研中，海信和海尔均表示会不断开拓国际市场与下沉市场，寻找新的市场机遇并与自身转型相结合。可见，大部分企业在稳健发展业务与夯实主要市场的同时，都在积极寻求应对不确定性的办法，增加自身信心。

三、需求分层的公众特征对传播提出精准要求

2019年我国企业单位数超2528万个，较十年前的800万余个，存量提升了216%。同年人均可支配收入呈现差异化，城镇居民可支配收入为42359元，农村居民为16021元。[①] 不平衡的收入结构决定了消费的分层。随着时代演进，作为社会消费主力的年龄段也有所调整。

---

① 数据来源：2020年中国国家统计年鉴。

广告主普遍认为当前的主力消费已经开始逐渐由70后、80后向90后迭代，消费者更加理性、张扬，对信息也有更强的筛选和判断能力，这对广告主的品牌形象和产品力有了更高的要求。但同时，90后超前消费、个性消费的习惯也给行业带来了新机遇，前一阶段的大规模数字营销传播沟通方式对其已不太适用。

广告主普遍认可消费分级这个概念。实际上，我国有一部分消费者其实已经在消费上对价值有更高的要求，注重消费体验，注意包装，对价格的敏感度相对较低。但是要满足这部分消费者的需求并不简单，其有自己独特的喜好，对产品/服务的需求也是独特的。百事（中国）在调研中称，“这类群体看待事情的角度、态度很鲜明，他们对于喜欢的东西，愿意去消费，这是与以前的消费者不太一样的地方，例如70后和80后群体，虽然他们会关注自己喜欢的事物，但在需要投入大量资源进行支持时，他们的行动力往往不如90后和95后那样强”。

另外，90后，尤其是95后、00后虽然思想很活跃，但是相对来说会比较“懒”和宅。这里的“懒”其实不是一个贬义词，他们希望很多东西能够更加便捷，能一步做到的就不要两步，或者三步。他们认为要把有限的时间用到更有意义的事情上，不要在某一件事情上花费很多精力。学者陈杰、张春贵、傅一夫将出生于1995—2010年的人群划分为“Z世代”。国内外学者普遍认为，Z世代是迄今为止受过良好教育的、最具流动性且联系最为紧密的一代消费者。网络塑造了他们对世界的认知，在社交网络上间接的、可视化的交流取代了传统的交流方式，他们具有社交意识，精通技术，颇具创新精神，并且不断寻找变化，在虚拟世界中天生就有舒适感。比起面对面交流，他们更愿意把自己的内心体验与大量的虚拟受众分享，他们更加独立，关注人生的体验感。但是，他们仍然在经济上依靠父母。这些代表未来消费的年轻群体不一样的消费观念、消费行为无疑对广告主过去大范围的数字营销传播行为提出挑战，广告主需要重新思考营销创新，紧随潮流。

除了把握年轻人群的个性消费特征，很多企业还会关注线下市场、低收入人群、老龄人群的消费现状。在2019年的调研中，86%的广告主认为，这部分群体具有更强的消费力，关键是如何抓住这些人群。例如，互联网企业流量红利递减，使出浑身解数吸引不同的人群，满足他们的需求，转化为营销收入。各类企业面临的主要难点是面对不同的消费群体，平衡数字营销投入和销售转化成为企业营销战略计划的重中之重。

在消费升级大背景下，消费者需求、消费结构、消费习惯都在发生调整，呈现了多层次共生状态，特别是代际转换带来的年轻消费者崛起，成为广告主数字营销实战的焦点问题。因此当下的中国广告主不仅承担着自身的利益提升需求，还肩负着以行业发展引领经济转型升级、推动中国品牌亮相世界的重任。

第二节　完整的传播模式搭建精准传播势能

互联网保持着蓬勃发展的态势，推动媒体的传播模式和表达方式出现深刻变化，表现为媒体形态和生态都发生了革命性变化。在互联网上半场，随着新媒体的迭代演进，大众传媒时代开始远去，自媒体崛起；到了2016年的互联网下半场，智媒体时代正在迎面走来。首先，在受众需求上，互联网上半场的核心逻辑是通过网络化和规模化为受众提供共性需要，由于规模化的连接在互联网上半场已经形成，互联网下半场则是基于大数据方法及智能化技术，在分众化、圈层化的市场扩张中，为受众提供个性化的内容和服务。其次，进入互联网下半场，数据化、智能化等“技术”将作为一种结构性变量被重新审视，其对媒介生态的深刻影响正日益体现。2016年至今，数字营销传播生态已经构建完成，它包含了十一类媒介生态板块、十三类技术支撑机构板块和五大流程板块。

一、入口竞争分化的媒介生态板块

媒介生态板块包括完整的智能硬件、音频视频、短视频与直播、融媒体、整合资讯、本地生活服务、垂直类媒体、电商平台、社交平台、应用工具、智能户外共十一种细分系统。

（一）智能硬件的完善

通过对核心技术的研发，加上4G网络的成熟与5G网络基建水平的提升，国内智能硬件的研发与制作水平逐渐追赶世界一流水平，并在移动终端和OTT（over the top，基于互联网的产品服务）两方面取得了一定成绩。

2016年IC Insights发布了全球智能手机销量调查结果，提出了美国、韩国、中国三分智能手机市场的结论。我国华为、小米、中信、联想、TCL等企业均位列其中，可见足够成熟的智能手机市场为移动端数字营销传播提供了重大的移动端基础承载力。

此外，基于技术的视频内容创新也诞生了OTT这一形式，OTT对内容的呈现主要通过智能电视和OTT盒子结合传统电视等两种方式。OTT是对传统电视的数字化改造创新，用互联网思维解锁了传统客厅娱乐环境，用主动选择播放内容的形式取代了只能被动等待电视节目安排的局面，这为广告主提供了数字营销传播的新场域。结合移动终端与 OTT 的发展，目前我国形成了包括华为、OPPO、VIVO、小米、荣耀等在内的移动端产品和以创维、海信、康佳、酷开为首的 OTT 产品阵营，建构出了“14+16”的智能硬件承载体系（见图 5.4）。

图 5.4　智能硬件承载体系

（二）音频视频板块

针对互联网用户，我国已开发出音频、视频、IPTV 三种呈现方式。

音频板块主要在 2010—2015 年形成，由前一阶段提到的酷狗、QQ、酷我、网易云音乐、喜马拉雅等在线音频平台构成，还包括以唱吧、我爱 K 歌为代表的唱歌软件平台构成的十四种音频传播方式；视频平台则由腾讯视频、爱奇艺、优酷视频、bilibili、乐视视频等平台构建了十六种视频传播方式；IPTV 是由中国移动、中国电信、中国联通、百事通、华数电视等构成的自有传输平台。音频视频板块的建立，标志着移动、共在、多场景同时并行的数字营销传播态势成为可能。（见图 5.5）

图 5.5　音频视频板块生态

（三）短视频与直播板块

短视频与直播平台的出现，满足了消费者对快速获取重要信息和消遣碎片化娱乐时间的需求。截至 2020 年 3 月，我国网络视频（含短视频）用户规模达 8.5 亿，较 2018 年底增长 1.26 亿，占网民整体的 94.1%，其中短视频用户规模 7.73 亿，占网民整体的 85.6%。[①] 在调研中，广告主普遍认为短视频发展势头良好。未来随着技术发展，随着 5G 的应用，无论是短视频还是直播，都会出现更多新的产品，进而带来长足发展。

广告主在调研中认为，视频如果从重要性来说，代表了一个方向，即营销手段并不单是一种线下体验或线上文字性、图片式的传播，而是要将它转化成易于传递和观看的视觉类产品，视频类的媒介传播和投放可能要超过其他图文类形式，视频类广告就会越来越重要。尤其随着技术的发展，如 5G 等其他技术的运用，流量变现更快速，短视频后续可能加入的 AR、VR 等视频类技术和手段不断发生变化，短视频与直播板块会提升到广告主运作环节中的较高位置。

此阶段，短视频与直播板块形成了以抖音、快手、西瓜视频为代表的短视频平台和以 YY 语音、虎牙直播、斗鱼直播为首的直播平台生态（见图 5.6）。

图 5.6　短视频与直播板块生态

（四）融媒体平台

传统媒体在此阶段也焕发出了新生态，构建了基于内容生成与分发的融媒体平台。该平台主要由传统电视媒体集团、报业集团的融媒体中心组建，形成了集内容创作、整合分发、定向投放为一体的整体发展模式。融媒体平台阵营主要由中央广播电视总台融合发展中心、上海广电集团融媒体中心、湖南广电集团打造的芒果超媒、人民日报融媒体等八大融媒体平台领衔（见图 5.7）。

① 数据来源：CNNIC 发布的《第 45 次中国互联网络发展状况统计报告》。

图 5.7　融媒体平台板块生态

（五）整合资讯平台

当观测到消费者对综合类信息的主动需求后，综合类互联网产品成为媒体构建竞争力的主要发力方向，于是诞生出整合资讯类平台，其主要分为两大类：其一为通过早期传统媒体内容的新媒体传输方式，进而聚拢公众的注意力，在固有资本积累的基础上集结人力进行内容创作与分发；其二则源自新浪和搜狐平台自建新闻工作者团队转型，从平台建立初期即关注著作权版权的信息传播模式以聚拢用户，并扩大品牌权威性进行拉新与固有用户维护。整合资讯类平台生态主要由今日头条、网易新闻、搜狐新闻、凤凰网、腾讯新闻、第一财经等平台构成生态（见图 5.8）。整合资讯类平台对广告主数字营销传播的作用力巨大，因公众需求算法的迭代，已然诞生出多重满足广告主传播需求的效果案例。

图 5.8　整合资讯平台板块生态

（六）本地生活服务平台

一个更为人性化补偿机制的产物是本地生活服务平台的构建。根据消费者的本地衣、食、住、行等需求诞生的服务平台，成为如前所述 SoLoMo 模式推动下的新商业模式。消费者可以基于当下的生活服务需求对平台信息内容进行选择与筛选，通过平台推送的店铺信息，购买相应产品 / 服务，这是一种线上打通线下生活的双线生活方式，不仅为线上宣传广告主赋能，也增加了线下客户消费流量。该平台生态主要由以美团、饿了么、大众点评为首的饮食类平台，以滴滴出行、高铁管家为首的出行平台，以及以猫眼电影、淘票票为首的本地类娱乐平台等多平台构成（见图 5.9）。

图 5.9　本地生活服务平台板块生态

（七）垂直类媒体平台

垂直类媒体平台主要有两种形式：其一为传统门户网站中纵深化发展的产品系列，其二为针对细分市场的新媒体产品研发系列。因其面向的对象皆是对此领域感兴趣的用户，所以垂直类媒体平台针对消费者具有精准的需求捕捉。该生态主要由汽车之家、中关村在线、虎扑体育、Keep 健身、妈妈帮、柚子、土巴兔等垂直类媒体平台构成（见图 5.10）。垂直类媒体平台对某一领域深度挖掘，进而形成了完整但又彼此互补的生态关系。

图 5.10　垂直类媒体平台板块生态

（八）电商平台

电子支付和物流产业的发展使得电商平台的多元生态构建成为现实。针对交易地域划分，既有面向国内消费者的贸易平台，也有针对海外采购的海淘平台，如淘宝与考拉海购等；针对消费产品使用次数划分，又存在一手货源交易平台和二手交易平台，如拼多多和闲鱼等；针对采买地域与运输周期划分，又存在异地采买平台和本地即日达采买平台，如云集和盒马鲜生等。电商平台呈现出满足消费者多样化需求的发展现状（见图 5.11）。

图 5.11　电商平台板块生态

（九）社交平台

此阶段的社交平台生态既包括通过强现实关系构建的微信、QQ，也有基于兴趣爱好建立的弱关系平台，如微博、贴吧等平台，还有基于知识传递的知乎、豆瓣等社交内容平台，呈现出即时性与延时性共存的生态矩阵（见图 5.12）。

图 5.12　社交平台板块生态

（十）应用工具平台

互联网产品中更为贴合人性化补偿机制的平台为应用工具平台，它主要由满足公众应用需求的平台构成。例如，针对搜索而形成的由早期的搜狐、搜狗、百度等公司构成的浏览器软件；针对输入模式应用创新的搜狗输入法、科大讯飞输入法、QQ 输入法等；针对气象信息查询的墨迹、即刻等天气预报平台；针对地理位置搜索诞生的高德地图、百度地图等；针对记账需求诞生的鲨鱼记账、喵喵记账等；针对记录和传递信息而不断延伸发展的 163 邮箱、讯飞下载器、WPS、金山词霸等。这些与垂直类媒体平台相互补充，以满足公众的多维应用需求（见图 5.13）。

图 5.13　应用工具平台板块生态

（十一）智能户外平台

户外媒体通过数字化的转型与大数据基础应用的革新，已经具备了即时传输与反馈信息的强大智能体验。智能户外类媒体有基于户外媒体转型的分众传媒、快递展示柜丰巢等，也有影院媒体，如万达电影，还有传统报业的数字化转型，如人民日报数字传播等，触及公众日常娱乐消遣的方方面面（见图 5.14）。

图 5.14　智能户外平台板块生态

二、数字营销技术支撑机构生态

通过对数字营销流程的精准化推进，十三类技术支撑机构完成了整体数字营销传播的消费者旅程。其主要分为营销管理机构、第一方数据机构、第二方数据机构、第三方数据机构、数据分析公司、数字营销创意公司、社会化营销执行公司、数字广告机构、直效营销机构、电商营销机构、搜索引擎营销机构、营销服务机构、客户体验机构。其中，又根据服务机构的不同而产生了不同的细分类别。

（一）营销管理机构

营销管理机构主要分为经过数字化改造后的整合营销传播公司和专为数字营销诞生的数字营销咨询公司两种。整合营销传播公司包括阿里妈妈、彼诚传媒、电通安吉斯网络、华扬联众等老牌营销传播公司形成的矩阵。数字营销咨询公司则包括跨行业竞争的利欧数字、数云、国双、埃森哲形成的矩阵（见图 5.15）。

图 5.15　营销管理机构主要生态

（二）第一方数据机构

第一方数据对于企业的营销活动开展和渠道维护来说至关重要，它是企业最原始的源文本文件，也是企业资产构成中的重要部分。第一方数据机构主要帮助广告主通过既有的 CRM（客户关系管理）、SCRM（社交用户关系管理）、业务运营、用户忠诚度维系四个方面建立消费者一手资料的数据管理。目前第一方数据机构由爱创、红圈营销、南讯、驰骛、艾克、Oracle、蓬景等公司构成主要生态（见图 5.16）。

图 5.16　第一方数据机构主要生态

（三）第二方数据机构

第二方数据主要指企业在收集消费者数据过程中存在缺失的部分，但是可通过相应的手段，如填写问卷、实地调研以及微信公众号互动、电商平台信息采集等方式进行补充。它是对企业原始数据采集不足的有效补充。第二方数据机构的职能是帮助消费者补全信息，建立完善的源文本系统，从而及时反馈与矫正数字营销传播流程，如微博、微信、阿里巴巴、京东等机构（见图 5.17）。

图 5.17　第二方数据机构主要生态

（四）第三方数据机构

第三方数据主要指企业在第一方数据和第二方数据之外无法获得的消费者的数据，其可以通过向不同的媒体公司和相应的行业组织进行购买的方式，弥补对消费者数据不清晰的画像描述，进而构建出完整的消费者画像，达成数字营销的精准投放。第三方数据机构的职责是收集此类消费者数据，目前形成了以传漾、数据堂、银联智惠、友盟 +、艺恩等机构为代表的生态（见图 5.18）。

图 5.18　第三方数据机构主要生态

（五）数据分析公司

数据分析公司主要基于规模化的大数据调研和小数据问卷投放，进行专题类调研活动和年度调研，通过足量的数据占有与分析，为市场前期调研和中期效果反馈提供支撑，形成了以数据软件公司如 SPSS、CC Data 等，数字咨询公司如 Merkle、酷云互动等，营销效果分析公司如虎啸传播、勾正数据等，AI 营销公司如友盟+、云思等为代表的生态（见图 5.19）。

图 5.19　数据分析公司主要生态

（六）数字营销创意公司

数字营销创意公司多为传统广告公司或营销公司业务的独立整合。此类公司专注于广告主数字营销内容创作与发布，提供创新提案、内容输出、UI 优化、内容管理等业务，形成了以传统创意公司如 BBDO、奥美、蓝色光标等，内容生产机构如暴雪、漫画岛、有妖气等，IP 持有方如迪士尼、漫威等为代表的生态（见图 5.20）。

图 5.20　数字营销创意公司主要生态

（七）社会化营销执行公司

此类公司主要为广告主数字营销传播提供社会化媒体的内容创意，引导社会化营销的执行，其生态由爱豆、豆瓣、脉脉、小红书、微盟、时趣等公司构成（见图 5.21）。

图 5.21 社会化营销执行公司主要生态

（八）数字广告机构

此类机构指的是为广告主数字广告投放助力的第三方机构，其主要通过直接经手程序化购买流程完成广告主数字广告投放。比如，供应方平台、需求方平台、采购平台、广告联盟和数字广告监测机构，由泛为科技、阿里巴巴集团、百度交易平台、盛天网络、安纳特公司主导生态（见图 5.22）。

图 5.22 数字广告机构主要生态

（九）直效营销机构

此类机构主要通过帮助广告主进行面向消费者的数字化直效营销，通过邮件、网络电话会议、网络视频会议的方式，进行目标客户的拉新与习惯构建。其生态由技术提供方 Adobe、benchmark、漫道科技、触宝、腾讯、活动行、火眼云等公司构成（见图 5.23）。

图 5.23　直效营销机构主要生态

（十）电商营销机构

此类机构主要负责电商营销中的创意设计、商业运营、私域数据收集、移动支付、电商资源分析、自动化售卖、电子商城建立与维护、自动化客服反馈。其生态由大型综合电商阿里巴巴、京东、亚马逊、小红书、宝尊电商、苹果支付、云闪付等机构主导（见图 5.24）。

图 5.24　电商营销机构主要生态

（十一）搜索引擎营销机构

此类机构指的是支撑广告主搜索引擎营销设计与执行的机构，负责采买关键词、优化竞价排名机制，其生态由艾德思奇、舜风传播、百度营销、夸克等机构主导（见图 5.25）。

图 5.25　搜索引擎营销机构主要生态

（十二）营销服务机构

此类机构主要为数字营销机构提供合规检查、效果监测、人才培养和数字营销商业化布局服务，其生态由以德勤、普华永道、毕马威、安永四大会计师事务所和数英网、达内教育、达晨财智为代表的机构构成（见图 5.26）。

图 5.26　营销服务机构主要生态

（十三）客户体验机构

此类机构主要通过建立网站、提供自有网站资源、网站分析、数据对比等方式为广告主优化数字营销体验（见图 5.27）。

图 5.27　客户体验机构主要生态

三、数字营销传播发起流程与逻辑演进

通过完整的媒介板块入口、全面的数字营销技术支撑机构的构建，广告主数字营销传播整体流程变得可追溯、可截断、可追加，精准传播势能已然成为现实。广告主数字营销传播主要通过数据占有与分析、触点循环优化、交易达成与渠道维稳、内容生产与管理完成整体流程的执行和优化（见图 5.28）。

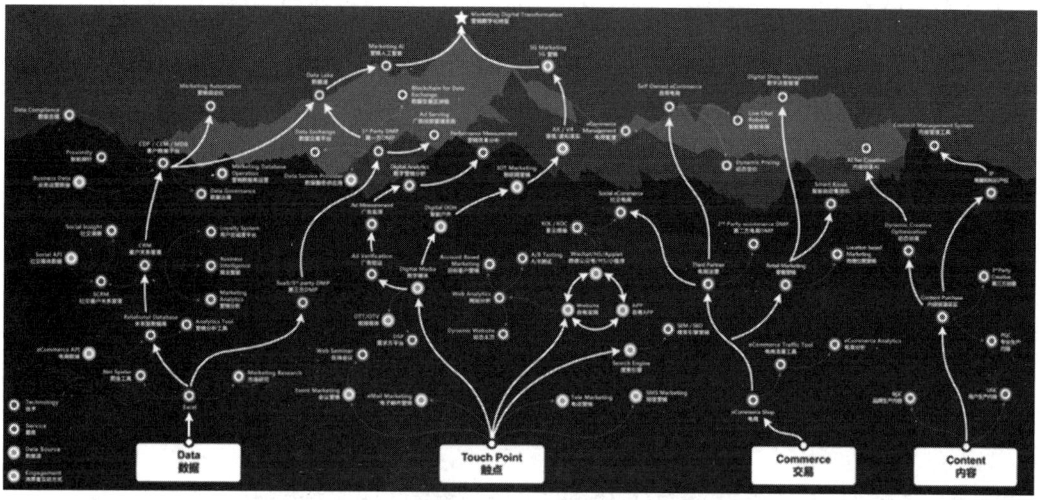

图 5.28　广告主数字营销传播布局逻辑[①]

通过技术公司的介入，结合第 、第二、第三方数据进行消费者数据库的构建，此时数据的占有不仅是发起营销传播活动的起点，还是对不间断发起营销传播活动中反馈信息的占有，也包括消费者触点的反馈信息以及交易环节中线上线下流量信息的收集。

触点则是传统意义上营销信息传播渠道的优化，它表现为广告投放和数字媒体带来的产品 / 服务信息接触、渠道接触。

交易不仅是实际产品 / 服务的销售达成，还包括 KOL/KOC（关键意见消费者）种草与拔草的达成。数字营销传播不仅关注线上电商渠道（如自有商城、第三方平台、微信小程序），还包括线下自动化售卖。

广告主自建内容传播或委托第三方进行内容制作后，不仅将内容用于数字营销传播，也通过 IP 的建立与交易完成知识产权的维护和再利用。至此，广告主数字营销传播逻辑变得清晰、精准。

---

① 数据来源：虎啸数字商学院。

2018年的媒体调研结果显示，面对完整的数字营销传播生态，各方传媒平台都清晰地认知了自我优势与不足，积极推进精准传播的势能搭建。某互联网媒体负责人称，“我们主要的竞争压力来自手机，移动端的便捷性越发成为我们创新的方向”。某在线视频类媒体负责人称，“同类媒体竞争是目前最大的压力。因为广告主的媒体预算会根据媒体类别进行区分，大家都处于被分蛋糕的阶段”。

面对纷繁复杂的市场压力，合作能力成为媒体参与竞争的重要前提，合作也成了媒体生态的常态之一。某互联网媒体负责人称，“我们目前跟电视广播类媒体有业务上的合作，主要落实在活动策划类。互联网类的媒体也有合作，如与百度、一点资讯、今日头条等。此外，还与性质类似的全国省级网站建立联盟，互通有无”。

某晚报负责人称，“我们用晚报的新闻，与电台主持人代言的宣传片，借助新媒体平台，结合终端活动与推广，采用定制化的广告传播模式。新媒体平台包括拍短视频等类别，定制类活动包括线上直播搭配互联网推文，利用抖音、火山、今日头条、百度等平台，完成每一次活动上万流量的效果回馈”。

通过合作延展价值链，同时精准应对用户需求是本阶段数字营销传播最鲜明的趋势。

第三节　精准传播观念引导下的数字营销传播矩阵

电商的快速发展，使数字营销中的广告投放与实际销售的链路变得更为紧密，消费者与品牌接触的路径缩短，距离更近。广告主在精准传播观念的引导下，从产品力角度，用优化、直接的路径来缩短与消费者的距离。广告主提到，以前的传播习惯是在传播的时候更多进行教育、触达、互动，购买在其他场景达成。但是现在因为平台的特性等，完成传播与购买的动作是没有距离的，都可以一键完成，实现了真正的品效合一。消费者的任何体验和感受都可以快速直接地返回平台，反馈给广告主。这些改变了企业的销售理念，以前是先产后销，先有产品再做销售，现在已经转变为先感应后回应，也就是在产品做营销活动之前一步了解市场，了解客户对于产品的感受，进而根据回应作出产品线的调整。产品线因此也变得更加移动化，更加场景化。移动化即不用去终端现场购买，可以双线并行完成购买；场景化则是购买行为成为场景伴随，如移动支付行为等。一切都证明了广告主的数字营销传播矩阵变得清晰、高效。

一、广告主触点选择的精准化标准

媒介策略的敏捷化感知，使得广告主在思考数字营销传播的时候，不再囿于媒体属性和类型，更多以消费者为中心，进而观察媒介接触点和习惯的改变，因为消费者脉动决定广告主的选择触点。

（一）广告主将媒体区分为曝光类和转化类，并认为转化类更难管理

过去，业界常常提到新旧媒体的区别，多使用传统媒体与数字媒体的差异化说法。其实，数字营销传播已经打破了新旧媒体之分，当下很难区分什么是传统媒体，什么是数字媒体，所以广告主纷纷采用曝光类媒体与转化类媒体，或者线上线下的说法。

曝光类媒体：可以给消费者留下品牌印象，使其对品牌形成品牌知晓，进而形成心理认知。原先大量的传统媒体与线上流量媒体属于曝光类，主要形式是偏品牌类的营销信息。

转化类媒体：可以导流、直接跳转、下单、下载、注册等促成实际行动，主要形式为互联网平台中偏效果类的网络营销信息。

广告主在制定数字营销策略的时候，对于媒体没有严格的区分，而是同等对待。比如，广告主首先要知道本品牌的传播、推广和营销目的、目标群体，进而根据平台特性进行选用。广告主不再先从媒体的角度去选择，而是先从自身产品 / 服务传播的需求出发，结合目标群体的信息接收、媒介接触习惯，进而选择具体媒体类型与框定传播内容。

广告主认为曝光类媒体易管理，转化类媒体不易管理。曝光类媒体易管理，是因为素材（诉求、产品设计、UI 等）一旦被决定，输出到任何平台的效果都一样，如在户外广告类型中，一张定版海报可以再设计，调整运用到各类数字户外媒体。转化类媒体较难管理，因为在此类形式中广告主非主导力。首先，各投放平台每日产生的内容繁杂且大量，委托设计的内容创作很难管理和把控；其次，新的渠道，如大量直播模式的使用，使得售卖过程很难把控，消费者进入直播间进行观看和下单，需要进行实时互动，这个销售过程变得复杂且多变。

（二）曝光类为主的媒体选择依据：受众契合度最被看重，量化指标重要性不减

广告主在进行媒体选择时，最为看重的依据第一位是受众契合度，第二位是广告的

ROI/ 性价比，收视率 / 流量等量化指标的重要性仍是第三位，媒体的形象 / 影响力排在第四位（见图 5.29）。各指标的总体排序在近五年的调研中没有明显变化。

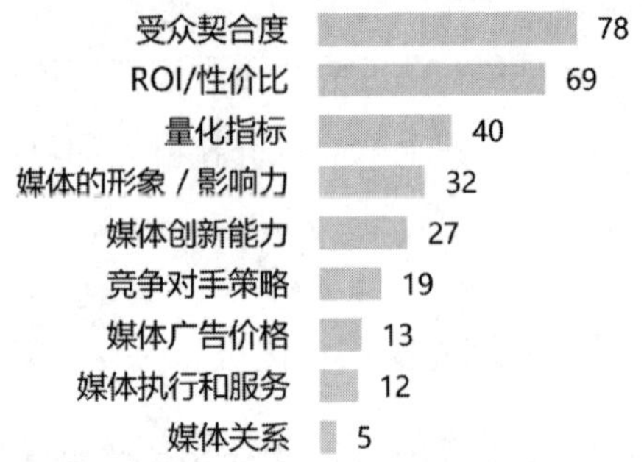

图 5.29　2020 年广告主选择媒体的主要依据（%）

注重受众契合度的广告主，如受访的某日化行业广告主在媒体选择过程中，首先会根据经营目标和策略匹配的时间点来选择媒体，其次会根据营销目标的人群习惯选择重点接触的媒体。受众契合度的选择率最高，换言之，广告主会根据消费者媒体接触变化而及时调整媒体策略。例如，突发事件期间，工厂停工、学校停学，学生们在家的时间增多，看电视的机会也增加，某儿童食品就相应加大了电视媒体的广告投放，还会根据消费者不同的使用场景，开展不同的品牌和需求教育与沟通。

根据 2020 年调研数据（见图 5.30），超大企业重视媒体的形象与影响力、媒体营销创新能力，相比往年，对媒体的投入产出 ROI/ 性价比的选择性加强。大型企业重视媒体受众与目标受众的契合度和媒体的视听率 / 阅读率 / 流量，也没有忽视媒体的营销创新能力。中小企业更看重媒体的形象 / 影响力，小微企业则重视媒体广告价格和媒体的投入产出 ROI/ 性价比。

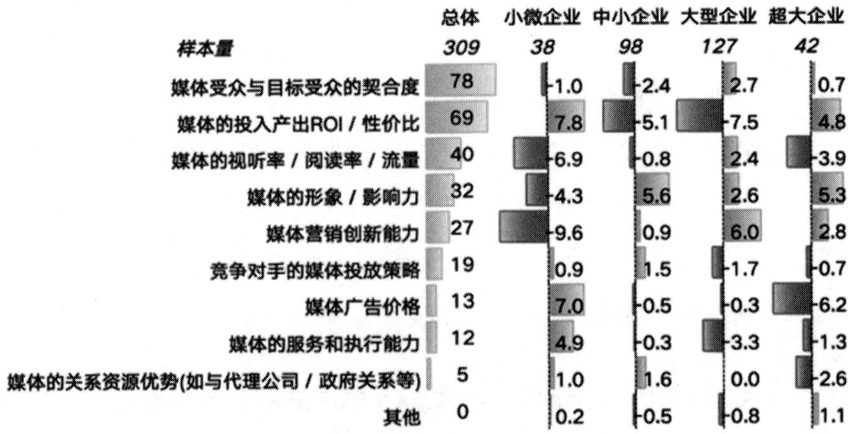

图 5.30　不同预算规模广告主选择媒体的主要依据（%）

广告主选择转化类为主的媒体，即数字平台 / 互联网平台时，非常看重规模（平台流量和平台用户规模）和转化能力（平台直接销售转化、平台导流能力）。有了这两大较现实的选择依据，其他因素基本无足轻重（见图 5.31）。

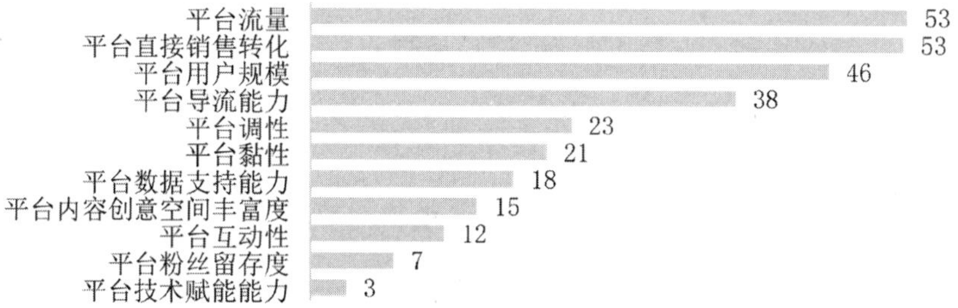

图 5.31　2020 年广告主选择数字平台 / 互联网平台的主要依据（%）

在访谈中，广告主强调一切数字营销传播活动的最终目的都是促进销售转化，公司想要生存，就要以“销售为王”。平台的规模大小是影响销售转化的重要因素，而平台的转化能力与销量直接挂钩。

不同规模广告主的选择依据不同（见图 5.32）。超大企业相对更看重平台的调性与用户规模，体现了对品牌层面的考虑；中小企业看重平台的直接销售转化和导流能力、平台黏性，体现了对产出的追求；小微企业相对看重平台黏性和平台技术赋能能力。可见，广告主对触点选择的精准要求越发提升。

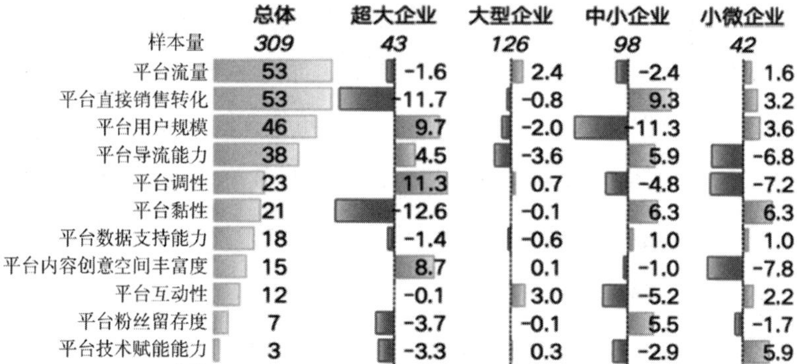

图 5.32　2020 年广告主选择移动数字平台 / 互联网平台的主要依据（%）

二、广告主精准的触点矩阵布局模式

从 2016 年开始，短视频与直播模式的火热发展，快速迭代了整个广告主数字营销传播生态，并很快将各媒体生存空间平衡下来。短视频从最初的模糊介质逐渐明晰为常见的新媒体形态，并几乎被所有广告主接受和运用，直播作为销售标配成为营销活动的必备工具。2020 年的调研数据显示，短视频和直播的发展为移动互联网广告的总体购入贡献了三分之一的份额，移动互联网在广告主互联网投放份额中的贡献度达到 70%，这就深刻表明广告主在建构越来越精准的触点矩阵。

（一）互联网媒体的总体运用：权重不断提升

1. 事前预估与事后评估使数字广告获得更广泛的接受

2020 年的调研数据显示（见图 5.33），84% 的广告主认为数字媒体成为企业营销传播的核心平台，且认可度逐年提升，较 2019 年提升了 10%。

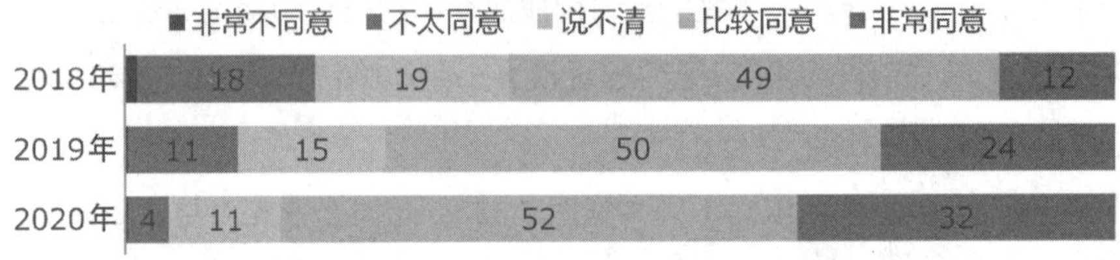

图 5.33 数字媒体成为企业整合营销传播的核心平台（%）

对数字媒体的重视，从广告主实际预算花费分配中已有明显数据论证，主要原因除了媒体发展的迭代，还有数字广告的可量化，而且这种量化可以达到环环相扣的效果。

广告主认为，数字广告可以较好地实现事后评估、事前预估。从曝光，到下载、注册、绑定、首次使用、人际再传播、循环使用等一系列环节，每个环节都是可测算的，事后企业会通过这些数据来评估每个环节。其中阿里系产品生态更为完整，它将优酷和淘宝数据打通，清晰判别获客是否通过数字广告的形式，下次活动时也可以作为事前预估的依据。在事前预估时，其还会参考内容的质量效力，如数字营销信息是否打断用户，是否与投放广告类型相匹配，等等。

数字广告的可评估性影响了所有媒体的发展，形成使用惯性后，数字媒体在营销活动中越来越重要，广告主也很容易形成用数据来评估其他媒体的思维模式，无法在后台呈现数据支撑的其他曝光类媒体，无论在主观层面还是在客观层面，都容易被忽略。这种思维模式从长期来看，部分广告主认为会削弱品牌的影响力。

2. PC 端生存空间稳定，移动端广告主渗透率快速增长

根据 2014—2020 年的调研数据可知（见图 5.34 和图 5.35），在企业网络媒体投放组合中，2020 年移动互联网占广告主媒体预算的 33%，PC 互联网占 13%，合计 46%。

与 2018 年 26% 的占比相比，广告主预算再次向移动互联网转移，净增 7%。PC 互联网多年来投放比率保持不变，可以判定 PC 互联网的生存空间基本稳定。

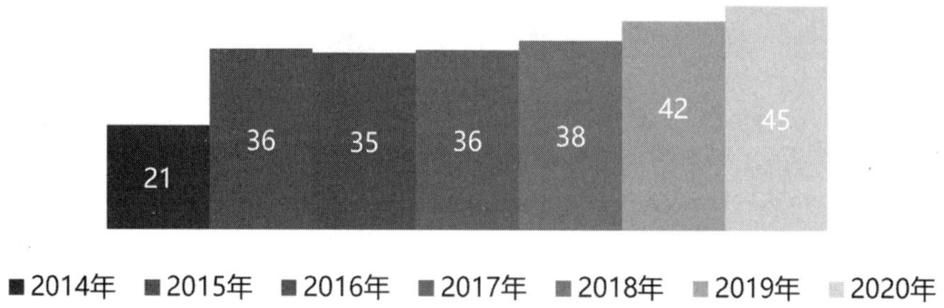

图 5.34　广告主网络媒体花费占比（%）

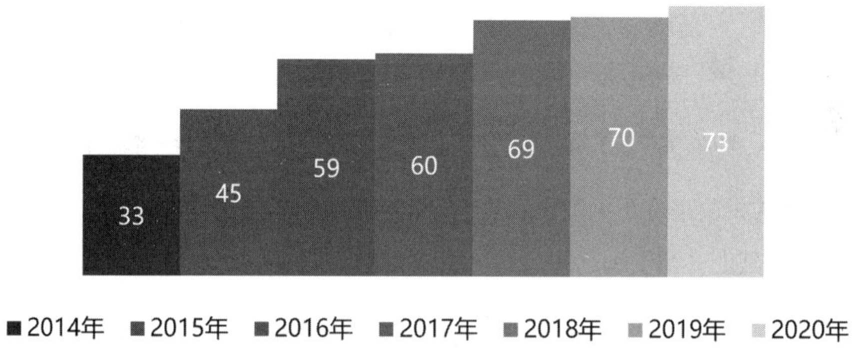

图 5.35　移动互联网占整体网络媒体费用的比例（%）

移动互联网发展势头迅猛，自 2015 年调研以来，移动端与 PC 端实现地位逆转，2020 年移动端与 PC 端投放呈现七三开的态势，移动端成为所有广告主选择的重要媒体。

（二）移动互联网的运用：风云突变，各种移动营销传播形式发生重大转变

曾经被广告主热烈讨论的信息流广告已经被短视频的风头盖过，退居广告主投放排名第三位。大 V 和公众号软文依然是移动数字营销中广告主使用的最主要形式，保持在第一位。App 开屏广告、移动视频贴片广告的地位下降很明显（见图 5.36）。

广告主认为以下三点因素限制了信息流广告的发展。

（1）被有效注意的概率低。一条信息流广告伪装成一条新闻放在文章里面，受众根本没有看到这条广告，却被误认为是有效曝光。

（2）移动端屏幕限制了可见性。手机屏幕的集约化使信息流广告的可视空间更小，易被忽略。

（3）基于算法的投放技术还不够人性化，对目标消费人群存在一定误差，如根据喜好对用户性别的错误推断，导致其推送了错误的广告信息。

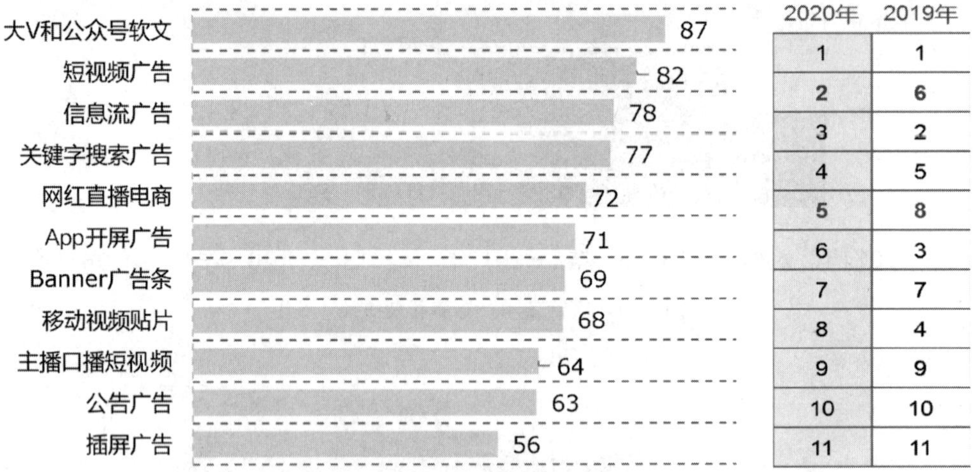

图 5.36　2020 年广告主移动端数字广告渗透率以及两年渗透率排序对比（%）

从 2021 年的投放来看（见图 5.37），广告主加大投入的移动互联网广告形式主要是直播和短视频，其上升幅度远远超过其他媒体类型。

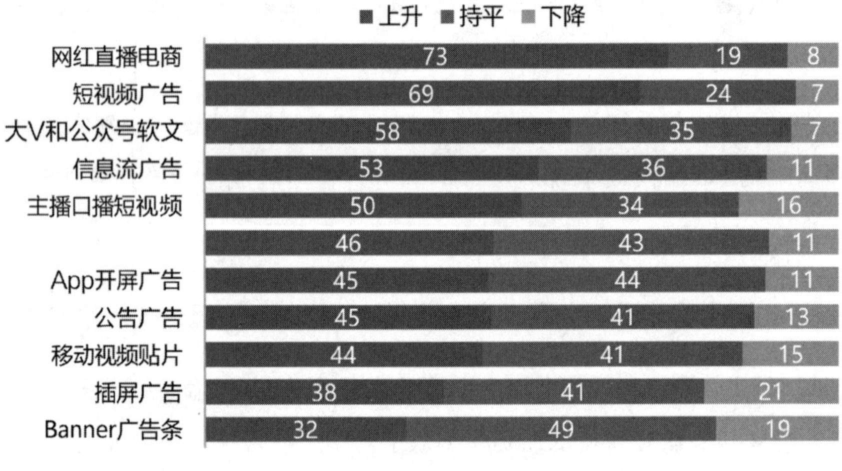

图 5.37　2021 年移动互联网广告投放费用的变化（%）

（三）短视频和直播的运用：新的媒介形态，新的销售工具

1. 对短视频和直播的认知，广告主认为是两种不同的介质和工具

广告主明确地将短视频和直播区隔开来，认为两者有较大差别。虽然有时候它们因共用同一平台而无法被完全区隔开来，但很明显的一个区别是，短视频是以休闲为主

的，所以更适合作为传递品牌目的的媒体，直播是以消费为主的，所以更适合作为直接销售或带货的工具。

（1）广告主对短视频的认知

短视频本质上是一种传播形式，是一种新的媒体形态，是当下最普通的媒介形式，是消费者的阅读转变和迭代，是微创新的新媒体类型，是媒介形式的迁移，但不能作为转化工具使用。

短视频更多被应用于品牌传播目的，可以接触到最下沉的市场用户。短视频对于时间的把控能力要求较高，如何在较短的时间内将产品特点和优势推广出去，是企业运作短视频最具挑战的方面。广告主对于内容创意性、丰富性的要求较高。广告主在选择红人和内容创意时，会关注红人与粉丝天然的黏合度，会基于KOL的粉丝，基于KOL的自身影响将产品过渡到粉丝身上，这是一种触达方式和接受方式软性的内容传播。

广告主普遍认为短视频不能作为转化工具使用。消费者在观看短视频时的第一目的并不是定向购物，而是碎片化时间的娱乐消遣，因此短视频是关注新鲜内容和不重复内容的一种渠道，如果当作转化工具就失去了休闲目的，反而会造成营销传播信息的主观屏蔽。

（2）广告主对直播的认知

广告主认为直播是销售标配，可以进行直接、深度互动，卖点详细说明，打造爆款，对观看人群有效，但无法传递品牌维度和输出立意高度是其缺点。直播具备五大特点：

第一，客观性，无论有无需求的消费者，只要进入直播间，当直播产品 / 服务价格较低时，就能够拉动随机销量和打动有需求的销量。

第二，深度互动，公众通过留言与直播主持进行互动是其重要特点，尤其是当直播主持人为明星的时候，这种互动尤为珍贵。因为明星比较珍惜“羽毛”，他们愿意在互联网场景下呈现自己，与粉丝群体或消费者建立起跨阶层的互动连接，这是传统商业代言所不具备的优势。在传统商业链路中，品牌对明星代言人的选择要求皆为声量“放大器”和“传感器”，广告主利用明星自身的影响力与知名度，让产品和品牌触达更多潜在用户。但直播缩短了这条传输链条，从品牌宣传、广告代言到成交转化都被压缩到了直播场域，明星也会带来品效合一的精准效果。

第三，产品功能可以得到传播，从传播的手段与侧重点来看，这与其他传播形式有差异，可以使对这一类产品较关心的受众群体产生认知。因为针对某一个卖点，主播可以进行两三分钟甚至更长时间的讲解，为促成购买的决策漏斗提供帮助。

第四，部分新兴企业并不会先做品牌传播，建立长期顾客信任，进而达成购买，更快捷的方式是打造一两款爆款产品，用爆款产品带动消费者认可品牌，进而维护长期的品牌忠诚，而直播就可以针对爆款产品进行促销。

第五，直播的准入门槛和成本投入较低，既然行业内其他广告主都纷纷进军，那么自身也可以有所尝试。甚至大部分广告主开始对企业内部具有网红特质的成员进行培养，从投入和收益来看，都比直接雇用直播网红更实际与高效。

直播最大的缺点在于品牌维度的传递和想要输出的立意高度存在障碍。食品类广告主在2020年调研中表示，直播未来可能在发展到高峰后出现下降。原因在于：其一是中国消费者对于商品的认识逐渐趋于冷静，不会总是被价位的下降所打动；其二是大量的直播热潮过后，广告主会发现只靠价格优势带动的消费者黏性并不是长久的关系维护。但也有广告主认为，当把直播做成知识营销而不仅局限于卖货时，即不利用巨大的优惠去打动消费者，而是将专业的产品知识点传递给消费者，虽然不一定能直接打动消费者，但在这个阶段后消费者会买账。例如，知乎、小红书平台中的相关"剁手指南"和知识类信息的科普，均在潜移默化中影响消费者的购买决策。

2. 短视频和直播未来趋势判断，未来可获得长足发展，需要不断加大支出

未来随着技术发展和5G的应用，无论是短视频还是直播，都会出现形式与内容的多维迭代创新。视频如果从重要性来说，是代表一个方向，即数字营销手段并不单是一种线下的体验或线上文字性、图片式的传播，而是要将它转化成视频类进行传播，视频类的媒介传播和投放可能要超过其他图文类形式，视频类广告就会越来越重要。尤其随着技术的发展，快速的流量实现，短视频后续可能加入AR、VR等视频类技术和手段，短视频/直播会上升到广告主数字营销传播中越来越高的位置。

从实际数据结果来看（在设计问卷时，笔者没有将短视频和直播进行严格区分，见图5.38），短视频和直播的合计使用率在2019年已经达到60%，在2020年达到70%。

广告主在短视频和直播上的花费目前占比为8.2%，但第二年花费预期会提升50%，超过12%。支出比重的增加大于渗透率的增加，说明使用过短视频和直播的企业，会更加倚重这些新介质和工具。

喜之郎集团在2019年的调研中表示，KOL和红人带货会越来越受到广告主的追捧，它会越来越占据客户的预算，甚至可能会追加到总体营销传播费用的80%～90%。因为这种直效营销传播方式目前已被大量日化企业证实可行。

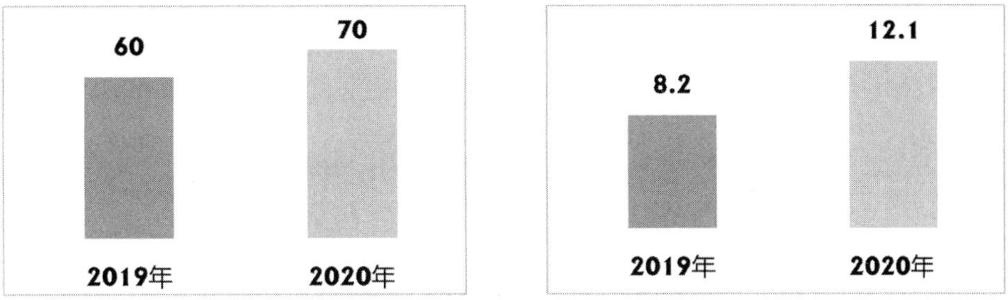

图 5.38　短视频 / 直播在广告主全媒体预算中的分配比例（%）

从不同预算规模企业来看（见图 5.39），超大企业短视频和直播使用率最高，其次是中小企业，有近 80% 的中小企业使用。未来增长预期最高的是中小企业。

从花费占比来看，中小企业在短视频 / 直播上的花费占比最高，未来预期比重也将提升，这说明中小企业更倚重短视频和直播。直播有效削减了中小企业与大型企业、超大企业间传输通路的成本鸿沟，直播带货、直播营销让中小企业特定的小类产品 / 服务，甚至是一些比较小众、边缘的产品 / 服务拥有了长尾市场，为中小企业带来了更多机会。

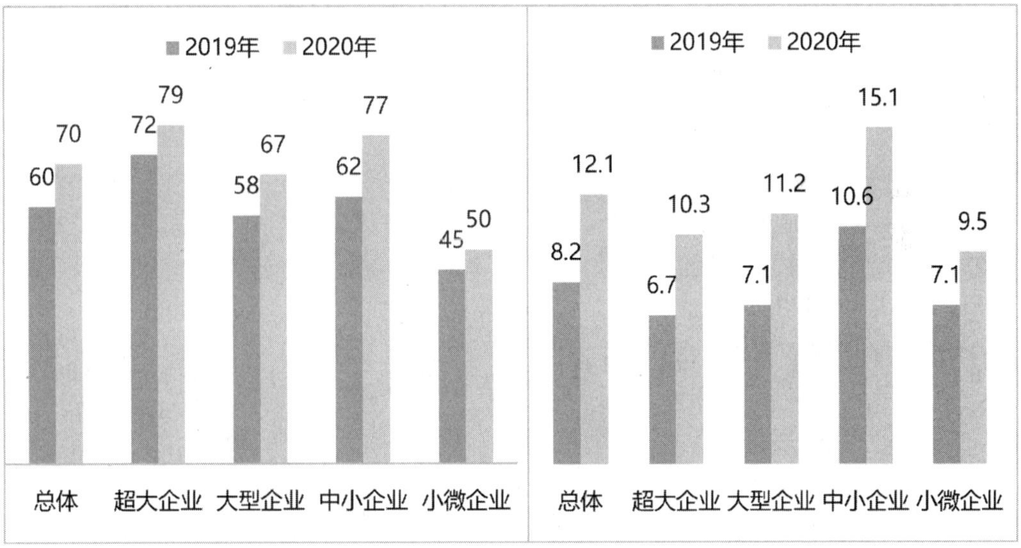

图 5.39　不同预算规模广告主渗透率和花费占比（%）

超大企业、大型企业对短视频和直播的花费未来增长预期也较高。超大企业、大型企业在与直播网红合作的经费选择上有更多的弹性空间，也推动了直播市场的发展，如采用头部网红流量主播带货，效果和品牌传播增益明显。

从不同行业来看（见图 5.40），日化行业短视频 / 直播应用率最高，超过 80%，未来 90% 的日化企业会继续使用；日用品、家用电器和交通使用率也高；药品、房地产、邮电通信、金融保险行业将预期增加短视频 / 直播的应用。

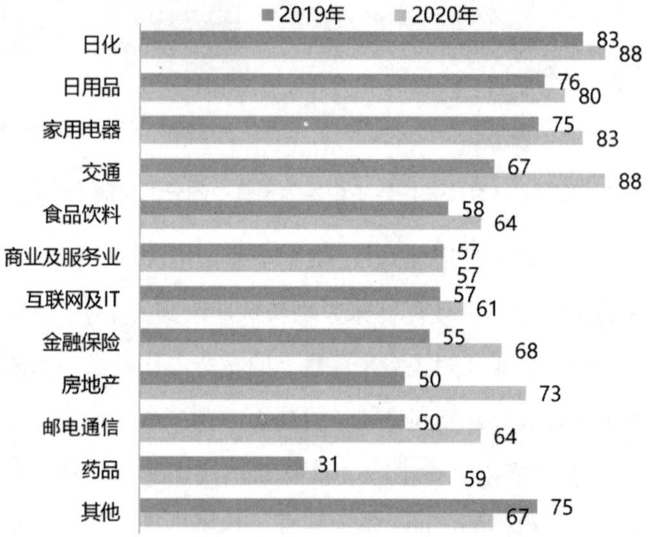

图 5.40　不同行业广告主短视频 / 直播渗透率（%）

日化行业是使用短视频 / 直播比例最高的行业，也是营销花费占比最高的行业（见图 5.41）。2019 年日化行业短视频 / 直播营销花费占比达 16.3%，2020 年花费占比达 25.6%，增量可观。

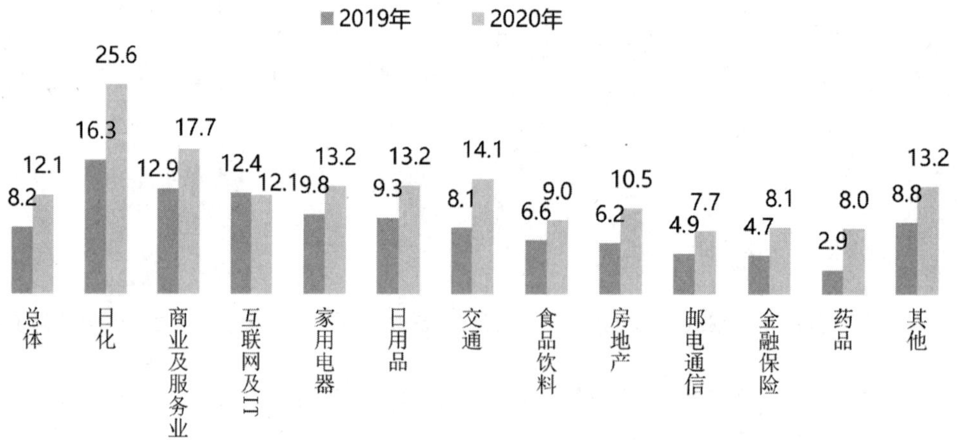

图 5.41　不同行业广告主短视频 / 直播营销费用占比（%）

商业及服务业、交通行业也将投入更多预算。商业及服务业，如万象城、百货大楼、中央商城等商超纷纷进行社群运营和现场直播，直播成为线下综合体链接线上流量的重要渠道与路径。根据巨量引擎发布的数据，2020 年 3 月某平台汽车经销商直播看播人次，分别是 1 月的 45 倍和 196 倍。中国工商银行在 2019 年的调研中表示，在短视频平台投放的营销信息被消费者关注后，下一步则会将其引至直播间进行详情了解，直播可以增强消费者与产品的互动性，如现场解答观众疑惑问题等，从而进一步提升沟通效果，一些优惠信息的发布也会引导消费者进行购买决策的调整。

医药行业虽然目前没有太多投入，存在一定的滞后性，但预期将成倍地加大对短视频和直播的投入。某受访医药品牌广告主称，“我们不是这个专业的人，所以我们对直播、短视频的掌握一定是滞后的，当这种形式火到一定程度后，我们作为公众才刚了解到，才刚开始介入，但是当我们对直播和短视频开始理解的时候，新的形式又在发展了”。也有药企负责人表示会不断尝试新的形式，现在开始尝试小视频广告，不断结合消费者关注点进行产品的活动和推广，并不会局限于传统某一平台，或者某一个类型。

（四）内容营销、KOL 口碑营销都是广告主看重的精准传播触点

1. 内容营销承担起品牌传播的效应

内容营销主要发挥品牌广告的作用，但是一定得有剧本或植入方案，才能达到既传播企业品牌，也传播正确价值观的效果。

对短视频和直播投放形式的运用（见图 5.42），2019 年的广告主主要集中在内容营销（品牌广告也属于内容营销范畴）、KOL/ 红人带货（明星 / 大 V 带货）两方面，使用率分别为 78% 和 61%，然后是品牌广告。

图 5.42　广告主倾向于选择的短视频 / 直播投放形式（%）

某日化品牌负责人则将短视频称为“种草型短视频”，认为它比较间接，短视频中不仅包括产品特性介绍，也包含功能结合的知识点等干货。他认为企业短视频营销只有将重点放到产品或品牌的内容上，再加上自身及外部 IP 的辅助加持，才能达到效果。

KOL/ 红人带货被日化、日用品、食品饮料行业更为看重，日化行业还注重明星和大 V 带货。这与行业高频消费特性和消费者低卷入度的购买行为特征极为吻合。某饮料企业表示，“品牌会在一些电商节点，如‘双十一’期间，寻找 KOL/ 红人进行以营

销为目的、偏销售效果导向的直播。同时，直播售卖的产品有其特殊性，往往都属于快消品，包括一些高单价、低频率的快消品，如口红等。如果能将饮料这种高频次、低单价的产品利用直播形式与集团线上平台打通，对于快消品牌来讲，直播确实是一种不错的方式，可以给企业线上平台做一个最直接、最大范围的引流，再选择一些 KOL 等具备名气和流量的红人大 V 进行带货，能最大限度导流消费者至线上销售平台，对整体销量闭环的完善皆有助益”。

品牌自播的形式主要被小微企业采纳，很多小微企业通过自播的方式实现了渠道的线上转换，自播也被一些特殊行业采纳，如金融业。因金融业产品的特殊性，其专业性门槛较高，普通直播的形式无法深入地将产品信息推广至消费者，所以金融企业大多会通过短视频平台，用品牌自播的方式将流量导流至手机银行、网上银行或银行官网等，再经由内部工作人员完成与消费者的产品销售对接流程。某区域银行营销负责人表示，消费者对于金融机构产品的理解并不是通过一场直播就能建立的，因为产品的专业性并不像普通消费品，所以短视频 / 直播营销可能并不适用于“展而优则购”的推广模式。

2. KOL 加持下的口碑营销“种草力”巨大

2019 年的调研数据显示（见图 5.43），广告主选择 KOL/ 红人时，主要考察的是其带货能力、粉丝规模、人设契合度。从这些考虑因素中，我们可以看到，广告主选择红人时，或者是“大而全”（指红人具备的指标大而全，如带货能力、粉丝规模、人设契合度等），或者是“小而美”（指在一定预算规模基础上的红人组合呈现出的以小博大、层层渗入的腰部正能量 KOL/ 红人起用观念）。

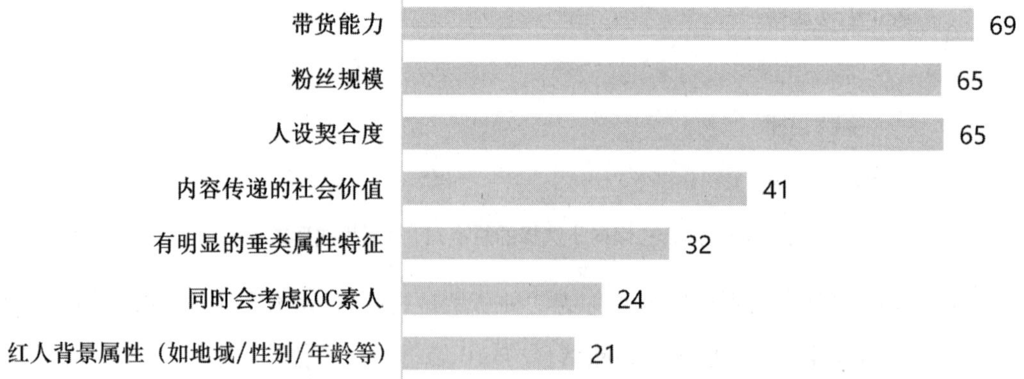

图 5.43　2019 年广告主选择 KOL/ 红人投放时的考虑因素（%）

在 KOL/ 红人粉丝规模的选择上，粉丝达到 100 万已成为广告主选择的基本门槛，而且是最受广告主青睐的档次，其次是有 50 万粉丝基础的广告主（见图 5.44）。

目前主流定义的 KOL，指的是粉丝数在 10 万以上的达人，包含 MCN 机构旗下的达人和 UGC 属性的红人。抖音发布的数据显示，目前各短视频平台的 KOL 规模已经超过了 20 万个，而各大平台粉丝量 50 万以下的 KOL 占比约为 80%。可见，粉丝规模 50 万以上的 KOL/ 红人才有可能被选中，广告主通常对 KOL/ 红人的选择目的性强，即用有限的预算最大限度地触达消费群体。

在实际操作中，2019 年被调研的情况呈现出起用大量腰部红人和少量头部、尾部红人的菱形矩阵组合。因广告主认为，头部 KOL/ 红人数量较少且费用较高，所以其触点矩阵为少量头部 KOL 和广泛的中腰部 KOL。某日化品牌认为选择头部 KOL 的企业更看重红人对于品牌的拉升、内容的共创，起用中腰部红人更多基于带货目的的批量选择。还有广告主认为，头部 KOL 的费用并不是所有企业都可以承担的，所以往往选择性价比合适的 KOL 组合进行搭配，市场预算额度是限制品牌选择网络红人级别的最大因素。

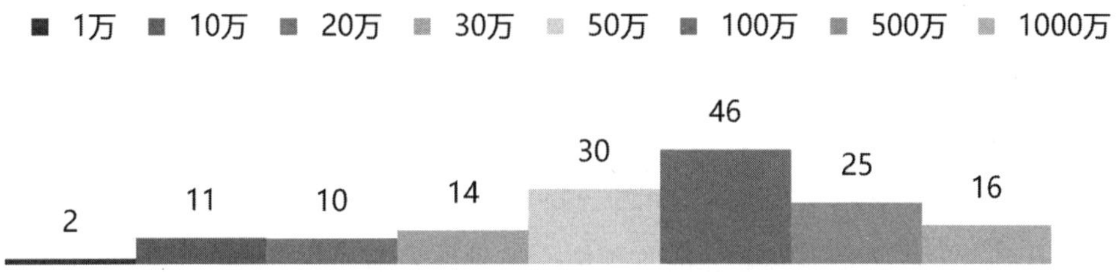

图 5.44　2019 年广告主选择 KOL/ 红人规模占比（%）

但是，对于头部红人，尤其是超级大主播，广告主有一些担忧，因而或尝试后放弃，或干脆只要求其销售普通单品。原因有三：其一，超级大主播很难控制，他们不怎么提及产品卖点，会按照自己的角度进行营销信息传播，因为其在乎的是粉丝关注，而非品牌收益；其二，超级大主播多数时间会出现临时加播，但是与广告主沟通不畅，造成没有充足素材及时提供，不可控因素较多；其三，消费者留存率低，基本上没有太多消费者会去翻看往期直播，也没有人去搜直播的内容。所以直播对于品牌建设的影响很微弱，甚至会带来负面影响，所以对头部红人的起用，企业更多关注的是销售端的促进。

短视频平台的娱乐化属性是吸引消费群体的首要因素，以内容生产和分发为基础运营的短视频平台在经历了泛娱乐化内容拉新用户后，探索并迈入不同垂直细分领域，进而形成完整的互联网拉新、留存生态。在规律面前，短视频平台也将垂直细分领域切割至用户的生活化场景之中，作为对泛娱乐化内容的补充，收割核心忠实用户的方式之一即泛生活化内容的打造，广告主也把握了消费者的需求转向，无论是以品牌提升还是以销售为目的的短视频/直播内容打造，都具备了“泛生活”“泛娱乐”的内容基调。

三、广告主数字营销合作矩阵的灵活变动

最好的策略就是用变化来应对变化。广告主的第三方合作策略也已经发生了重大改变，以前更多是以年为框架进行安排的，现在分散化、敏捷化，以项目制、波段来规划营销和传播活动，广告主最长做季度规划，再细分到每个月的具体举措。

年度规划则主要确定本年度主打品牌单品，如全年只主推一件单品或某一系列品牌，其后主要的数字营销活动会围绕这一主打单品展开，确定性会更强。确定年度规划后，再确定数字营销投放的节奏，如大的节庆日深度绑定线上渠道，同时采用数字营销传播方式。也就是说，传统的营销节点不会变，但具体的方式和内容需要根据产品进行区分。采取的方式、采用的资源、选用的手法、结合哪类IP，在数字营销传播活动发起前的短暂时间段确定，即更精准地依据目标消费群体画像变动，广告主产生追随转移，争取完成与目标消费者的第一次沟通。

广告主数字营销传播决策过程也被前置化，从以往的事后评估转变到事前、事中预估。评估只能为事后服务，肯定对实际缺乏指导价值，广告主认为要等到下一轮营销活动发起时得到参考意义是不够的。前置预估哪怕只是简单预测也会对广告主有所帮助，比最后一步看精确营销效果更有裨益，数字营销传播的偏差也可以及时得到矫正，否则在事后，经费已然投入，资源也已经释放，纠错已经失去了市场先机。

第四节　阶段特征总结

一、理论与实践的本土化共振力越来越强

此阶段广告主与第三方合作组织都在积极地向先进国家、数字营销传播前列企业学习，并加以在地化的模仿，而前一阶段广告主数字营销传播已经在掌握社会生态、经济生态、传播环境的基础之上开始“玩具”般地试错媒体、渠道、消费者喜好等，共同体的向心力越发提升。发展至今，由于共同的正向推动力，我国数字营销传播理论与实践都走在了世界前沿，我国超前的网络基建布局、完整的电子支付体系更令发达国家望尘

莫及，所以，广告主开始了对我国独有的数字营销传播理论与实践的总结。

此阶段，业界提出了诸多改进理论，如陈杰豪提出了新 4P 理论，即 people、performance、process、prediction，通过接近消费者思维、关注数字指标表现力、优化执行步骤、采取智能数据监测与预测措施进而提升数字营销传播力①，广告主提出了新 5C 理论（consumer、context、community、content、connection），即通过目标消费者的确定，结合相关场景元素，通过社群维护与建立，传播适合度高的信息，进而建立强弱关系互为依存的传播链路。各大互联网公司和数字营销传播公司都积极推出了“登山图”“消费者旅程图”“地铁图”等相应数字营销传播方法论与实践观，形成了新一轮的“理论丛林”。但无论是否统一了学界、业界的共识，我们都可以看到在地化营销理论与实践在多方助力下不断完善。

二、广告主对数字营销传播矩阵的管控力凸显

广告主加强对自有数字营销传播生态的管理（见图 5.45），随着新媒体发展带来的碎片化加剧，营销信息传播变得更为复杂，广告主数字营销传播的决策更多依赖品牌生命历程所处的阶段，熟悉品牌气质具备的体征，进而有方向性地去追随消费者时间和精力转移的方向，与目标消费者完成很好的沟通。因为消费者沟通的核心是产品 / 服务自身，其他外围的物料加工、宣传手段是辅助，这样才能给消费者不断留下核心印记与品牌记忆。

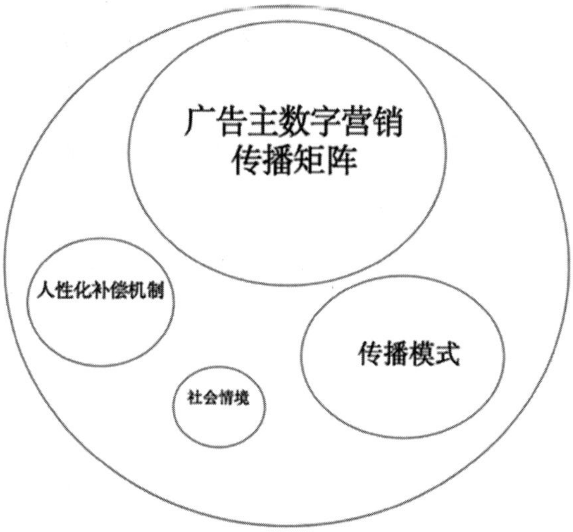

图 5.45　广告主数字营销传播矩阵管控力作用力凸显

① 陈杰豪 . 颠覆营销［M］. 北京：中信出版社，2016：38.

有的广告主已然形成了成熟的数字营销传播架构，将媒体打通管理。比如，由发声媒体（央媒，快速完成品牌气质与品牌观点的传播）、背书媒体（央媒，完成发声之后建立起消费者信任感）、跟进媒体（完成在各类媒体上的传播，如地方媒体、垂直类媒体）、扩散媒体（社交媒体，完成大规模即时传播）完成分阶段的消费者触点布局，主动将媒体为其所用，完成营销传播价值输出。

由于企业清晰地知道自己需要什么，所以越来越多的数字营销传播核心创意与布局来自企业内部，尤其是反应更为敏捷的广告主，会快速建构适合自身的数字营销传播生态，这在很大程度上决定了持续性数字营销传播效果的达成。

三、作为“镜子”的广告主数字营销传播

此阶段广告主数字营销传播在“玩具”的基础上进行了延伸，呈现出“镜子”般的特性，这是人类关注到技术背后价值的创造性产物，但并不止于人类的主体性自觉，更是共生环境的融合性产物。保罗·莱文森在论述“玩具”进化成“镜子”时提到了共生环境的作用力，如火药在统治者消极态度之下无法成为中国武器研制的开端，圆形轮的发明因彼时山地地形的限制无法成为现代交通运输的开端。所以可以理解“玩具”阶段的广告主数字营销传播模式是一种争先探索、敢于创新、互融互通的生态，而正是生态中向心力的加强，使得我国广告主数字营销传播进入了“镜子”阶段。

“镜子”阶段具体是指广告主数字营销传播对真实世界的反映与描述，复写社会又引发公众深思，通过内容力的构建使得消费者不再聚焦于科技，而是关注到科技所承载的信息属性与新的生活方式。比如，卢米埃尔兄弟在摄影机使用前期戏剧化内容呈现特点的基础上记录了公众的真实生活百态，于是诞生了电影艺术，这些都是人类在观察技术背后内容力的结果。一方面数字营销传播在既有的共生环境中呈现出对社会复写与再建构的内容力，另一方面它再造了新的技术“玩具”，如大数据决策、AI 营销等。

第六章

结论与探讨：广告主数字营销传播的演进特征

精准是触达的方式、路径、效果，而精准带来的深层次垂直导向，则是数字营销传播效能的再拓展。从技术的演进来看，互联网建构的线上社会已与线下现实产生了交叉共鸣，甚至取代了大部分的线下交流空间。后数字营销传播时代的特征不断彰显，那便是人性化的效能拓展，是基于需求双方整合有效资源、调动多种传播模式的人性化满足进程。

第一节　广告主数字营销传播的演进特征

传播学对研究对象与内容的最基本考量，通常以拉斯韦尔经典5W模式为出发点进而衍生出围绕单一元素或多元素交织的研究领域。传播学、广告学也一直因大众传播时代媒介的魔弹效果，而倾向于被当作关于媒介效果研究的知识体系。当观测到赛博空间中媒介作用力的无远弗届时，实际上媒介已然成了一种产业发展的技术骨架。它不仅搭载着个体行动框架，而且引导着其他场域协同并进，逐渐演化为一种具有组织、凝聚、支配的权力，从而重构了社会的时空逻辑。爬梳数字营销传播1995年的发源、2010年的转型、2016年的蜕变、2020年的效果转向后，我们得出一个由四个子系统共同作用的变迁模型，广告主数字营销传播的明线演进逻辑主要受到社会情境、传播模式、广告主营销传播矩阵的影响。

一、社会情境从主观制约到为其服务

社会情境在广告主前数字营销传播期（1995—2009 年）起到了制约作用。通过制定科学合理的公司法、广告法、直销管理条例等硬性手段，规范了初始阶段广告主数字营销传播的相应行为，在提供互动的基础上搭建了互构空间。

社会情境在广告主数字营销传播重构期（2010—2015 年）起到了推动作用。互联网相关政策的出台、社会整体经济发展的理性规划、多元年龄结构的人口组成，都为广告主在数字营销传播中面临的挑战与调整方向提供了指引。

社会情境在广告主数字营销传播深化期（2016 年至今）起到了建设性作用。首先，通过贯穿始终的“互联网 +”战略和网络普及的传输力匹配完成基建构造；其次，通过促进内销和促进“一带一路”合作机制与区域经济合作体的外联方式，完成经济提升的助力；最后，通过聚合逐渐消费分化的消费者群体，完成为数字营销传播服务的指向性帮助。

二、传播模式从微弱影响到自主引导

传播模式在广告主数字营销传播期（1995—2009 年）起到了微弱作用。互联网媒体的诞生并没有深刻地改变广告主媒体使用的主要矩阵，而是作为一种尝试影响着广告主数字营销传播的理念、布局与实际执行。

传播模式在广告主数字营销传播重构期（2010—2015 年）起到了较强作用。传统媒体的数字化转型与新媒体的物种进化深刻地改变了广告主数字营销传播的战略布局和价值追求体系的构建，媒介采买程序、媒介采买内容、媒介信息传播方式等多方面发生了转型。

传播模式在广告主数字营销传播深化期（2016 年至今）起到了主导作用。发展至此阶段，数字营销传播的媒介生态已经被完整构建出，如何构建适应的广告主自有传播生态成了先行一步的成功条件，可见传播生态在此阶段呈现出足够强大的主导力。

三、数字营销传播矩阵从不适到和谐

数字营销传播矩阵在广告主数字营销传播期（1995—2009 年）呈现出不适的状态。

一方面，技术的发展使得广告主对媒介产生模糊性认知，进而导致传播矩阵的不清晰建构；另一方面，作为广告市场智囊角色的广告公司本应发挥数字营销传播的专业优势，但因资本、人才和敏感性的不足，而呈现出数字营销需求得不到满足、广告主的价值追求与效果实践间存在差距的状况。

数字营销传播矩阵在广告主数字营销传播重构期（2010—2015 年）呈现出调和的状态。媒介在变迁中寻找到独特的盈利模式与空间，并满足了此前赛博空间中公众的部分需求，而第三方支持机构在数字化浪潮中，已开展数字营销传播业务，广纳人才另起炉灶，通过主营数字营销传播业务的方式予以适配。

数字营销传播矩阵在广告主数字营销传播深化期（2016 年至今）呈现出较为和谐的状态。广告主完整的数字营销传播战略构建、完备的数字媒体使用、灵活的第三方适配资源交换能力的提升，都昭示着传播矩阵的稳定与和谐。

四、基于人性化补偿机制的广告主数字营销传播演进系统

在分阶段的论述中都阐明了人性化补偿机制对广告主数字营销传播的建构力，广告主基于人性化的消费者接受习惯与信息触点的变迁，完善传播路径与传播内容；媒体基于人性化的消费者诉求开发或延展适应性的新媒体形式；第三方支持机构基于甲方广告主、乙方媒介的需求与实现力度，补足业务缺失并完善既有业务的垂直深化。至此，本节构建出基于人性化补偿机制的广告主数字营销传播四体建构模型（见图 6.1）。

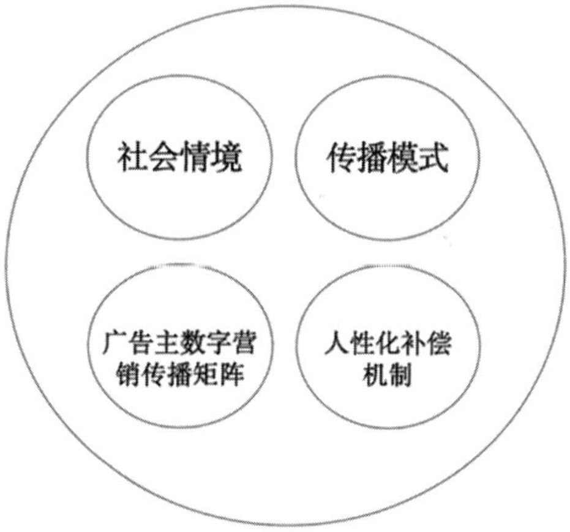

图 6.1　广告主数字营销传播演进系统

在不同阶段，每个子系统对母系统的构建力不一。第一阶段，社会情境呈现出巨大的作用力；第二阶段，传播模式呈现出巨大的作用力；第三阶段，广告主数字营销传播矩阵的掌控力作用明显。总体而言，社会情境从严峻制约到积极服务；传播模式从微弱影响到自主引导；广告主数字营销传播矩阵从不适到和谐，一切都因为人之于社会主体的重要性而产生各子系统间的人性化补偿（见图 6.2）。这种贴合人性的人本主义倾向，将越发在未来广告主数字营销传播的图景中显现。

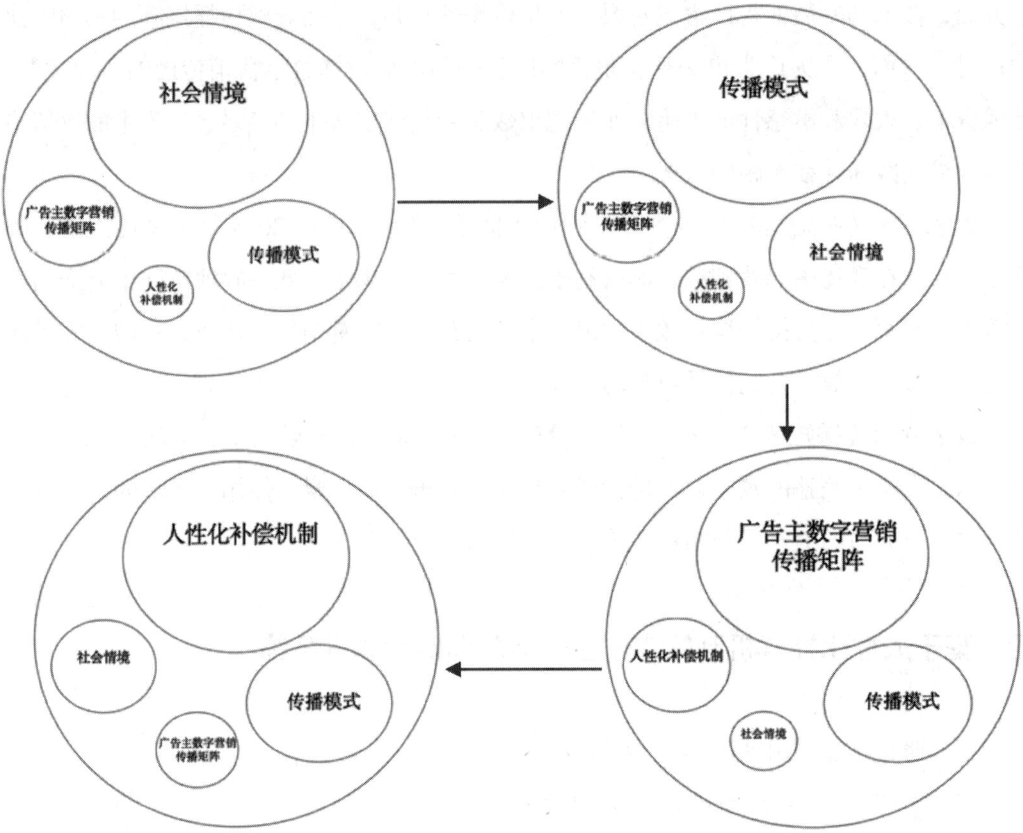

图 6.2　广告主数字营销传播演进特征示意图

第二节　广告主数字营销传播的进化论与未来图景

基于全书所述，公众在信息满足、媒介充裕、传播手段精准的背景下，更应呈现出个性化的小众文化与小众消费的需求。诚然，精准的数字营销传播模式会带来景观社会的建构，但在梳理人性化补偿机制的作用力基础上，保罗·莱文森所提倡的玩具—镜子—艺术的发展轨迹是贴合社会进程的实然对策，数字营销传播的实质其实是定义与制造整个社会的信任体系。

一、景观社会建构的异化逻辑

戈夫曼在《日常生活中的自我呈现》中提出的“拟剧理论”成为场景研究的起点，

他认为个体在舞台上下所扮演的角色会依据地点的转化而不断调整，提出场景之于人的作用力。其后，梅罗维茨在新媒介技术给社会带来的变化中阐释道，当一个新的因素进入某个旧环境时，我们所得到的并不是旧环境和新因素的简单相加，而是一个全新环境。[①] 罗伯特·斯考伯则通过移动设备、社交媒体、大数据、传感器和定位系统提供的技术动能，将场景构建出在场感，从而对人—人、人—社会、人—产业的连接提出了新的思考路径。随着社会学、传播学等学科逐渐将场景的概念引入并围绕其展开研究，场景理论也逐步由描述单纯的空间载体转为描述人与周围景物关系的总和。

诚然，移动互联网造就场景的出现，改变了我国媒介环境，使得我国营销 / 广告产业发生了翻天覆地的变化，信息生产方式的彻底改变，传播渠道的超链接化、泛在化，受众接收信息、反馈信息和社会交往的不断变化，使场景成为媒体信息传播的一种新要素，“同时涵盖基于空间和基于行为与心理的环境氛围”[②]，使得传播有效性得以提高，构建出“人与人的连接和由此而产生的价值”[③]。传播模式将以场景为中心进行内容生产与传播，实现“精准化、智能化、便捷化”[④]。场景对现实的描摹虽加速了人的认知到理解、记忆到言语、行为到再表达等主体感知时差，但更提供了“景观社会”构建的现实基础，形成了从数量庞杂的产品体系到无孔不入的媒介终端，再到变幻莫测的内容输出形式，聚合成了“景观的堆积”，届时感官已麻木、思维已钝化、信息泛滥的异化图景已然被拉开。这是当前媒介生态发展至下一阶段的可怕的应然逻辑，但实际上因为主体人的能动选择性、社会生态的主动调适力，此种应然逻辑有转圜余地，进而进入“艺术”的实然图景。

二、玩具—镜子—艺术的实然图景

作为数字营销传播的未来图景，它所呈现出的特征应该是艺术的升华。保罗·莱文森在介绍技术的最终图景时使用了“艺术”的概念。它不是前两阶段的最终进化，而是依托玩具—镜子的演化逻辑形成的观赏性结果。这大大驳斥了此前盛行的某种偏差性的

---

① 梅罗维茨 . 消失的地域：电子媒介对社会行为的影响［M］. 肖志军，译 . 北京：清华大学出版社，2002：16.

② 彭兰 . 场景：移动时代媒体的新要素［J］. 新闻记者，2015（3）：21.

③ 喻国明，杨颖兮 . 参与、沉浸、反馈：盈余时代有效传播三要素——关于游戏范式作为未来传播主流范式的理论探讨［J］. 中国出版，2018（8）：16—22.

④ 斯考伯，伊斯雷尔 . 即将到来的场景时代［M］. 赵乾坤，周宝曜，译 . 北京：北京联合出版公司，2014：24—55.

数字决定论观点——未来数字营销传播模式需要的是更为精准的算法，即需要培养大量熟悉精准算法与大数据计算的程序员，而非培养专业化的数字营销传播创意人员。因为艺术的产生不是机器的制造，更不是算法的优化，而是人性化补偿后的偶发产物，是调动社会个体人的各维度属性而激发的产物。这也决定了后数字营销传播时代的要义不是追求精准的数据推送和信息推荐，而是定义与创造信任。

三、数字营销传播的本质是定义和制造信任

Hootsuite在其发布的2021年社交趋势报告中指出，“最聪明的品牌将在社交媒体上了解其适合客户生活的地方，并且找到适合这种对话的创造性方法”①，而这种方法即定义和制造信任。社会信任的建立机制是复杂的，各种利益关系的胶着变迁给不稳定的社会关系结构带来更多的不确定性。从公众的主观角度出发，其对数字营销传播呈现出的客观信息陈述一旦存在极大的肯定和认同态度，即便其中添加了某些激烈的情绪色彩与观点预设，也会被合理采纳，反之则会带来社会整体信任的缺失。

在庞杂的传播模式中，数字营销传播信息从生成、扩散到尘埃落定的过程并不因公众态度和公众心理变迁而变化，而是媒介的展示节点、叙述方式和证据链的搭建，完成了一整套意义的输出与共享。公众对商品 / 服务的判断与推论，除体认外皆基于信息差的补足。当赛博空间中弥散着低准确性的营销信息时，受众对广告主的认可度会锐减，造成“塔西佗陷阱”。“塔西佗陷阱”源自史学家塔西佗的论著，他在论述罗马时期的君王时提到，一旦揭露出彼时君王的真实面貌而使公众将其看作厌恶对象时，无论他的事迹好坏都会被视为厌恶的证据链，强化公众对其厌恶的深度与维度。这种观点被延伸成一种陷阱效应②，是指主体不认可他者进而完全否定他者的状态。也就是说，当公众因广告主数字营销传播信息的偏差而不满时，会对广告主自身产生否定的态度，即使在此时间节点前后对信息准确性进行补充与追加，已然形成了对广告主不可逆转的不信任态度与判断。

当公众对商业信息传播主体的公信力置若罔闻时，则会原则难循地瓦解传统社会中陌生人间的基本信任，造成社会个体间的不信任与排斥。真空地带一旦出现，破窗效应会不断加剧此趋势，商业主体间、人际主体间的信任崩溃，经济风险、金融风险甚至政治风险发生的可能性则大大提高，后果不堪设想，所以后数字营销传播的本质是定义与

---

① Hootsuite.2021年社交趋势报告［R/OL］.(2021-02-11)［2024-12-01］. http://www.199it.com/archives/1203327.html.

② 周望，孔新峰 . 深耕“政无信不立” 避免“塔西佗陷阱”［N］. 光明日报，2014-10-11（6）.

制造信任。

第三节　数字营销传播在社会构建中的价值与效能

如果只把数字营销传播当作商业运行的一种工具性手段与任务，就忽略了其作为媒介本身所携带的巨大作用力。首先，从表象而言，数字营销传播作为一种营销手段与工具，镜像化了整个商业环境，成为我国广告主商业运作中的一种重要标出。其次，将其传播内容看作一种文本，它又构建出消费者与商业社会间的拟态环境，承担着社会信任建构的重要作用。最后，将其看作媒介本身，它塑造了新的社会生活方式与价值观念，承担起引导社会行动方向的重大责任。

一、标出：数字营销传播是广告主吸纳消费者的展演

不可否认，各种数字营销传播的主要原理是通过程式化的活动和反复的创新来体现主体差异的自我展演。社会主体在接受环境的影响和后天的社会学习过程中，以互动的方式建构其语言与非语言的编码、解码模式。当传播主体所生产的符号、文本出现与自然性别相联系的差异，并以一种行动的方式进行表达时，便出现了差异化的展示。当然，必须承认，在许多情况下共性大于差异，数字营销创意的展示往往偏概率而非固定。但是，仍然应该注意到任何一种差异化的数字营销传播，在某种程度上均可解释为一种文化层面的观念输出，具有符号学中“标出”的意义。某种既存的消费观念成为主项，公众作为中项与主项相结合构成主流，并对事件中不符合消费观念标准的异项进行标出。值得注意的是，主项（一种观念）与中项（公众）相结合，主项借助中项形成强大气势和庞大阵营，这种情况在舆论学中被称为强势舆论（本书理解为广告舆论与广告强势舆论）。但无论是观念还是公众，其本身都是社会文化的有机组成部分。

观念自身存在着文化标出性的意义，有些观念是非标出的，有些观念是标出的，这是因为在观念建构的过程中，观念与文化一样存在二元对立。比如，激进与保守、传统与现代、理性与感性、法治与人治等。并不能说处于二元对立的某种观念就一定是错误的，在社会发展中，经常会出现观念的标出性反转。正如在封建社会时期，利用君权神授的比喻将君权思想固化，公众将自身的命运寄托在君权的神圣当中，即使君权的拥有者会因个人能力而被诟病，但无数次的改朝换代依然是君权至上。公众对人治这种观念

的认同使其成为非标出的主流意识，而法治观念成为那个时代的异项。随着资产阶级革命和“天赋人权”的思想开始逐渐深入人心，制定全社会共同遵循的契约并在契约精神的指导下生活，使法治逐渐取代人治成为非标出项（正项），而以人治为基础的管理结构被视为标出项（异项）并必然被标出，这是法治与公众结合后对人治的排他性要求。在今天的社会中，对法治与人治的关注依然存在并经常以舆论的形式产生大规模的社会性讨论。不断强调建立法治社会的必要性，实际上是对仍然存在于某些领域的人治现象的标出。人治容易滋生腐败，且有可能使政治滑向独裁，为了控制其发生率和遏制公众再次认同，社会文化经常会动用舆论的方式进行“口诛笔伐”，并以舆论监督的方式标出异项、控制异项。但客观地讲，人治社会曾经延续千年的历史和至今在社会中无法完全剔除的臣民意识依然有其存在的空间，尽管在现代社会中人治作为标出项被边缘化，却仍被社会文化所容忍，只不过曾经的历时对立变成了今天的共时对立。也正是因为存在着各种商业观念、消费观念的反转和对立，才使数字营销传播这一命题的每次出现都有可能成为一种带有社会文化标出性意义的活动，通过“争夺”社会文化人——公众的支持来使消费观念、品牌忠诚成为主流，而与其对立的观念被标出，成为异项。

在既往话语研究体系中，常将工具性放置在霸权关系演化的解释框架中[①]，用以解释文本构成的社会关系，实际上在社会实践中数字营销传播作品的叙述力远不止于此，广告主、传播媒介、内容倾向、数字化呈现张力等都会为消费者需求满足的构建标记注脚，其宏大叙述力是通过对时空的感知与重塑性输出来完成的。技术赋能致使媒介完成空间、时间维度的跨越与延伸，空间不是绝对的、相对的或关系的，而是根据环境的变化而变化的[②]，传统社会中口耳相传的闹市吆喝是此区域商业社会生活面貌的象征符号，当媒介技术不断发展时，媒介化与城市化的交叠并线使得商业传播内容纳入新的生产资料，并使素材采集与意义输出环节都超越了地缘限制，成为兼具共时性兴趣诉求及历时性人类需求的产物。数字营销传播发起者对创意活动的差异感知，致使营销传播活动蕴含的教化、规训等意涵产生变化。推演至受众本位，消费者在接收数字营销传播信息的同时，对于其携带的创意理解既可能是贴合的，也可能是完全相反的。无论此种碰撞是硬性冲突还是软性契合，都会让数字营销传播重塑后的观感区别于既存感知镜像，也有可能区别于现实世界，是一种重塑性输出。但无论是何种标出，都是广告主吸纳消费者的展演。

从社会意识的演进出发，社交媒体中广泛性的数字营销传播折射出的是社会动员的

---

① 费尔克拉夫 . 话语与社会变迁［M］. 殷晓蓉，译 . 北京：华夏出版社，2003：78.
② 哈维 . 社会正义与城市［M］. 叶超，张林，张顺生，译 . 北京：商务印书馆，2022：5.

积极力量，包含了对宏大文化景观的描绘。应该看到，数字营销传播的来源依旧是真实的社会生活，其自身承担着社会变迁发展的记录员与宣传者职责。例如，招商银行的“番茄炒蛋”，苹果公司的“三分钟”，都是社会现实与意识的传播性还原。詹姆斯·凯瑞也认为，传播不仅是信息的传递，更是社会互动得以形成、维系的重要方式。

因此，我们要深刻地认知数字营销传播及其文本对于当下生活世界与社会世界的感知、映射与表达。只有基于上述认识，广告主的数字营销传播社会性动力才会被激发，进而向着与消费者译码群体协商对话、价值认同层面的旨归追求，这也是在历史进程的社会变动中避免被加速社会异化与消解现代性风险的行动方式。

二、辨识：数字营销传播构建出社会信任与安全感的城墙

自文艺复兴肇始以来，西方世界对理性社会的追求不断深化，涂尔干、韦伯、哈贝马斯、吉登斯等学者推动了现代性研究的思辨进程，并形成了一条清晰的现代性分析轨迹，即通过社会发展中既存的精神文化、制度、价值对当下进行审视与反思。现代性即要求用特征强烈的批判视角来质疑传统的价值观念与逻辑，依此可以发现当代中国社会的危机可能性——信任危机。“刺猬效应”的提出也是信任危机在生物学中的体现。

“刺猬效应”来自生物学观察并逐渐引申至心理学研究，它原是指刺猬每逢冬日来临，因为体温较低而互相寻求依偎，但是由于自身都带有刺，所以一旦聚拢成团就会彼此伤害，这种近距离的接触虽然带来了片刻的温暖，但是也造成了对自身的伤害，于是刺猬们采取了保持一定安全距离的方式，这不仅可以为彼此带来温暖，而且不会产生互相伤害的结果。此效应被叔本华和弗洛伊德的心理学研究沿用，并赋予了新的社会解释，指的是社会个体出于自身利益安全的考量而与他者保持着一定心理上或物理空间上的距离，想通过此举保护自身，但也不至于脱离群体。这样的效应也发生在数字营销传播与公众的信息交互过程中。公众在庞大的传播体系面前无法理解其内在逻辑，由于追求商业信息的目的而只能接近数字化传播内容，依靠意见领袖的内容输出（即便意见领袖的媒介素养与社会关怀可能并不足以支撑），进而陷入“刺猬困境”。也就是说，公众通过数字营销传播的话语表达认识广告主、产品、品牌等，借助数字化的“智囊”工具属性感知商业世界，但又因为对数字营销传播内容的怀疑而将其保留在低置信水平的现状中，呈现出依赖但抵抗的态势。这其实是一种现代性危机的表征。当公众因为数据安全、隐私侵犯而保持警惕与质疑时，数字营销传播的信息虽精准，但并不能被其主动吸纳，而一旦夹杂着虚假宣传、利益导向的噪声介入其中，社会公众对信息传播的整

体信任度也会降低。如何使公众、政府、商业主体间相互借力而不至于彼此损耗？如何使公众融入社群话语结构而不至于湮灭个性？这些都是数字营销传播需要注重的维度。现代社会因其商业运作的自利性而使较多社会资源被资本所控，但公众监督、政府治理、行业组织监管的公共性仍贯穿历史进程。应认识到，广告主数字营销传播公信力衰退或下滑的后果除了表象的人际疏离、组织疏离、社会关系疏离，还会更大范围地引发社会信任的内卷细密化，带来更为严重的后果，所以广告主的数字营销传播其实构建出了社会商业体系的信任城墙，是建立自我认同、商业认同、社会认同的存在。全球化过程中新的认同重构的根源与意义，与商业文化自信发声的空间相关。在这个新的时代背景下，对全球化、信息化的对抗实际催生了新的认同，这种认同发轫于抵制的意义，并因此建立起抵抗的社区。“抵制认同”社区防守其空间和区域，对信息时代产生社会支配性的流动空间和无地方逻辑进行抗争，以此来进一步稳固社区认同。应该说，“抵制认同”成为今天这个时代产生认同的一种根源，它植根于一种对抗意识和实践于社会主体自主性形成的社区中（在较长时间的行动和意义积累之后，社区明显成为一个文化社区并以新的表征形式——信息符码与意象来维系社区认同），因此也可以说，全球化导致了社区化，或者越是全球化的就越是社区化的。但需要注意的是，当“抵制认同”成为一种现实情况时，其具有的孤立性又与信息社会本身存在的连接性产生矛盾，换句话讲，“抵制认同”并不能成为当前认同重构的实践基础，而真正的问题是由上述矛盾所催生的认同的出现。在计划性认同中颇具代表性的领域认同是一个明显具有计划性的方案，广告主与消费者表现出的调适能力是面对全球流动的无穷变化时的显著力量和重要角色，他们在充分理解文化间性并在利益、取向与共同抗争基础上建立相对范围的文化认同社区，使自身的商业文化自信能在更大的空间中得以彰显和确立。

对数字营销传播的分析和讨论，并非只具有文化区隔的意义。在某种程度上讲，文本的存在为人类社会在互动中提供辨识自我和与他者共在的行动可能。何以解释当下社会人对数字营销传播中的趋异性更加包容和赞同，一种反思性的考量则是，或许从中可以看到在日趋复杂和多元的社会生活中，社会人更加需要完成对自身的识别。当人们通过主动传递数字化广告信息向他者展示自身品位与兴趣时，其实也是借助文本向他者进行叙述。以此为基点的身份认同，首先是对自身的辨识，身份认同在作为以人为对象的单元中，强调的是其自身性而非简单的物体同一性。既然不是简单的同一性，那么在同样观照到人类世界中的同一性时，人的身份认同就是一种特征性的身份认同，即通过特殊的标记辨认出自身和他者的共性与差异，这些标记因在时间上的恒常性而成为标志自身身份的特征（如兴趣爱好、消费价值观等）。在这里，特征的身份辨识与认同通过回答“我是什么”来回应“我是谁”的问题。可以说，使用数字营销传播符号、文本所建构的对自身的辨识，其自身性是对时间变动的挑战。作为数字营销传播符号、文本的接受者，其所能感受到的异己性也不是外在添加给自身的，而是归属于自身的内在建构和意义内容。因此，我们对世界的接受来自世界本身的可实施性，这是一个陌生性的变化过程，我们对世界陌生性的感知同样是通过身体自身的陌生性得以实现的。从这一意义上讲，对数字营销传播的包容、接受与赞同正是基于对我们生活世界的变动以及这种变动带来的陌生性而形成的自我对自身陌生性的重新辨识，这也是社会信任建立的前提。

三、认可：数字营销传播应承担起引领社会行动方向的重大责任

尼克·库尔德利将媒介定义为生产和流通具体内容的机构与设施。[①] 作为文本实体的数字营销，成为具体生产内容的载体与交互场所，构成了人与商业环境接洽的重要媒介。数字营销信息的媒介化即营销内容通过数字化表达的外延形式向多渠道受众渗透，进而析出文本的实际意义。不论是皮尔士所提的“解释的自由在于解释者”，还是索绪尔论及的“解释的自由在于传承”，抑或后期符号学者所说的“解释的自由在于解释社群本身”，都认为数字营销构建了对产品、品牌的文本解释空间，只有抓住这样的解释空间，才可能会对于文本自身所拥有的意义和这个意义对社会所产生的经济价值、人文价值的析出，形成更合理或更准确的评价与判断。从语言学角度而言，数字营销作为媒介不会只被看作文本广为流传，更是一种交织着社会实践的话语体现，因其对信息易留存、易传播的媒介特性，其注定参与到更为复杂的社会构建与话语承载体系中。尽管数字营销传播行为会因广告主背景差异而体现出专业化程度不一的文本实践，但其创作脉络依旧脱离不出社会实践过程的逻辑范畴，依旧需要将产品、品牌文本与消费者诉求紧密结合，将客观实际依托人际、圈层等方式输出。此时的话语既是工具也是目的，是广告主对社会现实镜像的临摹与描绘，更是其自我建构与整体社会行动方向的说明。

整体社会行动的构建其实是个体在自我与他者、主观与客观、感知与体验、目的与举措的二重性之间的实践，二重性区别于二元对立，具有彼此互融、你我互通之意。人类基于此特性，借助生产工具对生产资料进行生产与占有，这是传统社会确立社会行动目的的逻辑。从主观而言，当个体处于自由状态中，无论何种行为都会带有决定的目的

① 库尔德利．媒介、社会与世界：社会理论与数字媒介实践［M］．何道宽，译．上海：复旦大学出版社，2014：70.

性倾向，但社会系统对个体的约束反向构成了门槛或称之为“界”，于是个体在划定的区域内试图主观进行“不越界”的行为规范，但个体的界限感是如何产生的？这种长期被规制的行为轨迹被认为是个体的惯习（Habitus），即布尔迪厄所言，“相关调节作用于特定阶级的生存条件形成惯习，惯习是一种持续但是可转移的倾向系统，是一种建构性的结构”①。

但在互联网、移动互联网时代，建构社会存在的惯习发生了变迁，个体在网络世界中的位置建立依托发布信息进行日常呈现，点赞关注、转发评论、主动传播营销信息的低门槛行为，成为构建互联网形象的基础框架，区别于现实生活形象构建中的财富、知识资本。也就是说，个体通过网络社会交往来构筑自我形象时，其成本是低廉的。所以，一旦主体对商业传播中的数字营销链路置若罔闻时，颠覆目的合理性的习性就会偏移，这种偏移则会带来位置的迷失。它表现为激进的广告舆论空间场的塑造，个体为了塑造自我良好形象，如爱国、爱岗、乐观、善良等特征，时常以抨击社会发展弊端、提倡社会改革进步思想为外衣，而忽视真正的科学性与公共性，妄论营销创意形式，夹带民粹主义的“搅局”行为，造成主体在网络社会、现实社会中位置的迷失。极端的话语建构和耸人听闻的内容输出，确实会成为网络空间中的“异类”，从而吸引眼球，带来附加资源的抬升，但其背后渗透出的还是主体社会位置的迷失，这种迷失不自觉地会演化为一种性格的冷漠甚至激进，诱发更多恶性行为循环，即互联网时代的“懒汉行动主义”，社会主体在没有付出太多个人努力的前提下，仿佛完成了诸多大事。②

应该认识到，当社会整体处于转型期间时，个体存在方式变动会带来诸多方面的不适，而数字化生存是数字时代对人类生存方式提出的新要求，体现了个体在技术环境中所需的科技素养与能力，个体的生活落脚点依旧是现实生活中的关系构建与位置变迁，屏幕端与现实端的连接不应该是割裂的、背向的，而应该是交融互嵌的良性互动，个体应该在数字营销传播建构出的虚拟空间中不断体认社会位置的变迁，进而将社会的整体行动方向归于合理。

---

① BOURDIEU P.The logic of practice［M］. Redwood City：Stanford University Press，1990：65.

② KLAFKA R.Slacktivism has no place here［EB/ OL］.（2015-10-27）［2024-12-01］. http: //dictionary.cambridge.org/zhs/ 词典 / 英语 – 汉语 – 繁体 /slacktivism.

第四节　研究局限与展望

一、研究局限

由于研究时间和研究经费的限制，本书将更多的精力放在了描摹整体广告主数字营销传播的发展轨迹上，放在了对广告主数字营销传播发展进程具有影响力的构建因子之上，而对具体数字营销传播方式的变革关注不够。

另外，本书搜集了来自调研企业的大量资料与素材，但限于被调研者自身的理解力和观点的个性化，所以很难诠释出普适完整的广告主数字营销传播发展图景。为了弥补这种缺陷，研究过程更加关注对被调研广告主数字营销传播逻辑的梳理，其余广告主素材并没有过多提及。

最后，虽然我们在广告主数字营销调研过程中访谈了相关企业的营销传播负责人员，但这种访谈在数量上还稍显欠缺，这将在以后的研究中加以弥补，以更为客观地还原广告主在不同数字营销传播发展阶段的全貌。

二、未来可提升的面向

数字营销研究领域一方面随着技术的发展不断产生新的概念和理论，另一方面这些理论和观点都并非横空出世，而是随着对数字技术和数字营销认知的深入，渐进演化而成。例如，Web 2.0 技术的普及实现了用户的双向交流，产生了大规模人际传播，同时，互联网平台可以支持线上支付、电子商务等新的生活方式。因此，互联网超越了“新媒体”的范畴，形成了一个“数字生活空间”。移动互联网的发展则使得数字技术彻底成为日常生活的一部分，智能终端成为人体的延伸，因而数字营销的场景也变得更加多元，营销传播不再是偶发性的活动，而变为日常的行为。随着大数据和算法的发展，智能营销技术在数字生活空间内形成了生态闭环，个性、精准和全效也成了其突出的特征。未来的数字营销传播研究可能会有以下四个面向的提升。

1. 个性化与精准营销

受限于技术的发展，数据收集成本较高、计算能力有限。最初人们对于个性化、精准营销的想象是部分通过人力完成的，其实现需要依靠消费者主动与品牌产生交互。现在数字营销领域所讨论的“精准营销”，则是依托大数据洞察生活者兴趣、需求后实现的个性化推送，未来将会产生更多的研究热点与选题。

2. 营销效果优化

在传统传播环境中，一方面媒体资源的稀缺，导致单次营销传播成本高昂，另一方面营销的效果很难及时获取，因而没有反馈、优化这一过程。但互联网使得传播资源可以近乎无限扩张，单次营销传播成本降低，也使得营销传播的内容和策略都可以用低成本快速调整。因而在门户网站时代，就有学者提出了可以运用调整性的实验不断优化数字营销的效果。① 对“优化”的集中关注得益于搜索引擎营销的发展，搜索引擎推广账户的关键词选取可以实时调整，这其实是实现优化的技术基础。此后 Web 2.0 和电子商务更进一步的发展让营销传播的效果也可以即时反馈，实现了有目的性、有针对性的效果优化。今天，“优化”已成为程序化广告中的核心环节，数据驱动、精准计算从根本上改变了广告运作与信息传播的性质，② 并且优化的实施开始更多地依赖于人工智能而非人力，未来此领域的研究将大有可为。

3. 柔性生产与按需供给

工业化社会的重要特征之一是信息的不对称，而互联网的发展迅速消弭了这种不对称，因而在数字营销研究早期，就有学者提出了数字技术可以一举解决传统市场的市场性障碍和供给性障碍，在促进信息流通的同时，实现按需供应的营销模式。③ 同时信息的快速传播，也能够更好实现个性化产品的生产和服务，甚至可以通过定制将消费者变为共同的生产者。这一观点随着数字技术从改变生活方式到改变生产方式的阶段逐步受到关注。陈刚等提出的“数字服务化”也论述了在数字技术带来的产业革命中，企业需要实现数据化、智能化、协同化、波动化、柔性化和全球化。④ 随着“互联网 +”的提出和热议，由数字技术驱动的柔性生产和按需供给也被广泛接受。

4. 数字营销生态

每一个新技术的出现都会对现有的营销生态造成影响，因而关于营销生态的研究始

---

① WIND J，MAHAJAN V. Digital marketing：global strategies from the word’s leading experts［J］. Bussiness，computer science，2001（2）：21.

② 杜国清，牛昆 . 算力与智力的共振：智能生态广告传播路径探究［J］. 现代传播（中国传媒大学学报），2021，43（3）：128—134.

③ 毛艳，朱君璇 . 基于社交媒体营销的消费者购买意愿研究［J］. 中国商贸，2014（31）：28—29.

④ 陈刚，王苗，潘洪亮 . 数字服务化企业的特点与模式研究［J］. 新闻与传播评论，2018，71（1）：92—94.

终是学界和业界都热衷的话题。例如，在社交媒体、移动互联网出现后，出现过关于营销生态探讨的高潮。数字营销技术发展至今，大数据、程序化和人工智能共同形成了营销的闭环，这一数字营销生态不同于以往细微变革，它是囊括了前文所说的个性化精准营销、营销效果的智能优化、贯穿营销传播的各流程的完整闭环，因此未来营销生态的发展趋势也初现端倪。尽管目前互联网公司都基于自身的平台特性提出了不同的营销生态理论，但学界对这一议题的研究依然有所欠缺。

参考文献

［1］GARDNER B B，Levy S J. The product and the brand［J］. Harvard business review，1955：33—39.

［2］WYMBS C. Digital marketing：the time for a new "academic major" has arrived［J］. Journal of marketing education，2011，33（1）：93—106.

［3］LIES J.Marketing intelligence and big data：digital marketing techniques on their way to becoming social engineering techniques in marketing［J］. International journal of interactive multimedia and artificial intelligence，2019，5（5）：134—144.

［4］HERHAUSEN D，MIOČEVIĆ，MORGAN R E，et al.The digital marketing capabilities gap［J］. Industrial marketing management，2020，90：276—290.

［5］CORREIA A，KOZAK M，FYALL A，et al.Digital marketing technologies and new markets：from embryonic markets to digital marketing［J］. Anatolia: An international journal of tourism and hospitality research，2016，27（1）：1—3.

［6］GUTIÉRREZ–LEEFMANS C，NAVA–ROGEL R M，TRUJILLO–LEÓN M A. How are dynamic capabilities and digital marketing related?A reflection from literature［J］. Revista eletrônica de estratégia & negócios–reen，2018，11（3）：265—283.

［7］LANGAN R，COWLEY S，NGUYEN C.The state of digital marketing in academia：an examination of Marketing curriculum's response to digital disruption［J］. Journal of marketing education，2019，41（1）32—46.

［8］ROBERTS S D，MICKEN K S. Marketing digital offerings is different：strategies for teaching about digital offerings in the marketing classroom［J］. Journal of education for business，2014，90（2）：96—102.

[9] WIND J, WIND Y, MAHAJAN V. Digital marketing: global strategies from the world's leading experts [J]. Bussiness, Computer Science, 2001 (2): 19—26.

[10] DEIGHON J, BARWISE P.Digital Marketing Communication [M]. New York: John Wiley & Sons, Inc, 2001.

[11] ROWLEY J. Remodelling marketing communications in an internet environment [J]. Internet Research, 2001, 11 (3): 203—212.

[12] JENSEN B, JEPSEN A L.Online marketing communications: need for a new typology for IMC? [J]. Journal of website promotion, 2016, 2 (1/2): 19—35.

[13] GURĂU C.Integrated online marketing communication: implementation and management [J]. Journal of communication management, 2008, 12 (2): 169—184.

[14] SAID K, WILLIAMS M A, HURST A, et al.Framing the conversation: the role of facebook conversations in shopping for eyeglasses [C] // CSCW' 14: proceedings of the 17th ACM conference on computer supported cooperative work & social computing. New York: Association for computing machinery, 2014: 652—661.

[15] ORUGANTI R. HuLu, to be or not to be [J]. Digital Strategies, 2009 (6):3—5.

[16] NIELSEN, R. K., SCHRODER, K. C. The relative importance of social media for accessing, finding, and engaging with news: an eight-country cross-media comparison [J]. Digital journalism, 2014 (4): 472—489.

[17] STASSEN W.Your news in 140 characters: exploring the role of social media in journalism [J]. Global media journal: African edition, 2011, 4 (1): 116—131.

[18] VERWEIJ P. Twitter links between politicians and journalists [J]. Journalism practice, 2012, 6 (5—6): 680—691.

[19] ARENDT H.The human condition [M]. Chicago: The university of Chicago Press, 1958.

[20] BARGLOW R. Book Review: The crisis of self in the age of information: computer, dolpbins and dreams [J]. Human Relations, 1997 (9): 1201—1203.

[21] BOLTER J.D.Turing' Man: western cultuer in the computer Age [M]. Chapel Hill: University of North Carolina Press, 1984.

[22] BRAVE S, DAHLEY A. Intouch: a medium for haptic interpersonal communication [J]. CHI' 97 extended abstralts on human factors in computing systems, 1997: 363—364.

［23］MITCHAM C.Thinking through technology：the path between engineering and philosopht［M］. Chicago：The University of Chicago Press，1994.

［24］COYNE R.Technoromanticism：digital narrative，holism and the romance of the real［M］. Cambridge，MA：The MIT Press，2001.

［25］CRANG M.Public space，urban space and electronic Space：would the real city please stand up?［J］. Urban studies，2000，37（2）：301—317.

［26］KOEPSELL D R，The ontology of cyberspace low philosophy and the future of intellectual property［M］. Chicago：Open Court Publishing Company，2000.

［27］CANTON E J. F，DE GROOT HL. F NAHUIS R.Vested Interests，population ageing and technology adoption［J］. European journal of political economy.2002，18（4）：631—652.

［28］MERIAC J P，WOEHR D J，BANISTER C. Generational differences in work ethic：an examination of measurement equivalence across three cohorts［J］. Journal of business and psychology，2010，25（2）：315—324.

［29］MEIKLE G，YOUNG S. Media convergence：networked digital media in everyday life［M］. NewYork：Palgrave Macmillan，2012.

［30］BOTLER J D，GRUSIN R.Remediation：understanding new media［M］. Cambridge，MA：The MIT Press，2000.

［31］BOURDIEU P.The logic of practice［M］. Redwood City：Stanford University Press，1990.

［32］KLAFKA R.Slacktivism has no place here［EB/OL］.（2015–10–27）［2024–12–01］. http://dictionary.cambridge.org/zhs/ 词典 / 英语 – 汉语 – 繁体 /slaktivism.

［33］托夫勒 . 第三次浪潮［M］. 黄明坚，译 . 北京：中信出版社，2018.

［34］阿什德 . 传播生态学：控制的文化范式［M］. 邵志择，译 . 北京：华夏出版社，2003.

［35］麦克卢汉 . 理解媒介：论人的延伸：增订评注本［M］. 何道宽，译 . 南京：译林出版社，2011.

［36］夏瓦 . 文化与社会的媒介化［M］. 刘君，李鑫，漆俊邑，译 . 上海：复旦大学出版社，2018.

［37］杨名皓 . 奥格威谈广告：数字时代的广告奥秘［M］. 庄淑芬，高岚，译 . 北

京：中信出版社，2019.

［38］奥格威 . 奥格威谈广告［M］. 曾晶，译 . 北京：机械工业出版社，2003.

［39］科特勒，卡塔加雅，塞蒂亚万 . 营销革命 4.0：从传统到数字［M］. 王赛，译 . 北京：机械工业出版社，2018.

［40］布尔迪厄 . 区分：判断力的社会批判［M］. 刘晖，译 . 北京：商务印书馆，2015.

［41］刘勇，刘树林 . 广告主是风险厌恶和风险追求的关键词拍卖［J］. 系统工程理论与实践，2020，40（2）：309—323.

［42］王宗军，杨琴 . 基于广告主内生努力水平的付费搜索拍卖研究［J］. 技术经济，2018，37（11）：96—101.

［43］韩帅 . 预算约束对广告主收益的影响［J］. 山西财经大学学报，2016，38（S2）：39—41.

［44］陈培爱，李阿嫱 .2012 年中国广告业发展综述：新媒体广告蓬勃发展成为今年新热点［J］. 编辑之友，2013（2）：48—51，68.

［45］陈凌 . 个人意识、自我认同与日常生活再造广告生产的社会过程（1978—2018）［D］. 上海：华东师范大学，2020.

［46］张锐，张燚，周敏 . 论品牌的内涵与外延［J］. 管理学报，2010，7（1）：147—158.

［47］姚曦，秦雪冰 . 技术与生存：数字营销的本质［J］. 新闻大学，2013（6）：58—63+33.

［48］沈虹 . 论数字营销的三种媒体传播形态［J］. 现代传播（中国传媒大学学报），2013，35（9）：167—168.

［49］郑丽勇，陈徐彬 .2015：传统广告与数字营销的分水岭［J］. 编辑学刊，2016（3）：50—55.

［50］简予繁 . 以关系洞察效果：社会资本理论在西方数字营销研究的应用述评［J］. 新闻界，2016（3）：4—13.

［51］陈刚 . 走向数字营销实战的广告教育创新［J］. 青年记者，2016（25）：67—68.

［52］胡振宇 . 数字营销时代高校广告人才的培养策略：基于人力资源需求的实证考察［J］. 青年记者，2017（24）：111—112.

［53］李欣．数字环境下出版企业4R营销策略研究［J］．出版科学，2018，26（1）：60—62.

［54］王亚卓．农民专业合作社数字营销管理模式研究［J］．山东社会科学，2009（12）：129—131.

［55］梁赛平．媒体融合发展对科技期刊创新的影响与数字营销的应对措施［J］．编辑学报，2016，28（4）：320—323.

［56］周云倩，杨娜．新媒体时代美剧数字营销探析［J］．电视研究，2014（3）：78—80.

［57］辛普．整合营销沟通（第5版）［M］．熊英翔，译．北京：中信出版社，2003.

［58］瓦雷．营销传播：理论与实践［M］．范红，译．北京：清华大学出版社，2011.

［59］赵建军．追问技术悲观主义［M］．沈阳：东北大学出版社，2001.

［60］海斯，马隆．湿营销：最具颠覆性的营销革命［M］．曹蔓，译．北京：机械工业出版社，2010.

［61］迈尔－舍恩伯格，库克耶．大数据时代［M］．盛杨燕，周涛，译．杭州：浙江人民出版社，2013.

［62］科特勒，卡塔加雅，塞蒂亚万．营销革命3.0：从产品到顾客，再到人文精神［M］．毕崇毅，译．北京：机械工业出版社，2011.

［63］莱文森．新新媒介［M］．何道宽，译．上海：复旦大学出版社，2011.

［64］张咏华．媒介分析：传播技术神话的解读［M］．上海：复旦大学出版社，2002.

［65］麦克卢汉，秦格龙．麦克卢汉精粹［M］．何道宽，译．南京：南京大学出版社，2000.

［66］凯瑞．作为文化的传播："媒介与社会"论文集（修订版）［M］．丁未，译．北京：中国人民大学出版社，2019.

［67］郭建斌，程悦．"传播"与"仪式"：基于研究经验和理论的辨析［J］．新闻与传播研究，2020，27（11）：21—36.

［68］莱文森．数字麦克卢汉：信息化新纪元指南［M］．何道宽，译．北京：社会科学文献出版社，2001.

［69］林文刚．媒介环境学：思想沿革与多元视野［M］．何道宽，译．北京：北京大学出版社，2007.

［70］利文森．软边缘：信息革命的历史与未来［M］. 熊澄宇，译．北京：清华大学出版社，2002.

［71］莱文森．思想无羁：技术时代的认识论［M］. 何道宽，译．南京：南京大学出版社，2003.

［72］帕克，伯吉斯，麦肯齐．城市社会学－芝加哥学派城市研究［M］. 宋俊岭，郑也夫，译．北京：商务印书馆，2012.

［73］韦伯．新教伦理与资本主义精神［M］. 康乐，简惠美，译．桂林：广西师范大学出版社，2007.

［74］韦伯．学术与政治［M］. 冯克利，译．北京：生活·读书·新知三联书店，2005.

［75］赵毅衡．哲学符号学：意义世界的形成［M］. 成都：四川大学出版社，2023.

［76］弗格森．现象学与社会学［M］. 刘聪慧，郭之天，张琦，译．北京：北京大学出版社，2010.

［77］林军．沸腾十五年　中国互联网：1995 ～ 2009［M］. 北京：中信出版社，2009.

［78］秦福贵．基于演化经济学视角的中国互联网广告发展研究［D］. 北京：中国传媒大学，2019.

［79］卡斯特．传播力［M］. 汤景泰，星辰，译．北京：社会科学文献出版社，2018.

［80］詹金斯．文本盗猎者：电视粉丝与参与式文化［M］. 郑熙青，译．北京：北京大学出版社，2016.

［81］贝克．风险社会［M］. 何博闻，译．南京：译林出版社，2004.

［82］吉登斯．失控的世界：全球化如何重塑我们的生活［M］. 周红云，译．南昌：江西人民出版社，2001.

［83］卢曼．风险社会学［M］. 孙一洲，译．南宁：广西人民出版社，2020.

［84］亨廷顿．变动社会的政治秩序［M］. 张岱云，聂振雄，石湾等译．上海：上海译文出版社，1989.

［85］詹金斯．融合文化：新媒体与旧媒体的冲突地带［M］. 杜永明，译．北京：商务印书馆，2012.

［86］熊澄宇．整合传媒：新媒体进行时［J］. 国际新闻界，2006（7）：7—11.

［87］喻国明．中国传媒产业的融合与发展［J］. 新闻前哨，2010（2）：9—10.

[88] 陈力丹，付玉辉 . 论电信业和传媒业的产业融合［ J]. 现代传播，2006（ 3)：28—31.

[89] 霍洛克斯 . 麦克卢汉与虚拟实在［ M]. 刘千立，译 . 北京：北京大学出版社，2005.

[90] 康瑾 . 原生广告的概念、属性与问题［ J]. 现代传播（ 中国传媒大学学报)，2015，37（ 3)：112—118.

[91] 栗建 .2015：数字营销的最后一公里［ J]. IT 经理世界，2014（ 21)：54—56.

[92] 丁俊杰 ."品效合一" 是非辨［ J]. 中国广告，2019（ 9)：101—102.

[93] 高汀 . 紫牛：从默默无闻到与众不同［ M]. 施诺，译 . 北京：中信出版社，2009.

[94] 陈杰豪 . 颠覆营销［ M]. 北京：中信出版社，2016.

[95] 格里芬 . 后现代科学：科学魅力的再现［ M]. 马季方，译 . 北京：中央编译出版社，2004.

[96] 梅罗维茨 . 消失的地域：电子媒介对社会行为的影响［ M]. 肖志军，译 . 北京：清华大学出版社，2002.

[97] 彭兰 . 场景：移动时代媒体的新要素［ J]. 新闻记者，2015（ 3)：20—27.

[98] 喻国明，杨颖兮 . 参与、沉浸、反馈：盈余时代有效传播三要素——关于游戏范式作为未来传播主流范式的理论探讨［ J]. 中国出版，2018（ 8)：16—22.

[99] 谢尔，伊斯雷尔 . 即将到来的场景时代［ M]. 赵乾坤，周宝耀，译 . 北京：北京联合出版公司，2014.

[100] Hootsuite.2021 年社交趋势报告［ R/OL].（ 2021-02-11)［ 2024-12-01]. http：//www.199it.com/archives/1203327.html.

[101] 周望，孔新峰 . 深耕"政无信不立" 避免"塔西陀陷阱"［ N]. 光明日报，2014-10-11（ 6 ）.

[102] 费尔克拉夫 . 话语与社会变迁［ M]. 殷晓蓉，译 . 北京：华夏出版社，2003.

[103] 哈维 . 社会公正与城市［ M]. 叶超，张林，张顺生，译 . 北京：商务印书馆，2022：5.

[104] 库尔德利 . 媒介、社会与世界：社会理论与数字媒介实践［ M]. 何道宽，译 . 上海：复旦大学出版社，2014.

后　记

本书收笔于当季的一场滂沱暴雨中，以至于视线模糊，便怪罪于雨点的细密而非离别的愁丝。人与人倾诉的不只是共感，人与人结缘也不仅是一杯茶的光景。博士生涯的开始与结束之于个体生命长河不过是短短数年，但走过的路是沮丧过、兴奋过、醉后不忘、醒时能笑的历程，于是感慨何其有幸能在以后的时光中，与以下提及或未提及的各位继续维系温暖的师生、战友、同窗、闺蜜、伴侣、亲人之羁绊。

感谢我最敬爱的导师杜国清，如果不是您博士复试场上莞尔而笑的亲和，大概率不会促使胆小怕事的我主动通过社交平台与您联系，诉说入门的衷肠与对学科的持续热爱，更不会存在其后满满三年对您学术成就、品行规范的体悟与学习。您带我走入广告主研究的学术大门，给予我信念滋养，赋予我能力锻炼，供给我平台施展，容忍我时而的懈怠，提携我各方面的成长。您不仅为学生的学术能力提升操心，还为学生往后的人生擘画、分阶段的成长供给着最根本也是最不明言的帮助。您教我知识，又不只是教授，更是思维能力的熏陶；您带我调研，不只是田野，更是提升胆魄的锻炼；您带我参会，不只是发表，更启示我要厚积薄发。您让我不至于成为所知障者，进而引领我寻找迦南之地。虽然可能不是您最出众、最偏爱、最自豪的学生，即便相距甚远但作为大师姐的我一直在努力奔赴您对我的所有希冀。感谢您对我的付出，小至爬梳发丝的细节都将在日后的岁月卷起波浪，您是我成长旅程中敬仰的存在。

感谢我的校外导师徐立军老师，作为央视市场研究（CTR）执行董事、CTR 媒体融合研究院执行院长的您，一直以身作则，将媒介洞察、产业发展研究的热情与经验洒满至一线实践中，积极促成院校与企业的沟通与合作，不断推动产学研的融合发展，为本书的实证调研奠定了扎实基础。

感谢广告主研究所的陈怡老师，研究所就是我们的小基地，无论欢喜快乐您总是愿意在这里守护我们。开始接触项目的惶恐、执行中的困难、结项后的复盘，您一直给予我们引领、指导、帮助，给予心理建设的同时，塑造了我坚韧的个性与开朗的心态，您对我的帮助恰似穿壁之蝶，芬芳又无意，但屡屡微风都成为撼动我人生之林的源头。

感谢广告学院所有授课老师予我的灌溉，感谢黄升民教授、丁俊杰教授、张树庭教授、黄京华教授、何海明教授、初广志教授、文春英教授、刘英华教授、张翔教授、符绍强教授、赵新利教授对我论文从开题到中期直至预答辩、答辩给出的所有重要建议，感谢何辉教授、杨同庆教授对最终成稿的改进意见，同样感谢小武老师、学伟老师在疫情被隔离期间的日常关怀与惦念。

感谢广告主研究所的师妹宋诗谣，我们一同经历过的炎热夏天、一起调研熬过的过敏、一起提交结项报告后的昏昏大睡、一起写论文时死磕的数据与资料，都是战友、同窗、好姐妹的见证。感谢师妹蒋文昕，总是对我项目执行中无来由的脾气释放容忍至极，记住我们一起完成的小组作业与课程论文、一起熬过的追剧大夜。感谢师弟师妹韩永琛、黄信鹏、金雪儿、张晴、许楚涵，给予我在异乡的同门关怀。

感谢我的好闺蜜陈奇妍、陈晓鸥、刘俊冉、蔺晚如，一起解压撸过的萌犬、一起看过的午夜场首映、一起激烈争辩过的学术观点、一起下自习后品尝的美食、一起吐槽过的学业压力都将被珍藏；感谢我的室友武晓丽、郭好，一同奋战过的图书馆与教学楼，一起结伴的上下课路途，一起聚会的北苑、南苑餐厅都将被铭记；感谢小伙伴吕清远、段磊磊对我学术与实践提升的鼓励；感谢同学刘庆华、熊雅静、李连璧、李明毫、朱海舟等如亲哥姐般的关心与照料，感谢我的师姐安琪、云庆、吴凤颖对我学术能力的熏陶。

更要感谢所有支持过我论文工作的广告主、媒体、广告公司从业的领导们、好朋友们，如果没有你们，也没有这份沉甸的成果输出。

感谢我的家人，爸爸、妈妈、爷爷、奶奶、外公、外婆。父母的关切一直萦绕在侧，祖父母的叮嘱一直牢记于心。在短短求学的三年中，外公、爷爷、奶奶相继离开了我。在深知时间是无始无终，而人类的寿命则存在时间框架的生物规律后，善良、平和、悲悯、坚韧都是你们给我留下的宝贵财富。最后，感谢爱人彭绍杰异地的坚持，你我皆不食誓言鸦片，故不问聚后何时散，散后何时聚，却不曾知道因了这遥远，彼此的成长才有所附丽，希望能一直携手听风吟。

谨以此书献给一直以来不求回报的大家。愿其后无论季风何时起，我们追求真理的足音都应踩得铿锵有力。

附　录

广告市场生态调研项目简介

课题研究至今已连续进行了二十二年，是国内唯一涉及广告业三大主体，广告主、媒体、广告公司营销运营现状、问题及发展趋势的全方位研究。问卷主要针对广告市场生态中的三大核心主体广告主、媒体、广告公司进行。

广告主问卷主要是掌握当年企业营销广告活动的基本情况以及梳理业内焦点、热点问题，包括企业营销推广方式的选择、广告媒体选择的依据和基本情况、数字媒体运用、与广告公司和媒体的合作情况等；媒体问卷主要是掌握本年度媒体广告经营活动的基本运作情况以及梳理焦点话题的态度和看法；广告公司问卷则主要涉及本年度广告公司广告经营活动的基本业务情况，以及对业内热点问题的态度和看法。

一、广告主调研

调查对象：2000—2020 每个自然年当年有媒体营销和广告投放行为的广告主，被访者为企业内负责营销或广告投放的中高层管理人员。

定量样本分布：根据前一年营销投入划分为超大、大型、中小、小微四类企业，二十一年来样本分布构成基本一致，二十一年来平均单年样本量不少于 110 份，总量不少于 2200 份。

深访样本分布：以超大型、大型投放规模企业为主，单年不少于 15 家。

二、媒体调研

媒体问卷调查对象：2000—2020 每个自然年当年承接媒体营销和广告投放行为的媒体，被访者为媒体内负责广告经营的中高层管理人员。

定量样本分布：分为报纸、杂志、广播、电视、新媒体五大媒体类型，二十一年来样本分布构成基本一致，二十一年来平均单年样本量不少于120份，总量不少于2520份。

深访样本分布：五类媒体类型中杂志媒体大于等于1家，其余媒体3家以上，总体样本量每年不少于15家。

三、广告公司调研

广告公司问卷调查对象：2000—2020每个自然年当年承接媒体营销和广告投放行为的广告公司，被访者为广告公司（数据公司、公关公司等）内负责创意执行与制作的中高层管理人员。

定量样本分布：分为六种基本类型——综合代理公司、创意设计制作公司、媒介代理/销售公司、媒介策划购买公司、户外广告公司以及其他，其中以综合代理广告公司居多（占比约50%），二十一年来样本分布构成基本一致，平均单年样本量不少于150份，总量不少于3150份。

深访样本分布：2015年前以综合代理公司为主，2016年开始关注到数字营销支撑机构，总样本量单年不少于15家。

图书在版编目（CIP）数据

从互动到精准：中国广告主数字营销传播变化研究 / 方贤洁著 . -- 北京：中国传媒大学出版社，2025. 8.

ISBN 978-7-5657-3904-0

Ⅰ. F713.812；F713.365.2

中国国家版本馆 CIP 数据核字第 2025RU2438 号

从互动到精准：中国广告主数字营销传播变化研究

CONG HUDONG DAO JINGZHUN: ZHONGGUO GUANGGAOZHU SHUZIYINGXIAO CHUANBO BIANHUA YANJIU

著　　者	方贤洁		
策划编辑	沈刘红		
责任编辑	沈刘红		
责任印制	李志鹏		
封面设计	拓美设计		
出版发行	中国传媒大学出版社		
社　　址	北京市朝阳区定福庄东街 1 号	**邮　　编**	100024
电　　话	86-10-65450528　65450532	**传　　真**	65779405
网　　址	http://cucp.cuc.edu.cn		
经　　销	全国新华书店		
印　　刷	唐山玺诚印务有限公司		
开　　本	787mm×1092mm　1/16		
印　　张	12.25		
字　　数	246 千字		
版　　次	2025 年 8 月第 1 版		
印　　次	2025 年 8 月第 1 次印刷		
书　　号	ISBN 978-7-5657-3904-0	**定　　价**	62.00 元

本社法律顾问：北京嘉润律师事务所　郭建平